"十四五"职业教育国家规划教材

"十三五"职业教育国家规划教材

互联网+数纸融合新形态教材

汽车构造与电气系统

全国机械职业教育汽车类专业教学指导委员会（高职）组编

主　编　宋作军
副主编　王　晓　　白秀秀　　冯　青
参　编　宋学忠　　张元元　　王文婷　　李家斌
主　审　曲金玉

机械工业出版社

本书为"十四五"职业教育国家规划教材。

本书以方便教学为出发点,按照知识讲解、小结、同步测试、同步训练的形式编排。在编写过程中注重知识的前沿性和实用性。

本书系统地阐述了汽车发动机、底盘及电气设备的结构、工作原理与检修。本书围绕典型车型进行系统讲述,力求使学生熟悉汽车构造及电气系统的结构及工作原理,使其具有对汽车机械及电气系统简单故障进行诊断与排除的能力。

本书可作为高职高专院校汽车检测与维修技术专业、汽车技术服务与营销等专业的教材,也可供相关企业作培训用书或汽车维修人员的参考书。

本书配有电子课件、试卷及答案、教案等,凡使用本书作为教材的教师可登录机械工业出版社教育服务网 www.cmpedu.com 下载。咨询电话:010-88379375。

本书数字化资源通过扫描封底立体书城 APP 二维码下载 APP 应用后,进行扫码呈现。

图书在版编目(CIP)数据

汽车构造与电气系统/宋作军主编. —北京:机械工业出版社,2017.10
(2025.1 重印)
全国机械行业职业教育优质规划教材. 高职高专
ISBN 978-7-111-58283-0

Ⅰ. ①汽… Ⅱ. ①宋… Ⅲ. ①汽车-构造-高等职业教育-教材②汽车-电气系统-构造-高等职业教育-教材 Ⅳ. ①U463②U472.41

中国版本图书馆 CIP 数据核字(2017)第 253780 号

机械工业出版社(北京市百万庄大街 22 号 邮政编码 100037)
策划编辑:葛晓慧 蓝伙金 责任编辑:葛晓慧 蓝伙金 李 超
责任校对:张晓蓉 封面设计:鞠 杨
责任印制:单爱军
北京虎彩文化传播有限公司印刷
2025 年 1 月第 1 版第 13 次印刷
184mm×260mm · 16.25 印张 · 393 千字
标准书号:ISBN 978-7-111-58283-0
定价:45.00 元

电话服务	网络服务
客服电话:010-88361066	机 工 官 网:www.cmpbook.com
010-88379833	机 工 官 博:weibo.com/cmp1952
010-68326294	金 书 网:www.golden-book.com
封底无防伪标均为盗版	机工教育服务网:www.cmpedu.com

关于"十四五"职业教育国家规划教材的出版说明

为贯彻落实《中共中央关于认真学习宣传贯彻党的二十大精神的决定》《习近平新时代中国特色社会主义思想进课程教材指南》《职业院校教材管理办法》等文件精神，机械工业出版社与教材编写团队一道，认真执行思政内容进教材、进课堂、进头脑要求，尊重教育规律，遵循学科特点，对教材内容进行了更新，着力落实以下要求：

1. 提升教材铸魂育人功能，培育、践行社会主义核心价值观，教育引导学生树立共产主义远大理想和中国特色社会主义共同理想，坚定"四个自信"，厚植爱国主义情怀，把爱国情、强国志、报国行自觉融入建设社会主义现代化强国、实现中华民族伟大复兴的奋斗之中。同时，弘扬中华优秀传统文化，深入开展宪法法治教育。

2. 注重科学思维方法训练和科学伦理教育，培养学生探索未知、追求真理、勇攀科学高峰的责任感和使命感；强化学生工程伦理教育，培养学生精益求精的大国工匠精神，激发学生科技报国的家国情怀和使命担当。加快构建中国特色哲学社会科学学科体系、学术体系、话语体系。帮助学生了解相关专业和行业领域的国家战略、法律法规和相关政策，引导学生深入社会实践、关注现实问题，培育学生经世济民、诚信服务、德法兼修的职业素养。

3. 教育引导学生深刻理解并自觉实践各行业的职业精神、职业规范，增强职业责任感，培养遵纪守法、爱岗敬业、无私奉献、诚实守信、公道办事、开拓创新的职业品格和行为习惯。

在此基础上，及时更新教材知识内容，体现产业发展的新技术、新工艺、新规范、新标准。加强教材数字化建设，丰富配套资源，形成可听、可视、可练、可互动的融媒体教材。

教材建设需要各方的共同努力，也欢迎相关教材使用院校的师生及时反馈意见和建议，我们将认真组织力量进行研究，在后续重印及再版时吸纳改进，不断推动高质量教材出版。

机械工业出版社

丛 书 序

　　经过十几年的快速发展，中国已经成为世界最大的汽车生产国和主要的汽车消费国。中国汽车消费市场从最初的形成和发展走向了逐步成熟，并开始呈现市场结构优化、技术手段升级、营销模式创新和新兴服务领域快速涌现的新型态势。新的营销理念、新的营销模式、新的服务领域都在冲击和震颤着中国的汽车销售和售后服务领域，表现出了一方面是汽车销售及售后服务业对人才的大量需求，另一方面又是能够适应现代汽车销售市场和服务市场的人才的匮乏。为了适应新的形势，近年来，国内的大专院校，尤其是职业技术类院校的汽车营销类专业在迅速扩充规模的同时，积极探索新的人才培养模式，调整课程结构，改进教学方法，以满足培养适应新形势下现代汽车营销类人才的需要。

　　由全国机械职业教育汽车类教学指导委员会（高职）组织编写、机械工业出版社编辑出版的这套汽车技术服务与营销专业教材，正是面对汽车营销及售后服务市场的新形势而推出的。教材从市场需要的实际出发，坚持以职业素养的培养为基础，以能力提升为目标，以就业为导向，把提高学生的职业素养和职业能力放在突出位置，集中体现培养学生"汽车技术运用""整车及配件营销""二手车鉴定评估""汽车保险理赔"和"汽车信贷与租赁业务"能力等，并特别面向新兴的汽车电子商务领域推出了《汽车电子商务》教材，使之满足培养具有分析和解决汽车营销和汽车后市场服务领域实际问题能力的复合型高等应用型人才的需要。

　　因此，本系列教材按照汽车营销类岗位的职业特点和职业技能要求，务求探索和创新：

　　1) 拓宽汽车技术领域的视野，在满足必要的汽车技术知识铺垫后，强调横向知识的宽泛，突出汽车技术、构造、配置上的差异所带来的车辆性能、车辆特点和使用状况的差异性对比，并追踪汽车新技术的运用，适应学生作为汽车销售顾问的技术性要求。

　　2) 追踪和吸收前沿的营销理论和营销方法，运用适量的背景资料透视国内外汽车营销行业的发展变化，了解汽车市场的运行状况和走势。

　　3) 汇集汽车营销领域的经典案例和国内汽车企业的典型案例，通过贴近现实、贴近中国消费者汽车生活的汽车营销实例，近距离了解和掌握汽车营销的相关技术和方法。

　　4) 注重业务过程的实务性训练，引入汽车营销企业的现实做法，业务流程、业务规范均来自企业实际，与企业的业务实际零距离对接。

　　5) 强化职业技能和技法的训练，每章除了复习性的同步测试之外，还安排了用于实际操作训练的同步训练，训练学生的实际动手能力。

6) 面向学生汽车营销综合应用能力培养的需要，新编了《汽车性能评价与选购》教材。

7) 面向新兴的汽车网络营销业务需求，增加了《汽车电子商务》教材。

汽车营销业仍是一个新兴的业务领域，也是一个专业技术性极强的业务领域。作为高职高专院校，其目标是培养具有一定的理论基础和较强的动手能力的一线应用型技术人才。本系列教材紧扣高职高专教育的目标定位，力求实现"有新意"——内容新、结构新、格式新，"有特色"——背景资料、典型案例、相关链接，"有亮点"——企业实务、实践项目。

本系列教材在全国机械职业教育汽车类专业教学指导委员会（高职）的组织引导下，由多所职业院校教师共同参与完成，是汽车营销职业教育领域集体劳动的成果和智慧结晶，其间得到了机械工业出版社领导和编辑的支持和指导，在此，谨表示衷心感谢。

汽车技术服务与营销专业教材研发小组组长　贺萍

前　言

立体化教材是在教育信息化环境下的一种新形态教材；利用现代信息技术手段、将数字化资源与教学内容有机融合，使人们在阅读纸质教材的同时获取更多直观的信息。党的二十大报告指出："推进教育数字化，建设全民终身学习的学习型社会、学习型大国。"本教材深入贯彻落实教育数字化的理念，着力打造精品数字化配套资源。本教材立体化配套内容由机械工业出版社携手东北师大理想软件股份有限公司共同打造，由东师理想提供全套技术解决方案，系列立体化教材通过东北师大理想软件股份有限公司研发的立体书城软件来呈现，运用AR、VR、互联网、多媒体技术建立了以纸质教材与移动终端互动的多维立体可视化的现代教学生态模式。

随着汽车产业的快速发展，我国汽车的年产销量突破2000万辆。伴随着巨大的汽车消费市场的形成，汽车服务领域的人才培养迫在眉睫。基于此，我们编写了本书。

本书在优化专业课教学的基础上，以职业能力和职业素养培养为主线，结合乘用车案例，系统讲解汽车构造和电气设备的结构、工作原理及检修技术，全力提升读者的汽车专业知识。

本书在编写过程中，注重搜集、整理汽车的最新知识，力求内容系统、新颖，图文并茂，重点突出。

本书在编写过程中，与润华汽车控股有限公司、山东顺骋汽车贸易有限公司、远方汽车贸易集团有限公司等汽车服务企业广泛合作，进行了深入调研。山东凯迪坤驰的技术总监陈安庆、淄博嘉骋林肯中心的王德栋、淄博保时捷中心的李执铎是山东省知名的汽车维修专家，他们提供了各种车型的大量维修资料，并对教材提出很多修改意见，为教材的高质量完成提供了保证。

本书由淄博职业学院宋作军任主编并负责统稿，淄博职业学院王晓及冯青、烟台汽车工程职业学院白秀秀任副主编，山东理工大学曲金玉教授任主审。全书编写分工如下：绪论模块一~三由宋作军编写；模块四、五由白秀秀编写；模块六~九由淄博职业学院冯青、张元元、王文婷、李家斌编写；模块十~十四由烟台南山学院宋学忠编写；模块十五~十七由王晓编写。

本书在编写过程中，得到了相关企业的汽车维修管理人员宋丰年、侯发梁等提出的许多宝贵的建议，在此向他们表示真诚的感谢。本书参考了大量的文献资料，在此向相关作者表示真诚的感谢。

由于作者水平所限，书中难免有疏漏和不妥之处，敬请广大读者批评指正。

编　者

目 录

丛书序
前言
绪论 ·· 1
  第一节　汽车概论 ·· 1
  第二节　汽车的类型 ·· 2
  第三节　汽车的总体构造 ·· 4
  第四节　汽车的主要技术参数 ·· 5
  第五节　汽车产品型号编制规则 ··· 7
  小结 ·· 8
  同步测试 ·· 8
模块一　发动机总体构造 ·· 9
  第一节　发动机的分类与基本构造 ·· 9
  第二节　汽车发动机的基本术语 ··· 11
  第三节　四冲程发动机的基本工作原理 ·· 12
  第四节　发动机的主要性能指标 ··· 13
  第五节　国内发动机型号编制规则 ·· 14
  小结 ·· 16
  同步测试 ·· 16
  同步训练 ·· 17
模块二　曲柄连杆机构 ··· 21
  第一节　机体组 ··· 21
  第二节　活塞连杆组 ·· 26
  第三节　曲轴飞轮组 ·· 34
  小结 ·· 37
  同步测试 ·· 38
  同步训练 ·· 40
模块三　配气结构 ··· 44
  第一节　概述 ·· 44
  第二节　配气机构的零件和组件 ··· 47
  第三节　配气相位和气门间隙 ·· 51
  小结 ·· 53
  同步测试 ·· 53
  同步训练 ·· 54
模块四　汽油机燃油供给系统 ·· 56
  第一节　概述 ·· 56
  第二节　汽油机燃油供给系统主要部件的结构及工作原理 ······················ 58
  小结 ·· 64

同步测试 65
　　同步训练 65

模块五　柴油机燃油供给系统 69
　　第一节　柱塞式柴油机的燃油供给系统 69
　　第二节　电控高压柴油共轨系统 72
　　小结 73
　　同步测试 74

模块六　进、排气系统及排放控制装置 75
　　第一节　汽油机进气控制系统 75
　　第二节　汽油机排放控制系统 83
　　小结 90
　　同步测试 90
　　同步训练 91

模块七　冷却系统 94
　　第一节　概述 94
　　第二节　水冷却系统的主要部件 96
　　小结 98
　　同步测试 98
　　同步训练 100

模块八　润滑系统 101
　　第一节　润滑系统的作用与组成 101
　　第二节　润滑系统的主要部件 103
　　小结 106
　　同步测试 106
　　同步训练 107

模块九　电源系统 108
　　第一节　蓄电池 108
　　第二节　发电机 113
　　第三节　汽车电源管理系统 122
　　小结 123
　　同步测试 123
　　同步训练 124

模块十　起动系统 127
　　第一节　起动机 127
　　第二节　起动预热 134
　　小结 135
　　同步测试 136
　　同步训练 137

模块十一　点火系统 140
　　第一节　微机控制点火系统的组成 140
　　第二节　微机控制点火系统的工作原理 145
　　小结 153

同步测试 ·· 153
　　同步训练 ·· 154

模块十二　传动系统 ·· 158
　　第一节　概述 ·· 158
　　第二节　离合器 ·· 161
　　第三节　变速器与分动器 ·· 164
　　第四节　自动变速器 ·· 172
　　第五节　万向传动装置 ·· 179
　　第六节　驱动桥 ·· 181
　　小结 ·· 184
　　同步测试 ·· 185
　　同步训练 ·· 185

模块十三　行驶系统 ·· 188
　　第一节　概述 ·· 188
　　第二节　车架 ·· 189
　　第三节　车桥 ·· 191
　　小结 ·· 193
　　同步测试 ·· 194
　　同步训练 ·· 194

模块十四　车轮与轮胎 ·· 197
　　第一节　车轮 ·· 197
　　第二节　轮胎 ·· 199
　　小结 ·· 201
　　同步测试 ·· 202
　　同步训练 ·· 202

模块十五　悬架系统 ·· 205
　　第一节　悬架的功用、组成和分类 ·· 205
　　第二节　弹性元件与典型悬架 ·· 206
　　第三节　减振器 ·· 208
　　第四节　独立悬架与非独立悬架 ·· 210
　　第五节　电控悬架系统 ·· 212
　　小结 ·· 214
　　同步测试 ·· 214
　　同步训练 ·· 215

模块十六　转向系统 ·· 217
　　第一节　概述 ·· 217
　　第二节　机械转向系统 ·· 220
　　第三节　液压助力转向系统 ·· 224
　　第四节　电动助力转向系统 ·· 227
　　小结 ·· 227
　　同步测试 ·· 228
　　同步训练 ·· 228

模块十七　制动系统 ·· 230
　第一节　概述 ·· 230
　第二节　制动器 ·· 232
　第三节　制动传动装置 ·· 234
　第四节　制动助力器 ··· 237
　第五节　电控防抱死制动系统 ·· 238
　第六节　辅助制动系统 ·· 242
　小结 ··· 243
　同步测试 ·· 244
　同步训练 ·· 244

参考文献 ··· 248

绪 论

知识目标

- 了解汽车的类型。
- 掌握汽车的总体构造。
- 了解汽车的主要技术参数。
- 了解汽车产品型号编制规则。
- 了解汽车维修的基本概念。

能力目标

- 掌握汽车主要总成的安装位置。
- 掌握汽车维修常用工具、量具的使用方法。

素养目标

- 了解中国的汽车工业,明确汽车消费市场重要性。

重点与难点

- 汽车的主要技术参数。
- 汽车工具的使用方法。

第一节 汽车概论

1886年,德国人卡尔·本茨设计制造了世界上第一辆汽车。一百多年来,汽车技术日新月异,汽车产量突飞猛进。2016年全球汽车产量达到9798万辆,其中中国汽车产量为2800万辆。同时,汽车工业造就了通用、福特、大众、雪铁龙、丰田和本田等在各国经济中举足轻重的著名汽车公司。

汽车工业是国民经济的支柱产业,带动金属和非金属材料、石油化工、道路桥梁和汽车服务等相关产业的全面发展。汽车行业每年大约消耗世界钢铁产量的24%、铝产量的25%、橡胶产量的50%、塑料产量的10%、石油产量的46%,从而带动整个产业链的发展。有统计分析指出,汽车产业是一个1∶10的产业,即汽车产业1个单位的产出可以拉动整个国民经济总体实现10个单位的产出。汽车销售、维修、配件保险等后期服务需要大量人员投入，在美国及西欧，6个就业岗位中就有1个与汽车相关。

汽车诞生在德国，成长在法国，成熟在美国，兴旺于欧洲，创新在日本。经过长期的发展，各国汽车产业逐渐形成了自己的特点，融入了民族的特性。美国汽车大气豪放，车厢宽敞，内部设施豪华、舒适，功率强劲。英国汽车稳重有内涵，比较传统，用料充足，给人一种实实在在的感觉。法国汽车设计独特，浪漫新潮。德国汽车严谨冷静，内涵丰富，外表简单。日本汽车精致、经济、活泼、创新。韩国汽车经济耐用，集欧美汽车技术于一体，并借鉴日本汽车风格，洒脱、稳重又具飘逸感。中国汽车粗线结实，实用价廉。

汽车电子化被认为是汽车技术发展进程中的一次革命，汽车电子化的程度被看作是衡量现代汽车水平的重要标志，是开发新车型、改进汽车性能最重要的技术措施。增加汽车电子设备的数量、促进汽车电子化是争取未来汽车市场的重要手段。

第二节 汽车的类型

汽车是由动力装置驱动的，具有4个或4个以上车轮的非轨道无架线的车辆。汽车的主要用途是运输、载送人员或货物。它的分类形式有以下几种。

一、按汽车的用途和结构分类

按汽车的用途和结构分类，汽车可分为轿车、客车、工矿用车、农用汽车及越野汽车等类型。

1. 轿车

轿车是载运人员的汽车，最多有9个座位（包括驾驶员座位）。轿车按发动机排量可分为微型、普通型、中级、中高级和高级轿车5种，见表0-1。

表0-1 轿车的分类

类型	微型	普通型	中级	中高级	高级
发动机排量/L	<1.0	1.0~1.6	1.6~2.5	2.5~4.0	>4.0

2. 客车

客车用于载运乘客及其行李，有9个以上座位（包括驾驶员座位）。客车按用途分类可分为旅行客车、城市客车、长途客车和游览客车等；按总长度可分为微型、轻型、中型、大型和超大型5种，见表0-2。

表0-2 客车的分类

类型	微型	轻型	中型	大型	超大型	
					铰链型	双层
车辆长度/m	<3.5	3.5~7	7~10	10~12	>12	10~12

3. 货车

货车主要用于运输货物，也可牵引挂车。货车按最大总质量可分为微型、轻型、中型和重型4种，见表0-3。

表 0-3 货车的分类

类型	微型	轻型	中型	重型
总质量/t	<1.8	1.8~6	6~14	>14

4. 牵引车和汽车列车

牵引车是专门或主要用于牵引挂车的汽车，可分为全挂牵引车和半挂牵引车。全挂牵引车采用牵引杆牵引挂车，一般装有辅助货台，可作普通货车使用。半挂牵引车专门用于牵引半挂车，通常装有牵引座。

挂车本身没有自带动力及驱动装置，由汽车牵引组成汽车列车。挂车分为全挂车、半挂车和特种挂车等。

5. 特种车

特种车是一种在许多特征上不同于上述任何类型，或经过特殊改装之后才能用于运输货物和人员的车辆，是只用于完成特定任务的车辆。特种车可分为特种轿车（检阅车、指挥车）、特种客车（救护车、监察车）、特种货车（罐车、自卸车、冷藏车）和特种用途车（专用车）。

6. 工矿自卸车

工矿自卸车是主要用于矿区、工地运输矿石及砂土等散装货物，其货厢能自动倾翻的汽车。由于其总质量和最大装载质量超过公路规定，因此只能在专用路上行驶。

7. 农用汽车

农用汽车是农村地区运输或农耕作业用汽车，可分为农村运输车、农用作业车和多功能农用汽车。

8. 越野汽车

越野汽车是主要用于在非公路上（也可能在公路上）载运人员和货物，或牵引各种装备的汽车。越野汽车的全部车轮都可以作为驱动轮。

二、按发动机位置及驱动形式分类

按发动机位置及驱动形式分类，汽车可分为以下四类：
1) 发动机前置前轮驱动（FF）汽车。
2) 发动机前置后轮驱动（FR）汽车。
3) 发动机后置后轮驱动（RR）汽车。
4) 全轮驱动（4WD）汽车。

三、按动力装置形式分类

按动力装置形式分类，汽车可分为活塞式内燃机汽车、电动汽车和燃气轮机汽车 3 种。

1. 活塞式内燃机汽车

根据活塞式内燃机汽车使用燃料的不同，通常分为汽油发动机汽车和柴油发动机汽车。汽油和柴油在近期内仍将是活塞式内燃机的主要燃料，而各种代用燃料的研究工作正在大力开展。

2. 电动汽车

电动汽车的动力装置是电动机。电动汽车的优点是无废气排出、不产生污染、噪音小、能量转换效率高、易实现操纵自动化。电动机的供能装置通常是化学蓄电池。传统式的铅蓄电池在重量、充电时间间隔、使用寿命和放电能力等方面还不能完全令人满意。现在碱性蓄电流（镍-铬电池、镍-铁电池）的研究取得了较大的进展。碱性蓄电池性能好、重量轻，但其制造工艺较复杂、价格较高。

此外，电动机的供能装置也可以是太阳能电池或其他形式的能源。

3. 燃气轮机汽车

与活塞式内燃机相比，燃气轮机功率大、重量轻、转矩特性好，使用燃油无严格限制，但其耗油量大、噪音大、制造成本较高。

此外，按行走机构的特征，可将汽车分为轮式汽车和其他形式的汽车。其他形式的汽车包括履带式汽车、轨轮式汽车、雪橇式汽车、气垫式汽车和步行机构式汽车等。

第三节 汽车的总体构造

一、发动机

发动机是汽车的动力装置。当前汽车发动机广泛采用的是往复活塞式内燃机，分汽油发动机和柴油发动机，分别简称为汽油机和柴油机。汽油机由曲柄连杆机构、配气机构、燃料供给系统、润滑系统、冷却系统、点火系统（汽油发动机采用）和起动系统组成的。柴油机由除点火系统以外的两大机构和四大系统组成。

二、底盘

底盘由传动系统、行驶系统、转向系统和制动系统四部分组成。作为汽车的基体，发动机、车身、电气设备及各种附属设备都直接或间接地安装在底盘上。

三、电气设备

汽车电气设备由电器设备和电子设备两部分组成。汽车电器设备由电源（蓄电池、发电机）、汽油机点火设备、起动机、照明与信号设备、仪表、空调、刮水器、收放机及门窗玻璃电动升降设备等组成。汽车电子设备由电控燃油喷射及电控点火、进气、排气、急速和增压等装置，变速器的电控自动换挡装置，制动器的制动防抱死装置（ABS），车门锁的遥控及自动防盗报警装置等组成。

四、车身

车身用来安置驾驶人、乘客和货物等。轿车和客车车身一般是整体壳体，有承载式车身和非承载式车身两种。只有承载式车身的轿车和客车，不需安装车架，它本身就起着承受汽车载荷的作用，并能传递和承受路面作用于车轮的各种力和力矩。因此，承载式车身起着承载机构的作用，也可以归于行驶系统。非承载式车身只起车身作用，不能承受汽车载荷，因此它必须支承在车架上。中级和中级以下轿车多采用承载式车身，非承载式车身常用于中、高级轿车和部分客车。货车车身由驾驶室和货厢组成。

第四节　汽车的主要技术参数

一、汽车的主要尺寸参数

汽车的主要尺寸参数包括轴距、轮距、总长、总宽、总高、前悬和后悬等。

1. 轴距

轴距是指车轴之间的距离。对双轴汽车，轴距就是前、后轴之间的距离；对于三轴以上的汽车，轴距由从前到后相邻两车轮之间的轴距分别表示。汽车轴距短，汽车总长就短，质量就小，最小转弯半径和纵向通过半径也小，机动灵活。一般普通轿车及轻型货车轴距较短。但轴距过短会导致车厢长度不足或后悬过长，汽车行驶时纵向振动过大，汽车加速、制动或上坡时轴载荷转移过大，而导致其制动性和操纵稳定性变差，以及万向节传动的夹角过大等。所以一般货车、中高级轿车轴距较长。

2. 轮距

汽车轮距对车辆总宽、总质量、横向稳定性和机动性都有较大影响。轮距越大，则悬架的角度越大，汽车的横向稳定性越好。但轮距过大，会使汽车的总宽和总质量过大。

3. 外廓尺寸

汽车的外廓尺寸是指总长、总宽和总高。我国对公路车辆的尺寸限制是：总高不大于4m，总宽（不包括后视镜）不大于2.5m，左、右后视镜等突出部分的侧向尺寸总共不大于250mm；总长对于载货汽车及越野汽车不大于12m，牵引汽车带半挂车不大于16m，汽车拖带挂车不大于20m，挂车不大于8m，大客车不大于12m，铰接式大客车不大于18m。

4. 前悬和后悬

前悬是指汽车前端至前轮中心悬置部分。前悬处要布置发动机、弹簧前支架、车身前部、保险杠和转向器等，要有足够的纵向布置空间。前悬过长，汽车的接近角过小，将影响汽车的通过性。

后悬是指汽车后端至汽车后轮中心悬置部分。后悬长度主要与货厢长度、轴距及轴荷分配有关。后悬过长，使汽车的离去角过小，汽车上、下坡时易刮地，同时转弯也不灵活。

二、汽车的质量参数

汽车的质量参数主要包含汽车的装载质量、总质量、整备质量利用系数和车轴负荷分配等。

1. 汽车的装载质量

乘用车：以座位数计，包括驾驶人座位在内最多不超过9个座位。

商用车中的客车：以载客量计。

商用车中的载货汽车：以其在良好的硬路面上行驶时所装载货物质量的最大限额（t）计。超载将导致车辆早期损坏，制动距离变长，甚至造成交通事故。

2. 汽车的整备质量

汽车的整备质量是指汽车在加满燃料、润滑油、工作液（如制动液）及发动机冷却液并装备（随车工具及备胎等）齐全后（未载人）载货时的总质量。整备质量越小的汽车，燃油消耗越少，经济性越好。

3. 汽车的总质量

汽车的总质量是指已整备完好、装备齐全并按规定载满客、货时的汽车质量。

4. 汽车的轴向载荷分配

汽车的轴向载荷分配是指汽车空载和满载时的整车质量分配到各个车轴上的百分比。它对汽车的牵引性、通过性、制动性、操纵性和稳定性等主要性能以及轮胎的使用寿命，都有很大的影响。

三、汽车的主要性能指标

汽车的主要性能指标包含汽车的动力性能（最高车速、加速时间、爬坡性能）、经济性能（汽车的燃油消耗量）、制动性能（汽车的制动距离）、通过性能（最小转弯半径、汽车的最小离地间隙、接近角、离去角、纵向通过角）、操纵稳定性和汽车有害气体排放等。

1. 最高车速

汽车的最高车速是指汽车在水平良好路面（混凝土或沥青）上和规定载质量条件下，所能达到的最高车速（km/h），它是汽车的一个重要动力指标。目前普通轿车最高车速一般为 150~200km/h。

2. 加速时间

汽车的加速时间是指汽车加速到一定车速所需要的时间。汽车的加速时间常用原地起步加速时间与超车加速时间表示。它也是汽车动力性能的重要指标，轿车常用 0~100km/h 的换档加速时间来评价，普通轿车为 10~15s。

3. 爬坡性能

汽车的爬坡性能是指汽车满载在良好路面等速行驶的最大爬坡度。汽车的爬坡性能一般要求在 30%（即 16.7°）左右，越野车要求更高，一般在 60% 左右。

4. 燃油消耗量

汽车的燃油消耗量通常以百公里油耗表征，即汽车在良好的水平硬路面以一定载荷（轿车半载、货车满载）及最高档等速行驶时的百公里燃油消耗量，单位为 L/100km。它是汽车的燃油经济性常用的评价指标。

5. 最小转弯半径

最小转弯半径是指当转向盘转到极限位置、汽车以最低稳定车速转向行驶时，外侧转向轮的中心平面在支承平面上滚过的轨迹圆半径。它表征了汽车能够通过狭窄弯曲地面的能力。最小转弯半径越小，汽车的机动性越好。轿车的最小转弯半径一般为轴距的 2~2.5 倍。

6. 制动距离

汽车的制动距离是指在良好的试验跑道上，在规定的车速下紧急制动（紧急制动时踏板力对货车要求不大于 700N，轿车要求不大于 500N）时，从踩制动踏板到完全停车时汽车驶过的距离。我国通常以 30km/h 和 50km/h 车速下的最小制动距离，来评价汽车的制动性能。普通轿车在 30km/h 车速下的最小制动距离为 5.5~6.5m，中型货车为 6.5~8.0m。

7. 最小离地间隙

汽车的最小离地间隙是指汽车满载静止时,平直地面与汽车上的中间区域最低点之间的距离。它反映了汽车无碰撞地通过地面凸起的能力。

8. 接近角

接近角是指汽车满载静止时,前端突出点向前轮所引切线与地面间的夹角,如图0-1所示。接近角越大,越不易发生汽车前端触及地面的情况,汽车通过性越好。

9. 离去角

离去角是指汽车满载静止时,后端突出点向后轮所引切线与地面间的夹角。离去角越大,越不易发生汽车后端触及地面的情况,汽车通过性越好。

10. 纵向通过角

纵向通过角是指汽车满载静止时,垂直于汽车纵向中心平面,分别与前、后车轮轮胎相切、相交并与车轮底盘刚性部件(除车轮)接触的两个平面形成的最小锐角。它决定了车辆能通过的最陡坡道。纵向通过角越大,汽车通过性越好。

11. 有害气体排放

汽车有害气体排放主要有一氧化碳(CO)、碳氢化合物(HC)、氮氧化物(NO_x)、二氧化硫(SO_2)、醛类和微粒(含炭烟)等。

图0-1 汽车通过性指标

第五节　汽车产品型号编制规则

现在世界各国汽车公司生产的汽车大部分都使用了车辆识别代号(Vehicle Identification Number,VIN),由一组字母和阿拉伯数字组成,共17位,又称17位识别代号编码。它是识别一辆汽车不可缺少的工具,一辆汽车只有一个代号,就像人的身份证号码,故又称为"汽车身份证"。

从VIN中可以识别出该车的生产国家、制造厂家、汽车类型、品牌名称、车型系列、车身形式、发动机型号及车型年款等信息,它是汽车修理、配件选购的重要依据。

根据GB 16735—2019,VIN由3部分、17位字码组成,如图0-2所示。车辆识别代号的第一部分为世界制造厂识别代号(WMI);第二部分为车辆说明部分(VDS);第三部分为车辆指示部分(VIS)。

例如:北京吉普汽车有限公司代号(VIN):LE4EJ68WAV5700321,代码具体含义见表0-4。

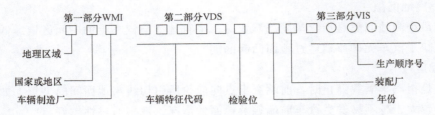

图 0-2　车辆识别代号

表 0-4　代码含义

位数	意义	位数	意义
1	生产地理区域代码：L—中国	7	车身型号代码：8—4门金属硬顶车
2	制造厂家代码：E—北京吉普汽车公司	8	发动机型号代码：W—2.5L四缸汽油机
3	汽车类型代码：4—BJ2021系列	9	工厂检验代码：A—工厂检验代码（厂定）
4	总质量代码：E—1361～1814kg	10	车型年款代码：V—1997
5	车型种类代码：J—4×4驱动、左置转向盘	11	总装工厂代码：5—北京吉普汽车有限公司总装厂
6	装配类型代码：6—中档型	12～17	出厂顺序号代码（按日历年的生产顺序编排）700321—1997年生产00321号

红旗轿车——民族品牌

红旗轿车设计高端大气，受到追捧，2020年，产销量均突破20万辆。

小　　结

本章详细介绍了汽车的分类方法、总体构造、技术参数及编号规则。

同步测试

一、填空题

1. 汽车一般由＿＿＿、＿＿＿、＿＿＿和＿＿＿四部分组成。
2. 底盘由＿＿＿、＿＿＿、＿＿＿和＿＿＿四部分组成。

二、名词解释

1. 汽车的整备质量
2. 汽车的燃油消耗量
3. CA7220的含义
4. 汽车的最高车速
5. 接近角

发动机总体构造

知识目标
- 掌握汽车发动机的分类与总体构造。
- 掌握汽车发动机的基本术语与工作原理。
- 了解汽车发动机的主要性能指标。
- 了解国产发动机的编号规则。

能力目标
- 掌握发动机的拆卸与装配顺序。

素养目标
- 了解潍柴动力发动机,树立民族品牌意识。

重点与难点
- 发动机的基本术语。
- 发动机的工作原理。

第一节 发动机的分类与基本构造

发动机是一种能够把其他形式的能转化为机械能的机器,包括内燃机、外燃机等。内燃机通常将化学能转化为机械能。外燃机是一种外部燃烧的闭式循环往复活塞式热力发动机。

一、发动机的分类

内燃机的分类方法很多,按照不同的分类方法可以把内燃机分成不同的类型。

1. 按照使用燃料分类

按照内燃机使用燃料的不同,可以将其分为汽油机和柴油机。

2. 按照行程分类

内燃机按照完成一个工作循环所需的行程数不同,可分为四冲程内燃机和二冲程内燃机。汽车发动机广泛使用四冲程内燃机。

3. 按照冷却方式分类

内燃机按照冷却方式不同，可以分为水冷发动机和风冷发动机。水冷发动机是利用在气缸体和气缸盖冷却水套中进行循环的冷却液作为冷却介质进行冷却的；而风冷发动机是利用流动于气缸体与气缸盖外表面散热片之间的空气作为冷却介质进行冷却的。水冷发动机冷却均匀，工作可靠，冷却效果好，广泛应用于现代汽车用发动机。

4. 按照气缸数目分类

内燃机按照气缸数目不同，可以分为单缸发动机和多缸发动机。仅有一个气缸的发动机称为单缸发动机；有两个及以上气缸的发动机，称为多缸发动机，如双缸、3缸、4缸、5缸、6缸、8缸、12缸等发动机。现代车用发动机多采用4缸、6缸、8缸发动机。

5. 按照气缸排列方式分类

内燃机按照气缸排列方式不同，可以分为单列式和双列式。单列式发动机的各个气缸排成一列，一般是垂直布置的，但为了降低高度，有时也把气缸布置成倾斜甚至水平的。双列式发动机把气缸排成两列，若两列之间的夹角小于180°（一般为90°），称为V形发动机；若两列之间的夹角等于180°，称为对置式发动机。

6. 按照进气系统是否采用增压方式分类

内燃机按照进气系统的结构分为自然吸气（非增压）式发动机和强制进气（增压式）式发动机。汽油机常采用自然吸气式结构；柴油机为了提高功率通常采用强制进气式结构。

二、发动机的基本构造

1. 曲柄连杆机构

曲柄连杆机构是发动机实现工作循环，完成能量转换的主要运动零件。它由机体组、活塞连杆组和曲轴飞轮组等组成。在做功行程中，活塞承受燃气压力在气缸内做直线运动，通过连杆转换成曲轴的旋转运动，并从曲轴对外输出动力。在进气、压缩和排气行程中，飞轮释放能量把曲轴的旋转运动转化成活塞的直线运动。

2. 配气机构

配气机构的功用是根据发动机的工作顺序和工作过程，定时开启和关闭进气门和排气门，使可燃混合气或空气进入气缸，并使废气从气缸内排出，实现换气过程。配气机构大多采用顶置气门式，一般由气门组和气门传动组组成。

3. 燃料供给系统

汽油机燃料供给系统的功用是根据发动机的要求，配制出一定数量和浓度的混合气，供入气缸，并将燃烧后的废气从气缸内排出到大气中去；柴油机燃料供给系统的功用是把柴油和空气分别供入气缸，在燃烧室内形成混合气并燃烧，最后将燃烧后的废气排出。

4. 润滑系统

润滑系统的功用是向做相对运动的零件表面输送定量的清洁润滑油，以实现液体摩擦，减小摩擦阻力，减轻机件的磨损，并对零件表面进行清洗和冷却。润滑系统通常由润滑油道、机油泵、机油滤清器和一些阀门等组成。

5. 冷却系统

冷却系统的功用是将受热零件吸收的部分热量及时散发出去，保证发动机在最适宜的温度状态下工作。水冷发动机的冷却系统通常由冷却水套、水泵、风扇、散热器、节温器等组成。

6. 点火系统

汽油机气缸内的可燃混合气由火花塞点燃，由点火系统控制。点火系统通常由点火线圈和火花塞等组成。

柴油机是压缩自燃的，不需要点火系统。

7. 起动系统

必须先用外力转动发动机的曲轴，使活塞做往复运动，气缸内的可燃混合气燃烧膨胀做功，推动活塞向下运动使曲轴旋转，发动机才由静止状态过渡到工作状态。曲轴在外力作用下开始转动，到发动机开始自动地怠速运转的全过程，称为发动机的起动。完成起动过程所需的装置，称为发动机的起动系统。

第二节　汽车发动机的基本术语

为了便于说明发动机的构造和工作原理，先介绍发动机的常用术语，如图1-1所示。

（1）上止点　活塞上下往复运动时，活塞顶距离曲轴旋转中心最远的位置称为上止点。

（2）下止点　活塞上下往复运动时，活塞顶距离曲轴旋转中心最近的位置称为下止点。

（3）活塞行程（S）　活塞上、下止点间的距离称为活塞行程。

（4）曲轴半径（R）　曲轴上连杆轴颈的轴线到曲轴主轴颈轴线之间的距离称为曲轴半径。

曲轴每转动半圈（即180°），活塞完成一个行程。活塞行程等于曲轴臂长度的两倍，即 $S=2R$。

（5）气缸工作容积（V_h）　活塞从上止点到下止点所扫过的气缸容积，称为气缸工作容积。即

$$V_h = \frac{\pi D^2 S}{4} \times 10^{-6}$$

式中　D——气缸直径（cm）；

S——活塞行程（cm）。

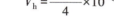

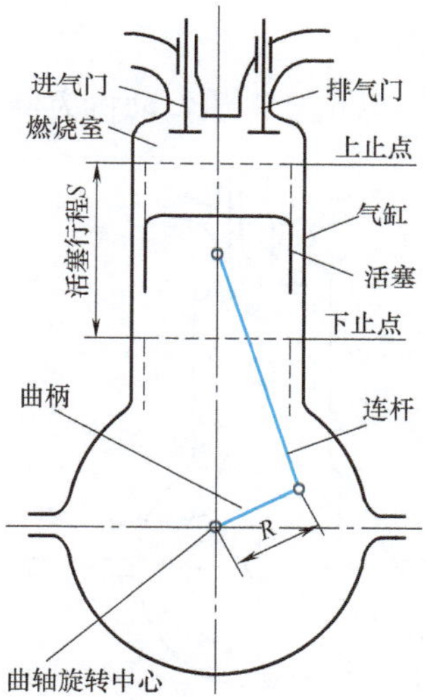

图1-1　发动机的常用术语

（6）燃烧室容积（V_c）　活塞位于上止点时，活塞顶面以上，气缸盖底面以下所形成的空间称为燃烧室，其容积称为燃烧室容积，也称为压缩容积。

（7）气缸总容积（V_a）　活塞位于下止点时，活塞顶上方的整个空间称为气缸总容积。即

$$V_a = V_h + V_c$$

（8）发动机工作容积（V_L）　多缸发动机各气缸工作容积之和，称为发动机工作容积或发动机排量。即

$$V_L = iV_h$$

式中　i——发动机的气缸数目。

发动机排量是发动机的重要参数之一。排量越大，进入气缸的可燃混合气或空气量就越

多，发动机可能输出的功率就越大。

（9）压缩比（ε）　气缸总容积与燃烧室容积之比，称为压缩比。通常用符号ε表示。即

$$\varepsilon = \frac{V_a}{V_c} = \frac{V_c + V_h}{V_c} = 1 + \frac{V_h}{V_c}$$

压缩比是发动机的一个很重要的参数。它反映了在压缩行程中气缸内的可燃混合气被压缩的程度。排量相同的发动机，压缩比越高，做功行程时膨胀能力就越强，输出功率越大。汽油机压缩比一般为6~11，柴油机一般为15~22。

（10）工作循环　发动机工作时，各气缸内每进行一次能量转换，均要经过进气、压缩、做功和排气四个过程，称为发动机的一个工作循环。

发动机能连续运转是因为各气缸内不断进行着这种周而复始的工作循环。活塞往复四个行程完成一个工作循环的发动机，称为四冲程发动机；活塞往复两个行程完成一个工作循环的发动机，称为二冲程发动机。

第三节　四冲程发动机的基本工作原理

以单缸汽油发动机为例，说明汽油机的工作原理，如图1-2所示。

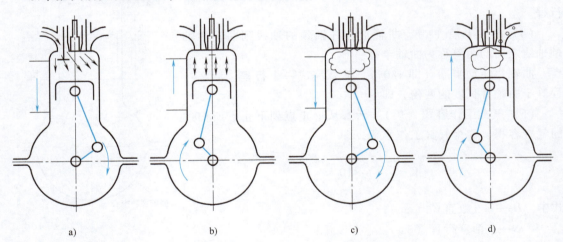

图1-2　四冲程发动机的基本工作原理

a）进气　b）压缩　c）做功　d）排气

1. 进气行程

进气行程中，进气门打开，排气门关闭。随着活塞从上止点向下止点移动，活塞上方的气缸容积增大，从而气缸内的压力降低到大气压力以下，即在气缸内造成真空吸力，可燃混合气或纯空气便经进气管道和进气门被吸入气缸。

2. 压缩行程

为使吸入气缸内的可燃混合气能迅速燃烧，以产生较大的压力，从而使发动机发出较大功率，必须在燃烧前将可燃混合气压缩，使其容积缩小、密度加大、温度升高，即需要有压缩过程。在这个过程中，进、排气门全部关闭，曲轴推动活塞，由下止点向上止点移动一

行程称为压缩行程。

3. 做功行程

做功行程中，进、排气门仍旧关闭。当活塞接近上止点时，装在气缸盖上的火花塞发出电火花，点燃被压缩的可燃混合气。可燃混合气燃烧放出大量的热能，燃气的压力和温度迅速增加，达到的最高压力为 3～5MPa，相应的温度则为 2200～2800K。高温高压的燃气推动活塞从上止点向下止点运动，通过连杆使曲轴旋转并输出机械能，除了用于维持发动机本身运转外，其余用于对外做功。

4. 排气行程

可燃混合气燃烧后生成的废气必须从气缸中排除，以便进行下一个进气行程。

当膨胀接近终了时，排气门开启，靠废气的压力进行自由排气，活塞到达下止点后再向上止点移动时，继续将废气强制排到大气中。活塞到上止点附近时，排气行程结束。在排气行程中，气缸内压力稍高于大气压力，为 0.105～0.115MPa。排气终了时，废气温度为 900～1200K。

由于燃烧室占有一定容积，因此在排气终了时，不可能将废气排尽，留下的这一部分废气称为残余废气。

综上所述，四冲程汽油发动机经过进气、压缩、做功、排气四个行程，完成一个工作循环。在此期间，活塞在上、下止点间往复移动了四个行程，相应地曲轴旋转两周。

第四节　发动机的主要性能指标

发动机的性能指标是评价各类发动机性能优劣的依据。发动机的性能指标主要有：动力性指标、经济性指标、环境指标、可靠性指标和耐久性指标。

一、动力性指标

动力性指标是表征发动机做功能力大小的指标，一般用发动机的有效转矩、有效功率、发动机转速等来评价。

（1）有效转矩　发动机对外输出的转矩称为有效转矩。

（2）有效功率　发动机在单位时间对外输出的功率称为有效功率。

（3）发动机转速　发动机曲轴每分钟的回转数称为发动机转速。

二、经济性指标

发动机经济性指标一般用有效燃油消耗率表示。发动机每输出 1kW·h 的有效功所消耗的燃油量（以 g 为单位）称为有效燃油消耗率。

三、环境指标

环境指标主要是指发动机排气品质和噪声水平。由于它影响人类的健康及其赖以生存的环境，因此各国政府都制定出严格的控制法规，以期减轻发动机排气和噪声对环境的污染。当前，排放指标和噪声水平已成为发动机的重要性能指标。

排放指标主要是指从发动机油箱、曲轴箱排出的气体和从气缸排出的废气中所含的有害排放物的量。对汽油机来说,主要是废气中的一氧化碳(CO)和碳氢化合物(HC)含量;对柴油机来说,主要是废气中的氮氧化物(NO_x)和颗粒(PM)含量。

噪声是指对人的健康造成不良影响及对学习、工作和休息等正常活动产生干扰的声音。由于汽车是城市中的主要噪声源之一,而发动机又是汽车的主要噪声源,因此控制发动机的噪声就显得十分重要。我国的噪声标准(GB/T 18697—2002)规定,轿车的噪声不得大于79dB(A)。

四、可靠性指标

可靠性指标是表征发动机在规定的使用条件下、规定的时间内,正常持续工作能力的指标。可靠性有多种评价方法,如首次故障行驶里程、平均故障间隔里程等。

五、耐久性指标

耐久性指标用发动机主要零件磨损到不能继续正常工作的极限时间来评价。

第五节 国内发动机型号编制规则

发动机型号是发动机生产企业按照有关规定、企业或行业惯例以及发动机的属性,为某一批相同产品编制的识别代码,用以表示发动机的生产企业、规格、性能、特征、工艺、用途和产品批次等相关信息,如燃料类型、气缸数量、排量和静制动功率等。

国产发动机的型号一般按 GB/T 725—2008《内燃机产品名称和型号编制规则》执行。按照规定,国内发动机型号主要由以下四部分组成,如图 1-3 所示。

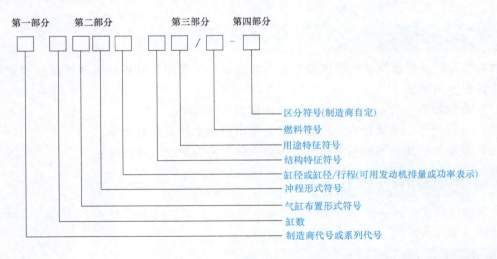

图 1-3 型号表示方法

(1)第一部分 由制造商代号或系列符号组成。本部分代号由制造商根据需要选择相应 1~3 位字母表示。

(2)第二部分 由气缸数、气缸布置形式符号、冲程形式符号、缸径符号组成。

1)气缸数用 1~2 位数字表示。

2）气缸布置形式符号按表 1-1 规定。

3）冲程形式为四冲程时符号省略，二冲程时用 E 表示。

4）缸径符号一般用缸径或缸径/行程数字表示，也可用发动机排量或功率数表示。其单位由制造商自定。

（3）第三部分 由结构特征符号、用途特征符号/燃料符号组成。其符号分别按表 1-2、表 1-3 的规定，燃料符号参见表 1-4。

（4）第四部分 区分符号。同系列产品需要区分时，允许制造商选用适当符号表示。第三部分与第四部分可用"-"分隔。

例如：IE65F1P——单缸、二冲程、缸径为 65mm、风冷、通用型汽油机。

表 1-1 气缸布置形式符号

符 号	含 义	符 号	含 义
无符号	多缸直列及单缸	H	H 形
V	V 形	X	X 形
P	卧式		

注：其他布置形式符号见 GB/T 1883.1。

表 1-2 结构特征符号

符 号	结构特征	符 号	结构特征
无符号	冷却液冷却	Z	增压
F	风冷	ZL	增压中冷
N	凝气冷却	DZ	可倒转
S	十字头式		

表 1-3 用途特征符号

符 号	用 途	符 号	用 途
无符号	通用型及固定动力（或制造商自定）	D	发电机组
T	拖拉机	C	船用主机、右机基本型
M	摩托车	CZ	船用主机、左机基本型
G	工程机械	Y	农用三轮车（或其他农用车）
Q	汽车	L	林业机械
J	铁路机车		

注：内燃机左机和右机的定义按 GB/T 726 的规定。

表 1-4 燃料符号

符 号	燃料名称	备 注
无符号	柴油	
P	汽油	
T	天然气（煤层气）	管道天然气
CNG	压缩天然气	
LNG	液化天然气	
LPG	液化石油气	
Z	沼气	各类工业化沼气（农业有机废弃物、工业有机废水物、城市污水处理、城市有机垃圾）允许用 1~2 个字母的形式表示，如"ZN"表示农业有机废弃物产生的沼气

（续）

符号	燃料名称	备注
W	煤矿瓦斯	浓度不同的瓦斯允许用1个小写字母的形式表示，如"Wd"表示低浓度瓦斯
M	煤气	各类工业化煤气如焦炉煤气、高炉煤气等。允许在M后加1个字母区分煤气的类型
S SCZ	柴油/天然气双燃料 柴油/沼气双燃料	其他双燃料用两种燃料的字母表示
M	甲醇	
E	乙醇	
DME	二甲醇	
FME	生物柴油	

注：1. 一般用1~3个拼音字母表示燃料，也可用成熟的英文缩写字母表示。
2. 其他燃料允许制造商用1~3个字母表示。

潍柴动力——民族品牌

潍柴集团拥有动力系统、工程机械、智能物流、农业装备、海洋交通装备等业务板块，2020年产值超过3000亿人民币。

小 结

四冲程发动机每个工作循环是由进气行程、压缩行程、做功行程和排气行程组成的，而四冲程发动机要完成一个工作循环，活塞在气缸内需要往返4个行程，曲轴转两圈。

四冲程发动机分为四冲程汽油机和四冲程柴油机，两者的主要区别是点火方式不同。汽油机是火花塞点火燃烧，而柴油机是压缩燃烧。

同步测试

一、填空题

根据单缸四冲程发动机工作过程，填写下表空格。

发动机工作过程	进气门	排气门	活塞	曲轴
进气过程			向下运动	
压缩过程	关闭			转动180°
做功过程		关闭		
排气过程				

二、名词解释

1. 上止点

2. 发动机排量
3. 压缩比
4. 发动机的工作循环

三、简答题

1. 汽车发动机有哪些类型？
2. 四冲程内燃机通常由哪些机构与系统组成？各有什么功用？
3. 四冲程汽油机和柴油机在基本工作原理上有何异同？
4. 发动机主要动力指标有哪些？主要经济指标是什么？

同 步 训 练

项目：发动机的拆卸与装配

实训目的：
- 认识往复活塞式发动机的整体结构。
- 认识两大机构和五大系统的组成、主要部件的名称及安装位置。
- 熟悉曲柄连杆机构和配气机构主要机件的装配关系和运动情况。

实训器材：
发动机拆装实训台、常用拆装工具。

实训指导：

1) 观察发动机（图1-4），认识各部件名称及安装位置，了解它们属于哪个机构或系统。

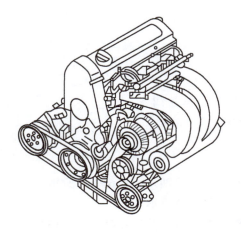

图1-4 轿车发动机外形

2) 拆下气门室罩盖。
3) 拆下凸轮轴驱动同步带防护罩。

4）转动曲轴，观察配气机构的工作情况。

5）拆下凸轮轴同步带，如图1-5所示。

6）拆下进、排气歧管，如图1-6所示。

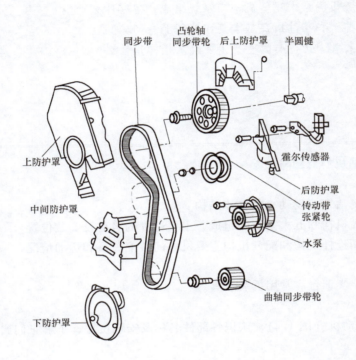

图1-5 凸轮轴同步带的分解

7）拆下气缸盖。

8）观察气门组件、火花塞或喷油器。

9）拆下凸轮轴，如图1-7所示。

10）拆下气门组件。

11）拆下油底壳。

12）拆下机油泵驱动链轮和机油泵，如图1-8所示。

13）拆下水泵总成，如图1-9所示。

14）转动曲轴与飞轮，观察分析曲柄连杆机构的运动。

15）拆下一组活塞连杆组。认识活塞、活塞环、活塞销、连杆、连杆轴承的名称、作用及各零件的连接关系与安装位置。

16）按与拆卸相反的顺序装配发动机。

模块一　发动机总体构造

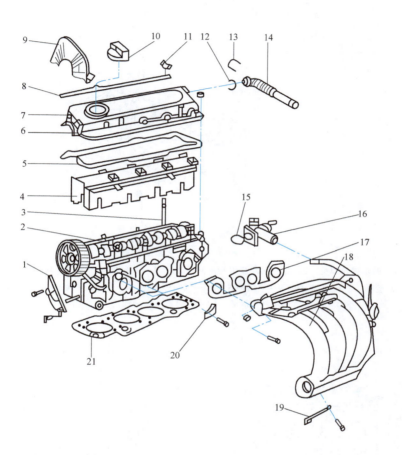

图1-6　进、排气歧管及气缸盖的分解

1—同步带后防护罩　2—气缸盖总成　3—气缸盖螺栓　4—机油反射罩
5—气门室罩盖衬垫　6—紧固压条　7—气门室罩盖　8—压条
9—同步带后上防护罩　10—加机油口　11—支架
12、15—密封圈　13—抱箍　14—曲轴箱通风软管
16—凸缘　17—进气歧管衬垫
18—进气歧管　19—进气歧管支架　20—吊耳　21—气缸盖衬垫

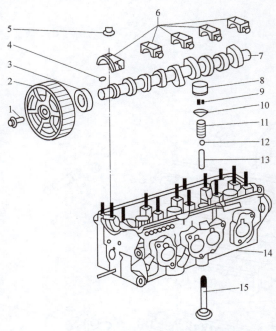

图 1-7 凸轮轴及气门、液力挺杆的分解

1—同步带轮螺栓 2—凸轮轴同步带轮 3—油封 4—半圆键 5—螺母 6—轴承盖
7—凸轮轴 8—液力挺杆 9—气门锁片 10—气门弹簧座 11—气门弹簧 12—气门油封
13—气门导管 14—气缸盖 15—气门

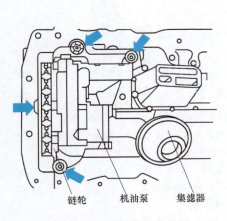

图 1-8 链轮和机油泵的拆卸

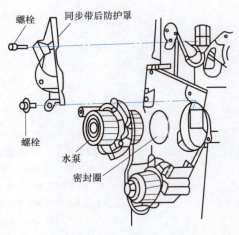

图 1-9 水泵总成的拆卸

曲柄连杆机构

知识目标

- 掌握曲柄连杆机构的组成与主要零件结构。
- 了解曲轴的布置方式及工作循环。

能力目标

- 了解曲柄连杆机构的拆卸与装配顺序。
- 了解气缸盖、气缸垫的拆装及检修方法。
- 了解活塞连杆组零件的拆装及检修方法。

素养目标

- 学习曲柄连杆机构，自学典型机构工作原理，增强学习的主观能动性。

重点与难点

- 曲柄连杆机构的组成。
- 多缸发动机的工作过程。

第一节 机 体 组

机体组是发动机的支架，是曲柄连杆机构、配气机构和发动机各系统主要零件的装配机体。机体组主要由气缸体、气缸盖、气缸垫和油底壳等组成，如图2-1所示。

一、气缸体

1. 气缸体的结构

气缸体是发动机中体积最大、结构最复杂的零件。它不仅承受高温、高压气体的作用，而且是发动机各机构和各系统的装配机体，因此要求气缸体具有足够的强度和刚度，并要求对气缸体进行适当的冷却，以免机体损坏和变形。

水冷发动机的气缸体和上曲轴箱常铸成一体。气缸体一般用灰铸铁铸成，气缸体上半部的圆柱形空腔称为气缸，下半部为支承曲轴的曲轴箱，其内腔为曲轴运动的空间，如图2-2

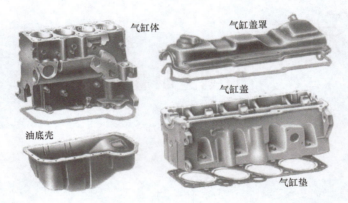

图 2-1　机体组的结构

所示。在气缸体内部铸有加强筋、冷却水套和润滑油通道等。

气缸体应具有足够的强度和刚度，根据气缸体与油底壳安装平面的位置不同，通常把气缸体分为以下3种形式，如图2-3所示。

（1）一般式气缸体　其特点是油底壳安装平面和曲轴旋转中心在同一高度上。这种气缸体的优点是机体高度小、重量轻、结构紧凑、便于加工、曲轴拆装方便；其缺点是刚度和强度较低。

（2）龙门式气缸体　其特点是油底壳安装平面低于曲轴的旋转中心。它的优点是强度和刚度都高，能承受较大的机械负荷；其缺点是工艺性较差、结构笨重、加工较困难。

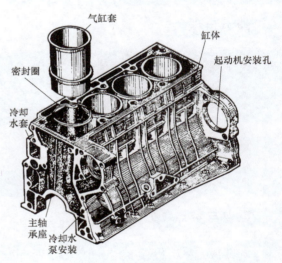

图 2-2　气缸体的结构

（3）隧道式气缸体　这种形式的气缸体曲轴的主轴承孔为整体式，采用滚动轴承，主轴承孔较大，曲轴从气缸体后部装入。其优点是结构紧凑、刚度和强度高，其缺点是加工精度要求高、工艺性较差、曲轴拆装不方便。

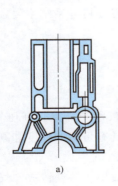
a)

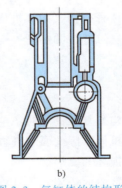
b)

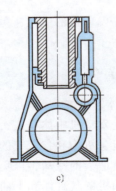
c)

图 2-3　气缸体的结构形式
a）一般式　b）龙门式　c）隧道式

2. 气缸体的排列形式

现代汽车上基本都采用水冷多缸发动机，气缸体的排列形式决定了发动机外形尺寸和结构特点，对发动机机体的刚度和强度也有影响，并影响汽车的总体布置。按照气缸的排列方式不同，气缸体可以分成直列式、V 形和对置式 3 种，如图 2-4 所示。

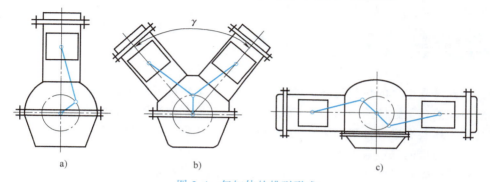

图 2-4 气缸体的排列形式
a) 直列式 b) V 形 c) 对置式

（1）直列式　发动机的各个气缸排成一列，一般是垂直布置的。直列式气缸体结构简单，加工容易，但发动机长度和高度较大。气缸少于 6 个的发动机多采用直列式，如捷达轿车、富康轿车、红旗轿车所使用的发动机均采用这种直列式气缸体。有的汽车为了降低发动机的高度，把发动机倾斜一个角度布置。

（2）V 形　气缸排成两列，左、右两列气缸中心线的夹角 γ<180°，称为 V 形发动机，V 形发动机与直列式发动机相比，缩短了机体长度和高度，增加了气缸体的刚度，减轻了发动机的重量，但是加大了发动机的宽度，且形状较复杂，加工困难，一般用于 8 缸以上的发动机，6 缸发动机的气缸体也有采用这种形式的。

（3）对置式　气缸排成两列，左、右两列气缸在同一水平面上，即左、右两列气缸中心线的夹角 γ=180°，称为对置式。它的特点是高度小、总体布置方便、有利于风冷。这种形式的气缸体应用较少。

3. 气缸套

气缸直接镗在气缸体上称为整体式气缸，整体式气缸强度和刚度都好，能承受较大的载荷，这种气缸对材料要求高，成本高。

如果将气缸制造成单独的圆筒形零件（即气缸套），然后装到气缸体内，这样，气缸套采用耐磨的优质材料制成，气缸体可用价格较低的一般材料制造，从而降低了制造成本。同时，气缸套可以从气缸体中取出，因而便于修理和更换，并可大大延长气缸体的使用寿命。气缸套有干式和湿式两种，如图 2-5 所示。

（1）干式气缸套　干式气缸套的特点是气缸套装入气缸体后，其外壁不直接与冷却液接触，而和气缸体的壁面直接接触，壁厚较小，一般为 1~3mm。它具有整体式气缸体的优点，强度和刚度都较好，但加工比较复杂，内、外表面

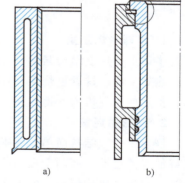

图 2-5 气缸套的结构形式
a) 干式气缸套 b) 湿式气缸套

都需要进行精加工，拆装不方便，散热不良。

（2）湿式气缸套　湿式气缸套的特点是气缸套装入气缸体后，其外壁直接与冷却液接触，气缸套仅在上、下各有一圆环地带和气缸体接触，壁厚一般为5~9mm。它散热良好，冷却均匀，加工容易，通常只需要精加工内表面，而与冷却液接触的外表面不需要加工，拆装方便；但缺点是强度、刚度都不如干式气缸套好，而且容易产生漏液现象，应该采取一些防漏措施。

二、气缸盖

气缸盖安装在气缸体的上面，从上部密封气缸并构成燃烧室。它经常与高温、高压的燃气接触，因此承受很大的热负荷和机械负荷。水冷发动机的气缸盖内部制有冷却水套，缸盖下端面的冷却液孔与缸体的冷却液孔相通，利用循环冷却液来冷却燃烧室等高温部分。

气缸盖上还装有进、排气门座和气门导管孔，用于安装进、排气门，还有进气通道和排气通道等。汽油机的气缸盖上加工有安装火花塞的孔，而柴油机的气缸盖上加工有安装喷油器的孔。顶置凸轮轴式发动机的气缸盖上还加工有凸轮轴轴承孔，用以安装凸轮轴。

气缸盖一般采用灰铸铁或合金铸铁铸成，铝合金的导热性好，有利于提高压缩比，所以近年来铝合金气缸盖应用得越来越多。

气缸盖是燃烧室的组成部分，燃烧室的形状对发动机的工作影响很大，由于汽油机和柴油机的燃烧方式不同，其气缸盖上组成燃烧室的部分差别较大。汽油机的燃烧室主要在气缸盖上，而柴油机的燃烧室主要在活塞顶部的凹坑中。

汽油机燃烧室的常见形状如图2-6所示。

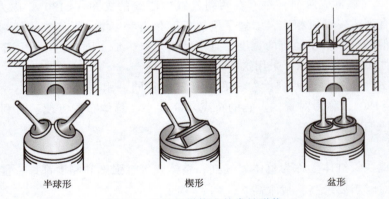

半球形　　　　　楔形　　　　　盆形

图2-6　汽油机燃烧室的常见形状

1. 半球形燃烧室

半球形燃烧室结构紧凑，火花塞布置在燃烧室中央，火焰行程短，故燃烧速率高，散热少，热效率高。这种燃烧室在结构上允许气门双行排列，进气口直径较大，故充气效率较高，虽然使配气机构变得较复杂，但有利于排气净化，在轿车发动机上应用广泛。

2. 楔形燃烧室

楔形燃烧室结构简单、紧凑，散热面积小，热损失小，能保证混合气在压缩行程中形成良好的涡流运动，有利于提高混合气的混合质量，进气阻力小，提高了充气效率。气门排成一列，使配气机构简单，但火花塞置于楔形燃烧室高处，火焰传播距离长。切诺基轿车发动机采用这种形状的燃烧室。

3. 盆形燃烧室

盆形燃烧室的气缸盖工艺性好，制造成本低，但因气门直径易受限制，进、排气效果比半球形燃烧室差。捷达轿车发动机、奥迪轿车发动机采用盆形燃烧室。

三、气缸垫

气缸垫安装在气缸盖与气缸体之间，其功用是保证气缸体和气缸盖之间的密封，防止漏气、漏水和漏油，如图 2-7 所示。

气缸垫的材料要求具有足够的强度，耐热、耐腐蚀，具有一定的弹性，能补偿接合面的不平度。目前使用较多的气缸垫是金属——石棉气缸垫，中间夹有金属丝或金属屑，外覆铜皮或钢皮。

图 2-7 气缸垫

安装气缸垫时，首先要检查气缸垫的质量和完好程度，所有气缸垫上的孔与气缸体上的孔要求对齐；其次，严格按照说明书上的要求拧紧气缸盖螺栓，必须从气缸盖的中央对称地向四周扩展的顺序，分 2~3 次进行拧紧，最后一次拧紧应达到规定的力矩。

四、油底壳

气缸体下部用来安装曲轴的部位称为曲轴箱，曲轴箱分为上曲轴箱和下曲轴箱。上曲轴箱与气缸体铸成一体，下曲轴箱用来储存润滑油，并封闭上曲轴箱，故又称为油底壳，如图 2-8 所示。

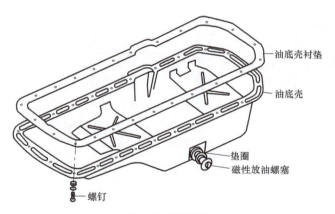

图 2-8 油底壳

油底壳受力很小，一般采用薄钢板冲压而成，其形状取决于发动机的总体布置和机油的容量。油底壳内装有稳油挡板，以防止汽车颠动时油面波动过大。油底壳底部还装有放油螺塞，通常放油螺塞上装有永磁铁，以吸附润滑油中的金属屑，减小发动机的磨损。在上、下曲轴箱接合面之间装有衬垫，防止润滑油泄漏。

五、发动机支承

发动机一般与离合器、变速器安装成一体（通常称为动力总成），通过曲轴箱和离合器或变速器的壳体支承在车架上,其支承方式一般有三点支承和四点支承两种,如图2-9所示。

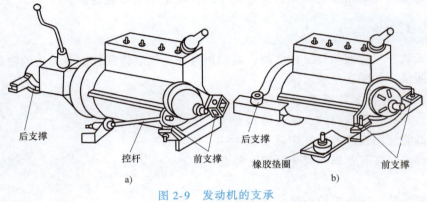

图2-9 发动机的支承
a) 三点支承 b) 四点支承

第二节 活塞连杆组

活塞连杆组是发动机的主要运动机构,其功能是将活塞的往复直线运动转变为曲轴的旋转运动,同时将作用于活塞顶部的气体压力转变为曲轴的转矩。活塞连杆组主要由活塞、活塞环、活塞销、连杆、连杆盖和连杆轴承等组成,如图2-10所示。

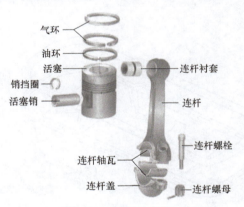

图2-10 活塞连杆组

一、活塞

1. 活塞的功能及工作条件

活塞的主要功能是与气缸盖和气缸壁共同组成燃烧室,承受燃烧气体压力,通过活塞销传给连杆,以推动曲轴旋转。

活塞受力包括活塞顶部气体力和活塞往复惯性力。活塞顶与高温燃烧气体直接接触,使活塞顶的温度很高。活塞在侧压力的作用下沿气缸壁面高速滑动,由于润滑条件差,因此摩擦损失大,磨损严重。

2. 活塞的材料

发动机广泛采用铝合金活塞,只在极少数汽车发动机上采用铸铁或耐热钢活塞。

3. 活塞的构造

活塞由顶部、头部和裙部三部分构成,如图 2-11 所示。

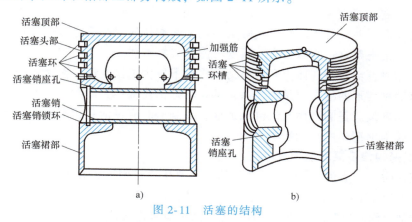

图 2-11 活塞的结构

(1) 活塞顶部　活塞顶部是燃烧室的组成部分,主要承受气体压力。活塞顶部的形状与燃烧室形状和压缩比大小有关,如图 2-12 所示。

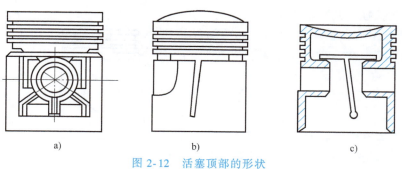

图 2-12 活塞顶部的形状
a) 平面　b) 凸顶　c) 凹顶

大多数汽油发动机采用平顶活塞,其优点是受热面积小,加工简单。采用凹顶和凸顶活塞,可以通过改变活塞顶上凹坑和凸起的尺寸来调节发动机的压缩比。

(2) 活塞头部　活塞顶部至油环槽下端面之间的部分称为活塞头部,如图 2-13 所示。

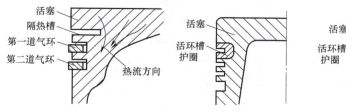

图 2-13 活塞头部的结构

活塞头部有用来安装气环和油环的气环槽和油环槽,上面的是 2~3 道安装气环,下面的是 1~2 道安装油环。在油环槽底部还有回油孔或横向切槽,油环从气缸壁上刮下来的多余机油经回油孔或横向切槽流回油底壳。

活塞头部应该足够厚，便于热量从活塞顶部经活塞环传给气缸壁，使活塞顶部的温度不致过高。在第一道气环槽上方设置有一道较窄的隔热槽，作用是隔断由活塞顶部传向第一道活塞环的热流，使部分热量由第二、三道活塞环传出，从而可以减轻第一道活塞环的热负荷，改善其工作条件，防止活塞环黏结。

（3）活塞裙部　活塞头部以下的部分为活塞裙部。活塞裙部的作用是保证活塞在气缸内得到良好的导向，并承受侧压力。气缸与活塞之间在任何工况下都应保持均匀、适宜的间隙。间隙过大，活塞敲缸；间隙过小，活塞可能被气缸卡住。

发动机工作时，活塞在气体力和侧向力的作用下发生机械变形，而活塞受热膨胀时还发生热变形。这两种变形的结果都是使活塞裙部在活塞销孔轴线方向的尺寸增大。因此，为使活塞工作时，裙部接近正圆形而与气缸相适应，在制造时应将活塞裙部的横断面加工成椭圆形，并使其长轴与活塞销座孔轴线垂直。

4．活塞变形规律及采取的相应措施

发动机工作时，活塞在热负荷以及气体压力和侧压力作用下，会产生热变形和挤压变形。其变形特征是沿活塞轴线方向呈上大下小的变形，因为活塞的温度上高下低，金属的分布上多下少；活塞裙部沿周向呈椭圆形变形，且长轴沿活塞销座孔轴线方向，因为活塞销座孔处金属堆积较多，活塞在垂直于活塞销座孔轴线方向受到侧压力的挤压。另外，整个活塞的膨胀量大于气缸的膨胀量，会造成活塞与气缸壁间的配合间隙减小，甚至发生拉缸、卡死等故障。

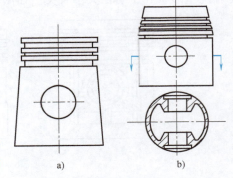

为了使活塞在正常工作温度下与缸壁间保持比较均匀的配合间隙，常采取以下措施：

1）沿轴线方向将活塞制成上大下小的锥形，以消除活塞在工作时沿轴线方向呈上大下小变形的不利影响，如图2-14所示。

2）活塞裙部沿轴向制成反向的椭圆形，长轴垂直于活塞销座孔轴线方向，以消除裙部沿周向呈椭圆形变形的不利影响。

3）活塞销座孔周边的裙部外表面凹陷0.5~1mm或截取一部分，形成拖板式裙部，以减小裙部的热变形量。

图2-14　活塞结构示意图
a）轴向结构　b）裙部轴向结构

4）裙部开绝热-膨胀槽。在活塞裙部受侧压力较小的一侧开∏形槽或T形槽，如图2-15所示。横槽称为绝热槽，可减少头部热量向裙部传导，以减小裙部的膨胀量；竖槽称为膨胀槽，使裙部具有一定的弹性和热态的补偿，从而使冷态下的装配间隙较小。

 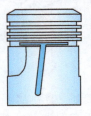 

图2-15　活塞裙部结构
a）∏形槽　b）T形槽

5）为了减小铝合金活塞裙部的热膨胀量，有些汽油发动机活塞在裙部或活塞销座内嵌入恒范钢片。恒范钢片式活塞的结构特点是，由于恒范钢为含镍33%～36%（质量分数）的低碳铁镍合金，其膨胀系数仅为铝合金的1/10，活塞销座通过恒范钢片与裙部相连，牵制了裙部的热膨胀变形量。

二、活塞环

1. 活塞环的类型

活塞环按用途不同，分为气环和油环两种，如图2-16所示。气环的主要功能是密封和传热，保证活塞与气缸壁间的密封，防止气缸内的可燃混合气和高温燃气漏入曲轴箱，并将活塞顶部接收的热传递给气缸壁，避免活塞过热。油环的主要功用是刮除飞溅到气缸上的多余机油，并在气缸壁上涂布一层均匀的油膜。

2. 活塞环的工作条件及材料

活塞环工作时受到气缸中高温、高压燃气的作用，并在润滑不良的条件下在气缸内高速滑动。由于气缸壁面的形状误差，使活塞环在上下滑动的同时还在环槽内产生径向移动，这不仅加重了活塞环与环槽的磨损，还使活塞环受到交变弯曲应力的作用而容易折断。

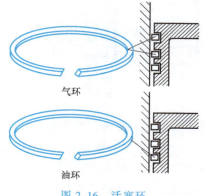

图2-16 活塞环

根据活塞环的功能及工作条件，制造活塞环的材料应具有良好的耐磨性、导热性、耐热性、冲击韧性、弹性和足够的机械强度。目前广泛应用的活塞环材料有优质灰铸铁、球墨铸铁、合金铸铁等。第一道活塞环外圆面通常进行镀铬或喷钼处理。多孔性铬层硬度高，并能储存少量机油。钼的熔点高，具有多孔性，镀铬或喷钼处理可以提高活塞环的耐磨性。

3. 气环

（1）气环的密封原理　冷态下活塞装入气缸后开口处的间隙称为端隙，可防止活塞环受热膨胀卡死在气缸内。环高方向与环槽之间的间隙称为侧隙。活塞和活塞环装入气缸后，活塞环背面与环槽底部间的间隙称为背隙。

活塞环在自由状态下不是正圆形，其外廓尺寸比气缸直径大。当活塞环装入气缸后，在其自身的弹力作用下，环的外圆面与气缸壁贴紧形成第一密封面。高压气体通过活塞顶与气缸壁之间的间隙进入活塞环的侧隙和背隙。高压气体使环的下侧面与环槽的下侧面贴紧形成第二密封面，使环的外圆面与气缸壁更加贴紧。这时漏气的唯一通道就是活塞环的开口端隙。如果几道活塞环的开口相互错开，就形成了迷宫式漏气通道。由于侧隙、背隙和端隙都很小，气体在通道内的流动阻力很大，致使气体压力 p 迅速下降，最后漏入曲轴箱内的气体就很少了，一般仅为进气量的0.2%～1.0%，如图2-17所示。

（2）气环的开口形状　开口形状对漏气量有一定的影响。直开口工艺性好，但密封性差；阶梯形开口密封性好，但工艺性差；斜开口的密封性和工艺性介于前两种开口之间，斜角一般为30°或45°，如图2-18所示。

（3）气环的断面形状　气环的断面形状多种多样，选择不同断面形状的气环组合，可

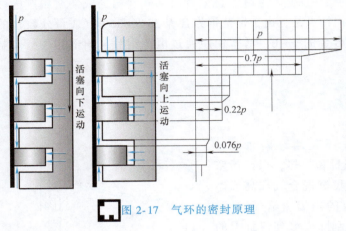

图 2-17 气环的密封原理

图 2-18 气环的开口形状

以得到最好的密封效果和使用性能。常见的气环断面形状如图 2-19 所示。

1）矩形环。矩形环的断面为矩形，形状简单，加工方便，与气缸壁接触面积大，有利于活塞散热；但磨合性差，而且在与活塞一起做往复运动时，在环槽内上下窜动，把气缸壁上的机油不断地挤入燃烧室中，产生"泵油作用"，使机油消耗量增加，活塞顶及燃烧室壁面积炭，如图 2-20 所示。

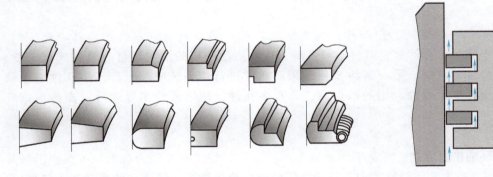

图 2-19 常见的气环断面形状

图 2-20 矩形环的泵油原理

2）锥面环。锥面环的外圆为锥角很小的锥面。理论上锥面环与气缸壁为线接触，磨合性好，增大了接触压力和对气缸壁形状的适应能力。当活塞下行时，锥面环能起到向下刮油的作用；当活塞上行时，由于锥面的油楔作用，锥面环能滑越过气缸壁上的油膜而不致将机油带入燃烧室。锥面环传热性差，所以不用作第一道气环。由于锥角很小，一般不易识别，为避免装错，在环的上侧面标有向上的记号。

3）扭曲环。断面不对称的气环装入气缸后，由于弹性内力的作用使断面发生扭转，故称扭曲环。扭曲环在工作过程中切断了泵油路径，从而消除了矩形环的泵油作用，如图 2-21 所示。

当发动机工作时，在进气、压缩和排气行程中，扭曲环发生扭曲，其工作特点一方面与锥面环类似，另一方面由于扭曲环的上、下侧面与环槽的上、下侧面接触，从而防止了环在环槽内上下窜动，消除了泵油现象，减轻了环对环槽的冲击而引起的磨损。在做功行程中，巨大的燃气压力作用于环的上侧面和内圆面，足以克服环的弹性内力使环不再扭曲，整个外圆面与气缸壁接触，这时扭曲环的工作特点与矩形环相同。扭曲环在安装时，应注意内圆切槽向上、外圆切槽向下，不能装反。

4）梯形环。梯形环的断面呈梯形。工作时梯形环在压缩冲程和做功冲程中随着活塞受侧压力的方向不同而不断地改变位置，这样会把沉积在环槽中的积炭挤出去，避免了活塞环被粘在环槽中而折断，可以延长环的使用寿命。其主要缺点是加工困难、精度要求高。

5）桶面环。桶面环的外圆面为凸圆弧形。当桶面环上下运动时，均能与气缸壁形成楔形空间，使机油容易进入摩擦面，减小磨损。由于它与气缸成圆弧接触，故对气缸表面的适应性和对活塞偏摆的适应性均较好，有利于密封，但凸圆弧表面加工较困难。

4. 油环

油环可分为普通油环和组合油环两种，如图2-22所示。

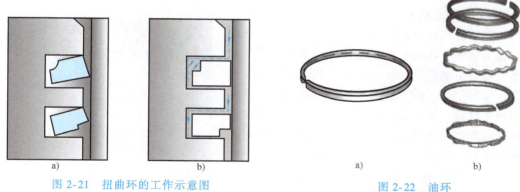

图2-21 扭曲环的工作示意图
a）进气、压缩、排气行程 b）做功行程

图2-22 油环
a）普通油环 b）组合油环

（1）普通油环 普通油环结构简单，加工容易。一般在油环的外圆柱面中间切有一道凹槽，形成上、下两道刮油唇；在凹槽底部开有若干回油孔，由上、下两道刮油唇刮下的润滑油经回油孔流回油底壳。

（2）组合油环 由两片或三片相互独立的钢制刮油片和能产生轴向和径向弹力的弹簧组成。

三、活塞销

1. 活塞销的功能及工作条件

活塞销的功能是连接活塞和连杆小头，并把活塞承受的气体压力传递给连杆。活塞销在高温下周期性地承受很大的冲击载荷，其本身又做摆转运动，而且在润滑条件很差的情况下工作，因此，要求活塞销具有足够的强度和刚度，表面韧度好，耐磨性好，重量轻。所以活塞销一般都做成空心圆柱体，采用低碳钢和低碳合金钢制成，外表面经渗碳淬火处理以提高硬度，精加工后进行磨光，有较高的尺寸精度和较小的表面粗糙度值。

2. 活塞销内孔的形状

活塞销内孔的形状有三种：圆柱形、截锥与圆柱组合形、截锥形，如图2-23所示。

圆柱形孔结构简单，加工容易，但从受力角度分析，中间部分应力最大，两端较小，所

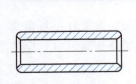 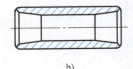 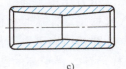

图 2-23　活塞销的内孔形状

a）圆柱形　b）截锥与圆柱组合形　c）截锥形

以这种结构质量和往复惯性力大。为了减小质量和往复惯性力，活塞销做成两段截锥形孔，接近等强度梁，但孔的加工较复杂。组合形孔的结构介于两者之间。

3. 活塞销的安装方式

活塞销与活塞销座孔、活塞销与连杆小头衬套孔的连接配合有全浮式安装和半浮式安装两种方式，如图 2-24 所示。

（1）全浮式安装　当发动机工作时，活塞销、连杆小头和活塞销座孔都有相对运动，活塞销能在连杆衬套和活塞销座孔内自由摆动，磨损均匀。为了防止活塞销轴向窜动刮伤气缸壁，在活塞销两端装有挡圈，进行轴向定位。由于活塞采用铝质材料，而活塞销采用钢质材料，铝比钢热膨胀系数大，为了保证高温工作时活塞销与活塞销座孔为过渡配合，装配时先把活塞加热到一定温度，然后把活塞销装入。

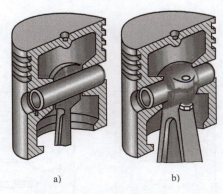

图 2-24　活塞销的连接方式

a）全浮式　b）半浮式

（2）半浮式安装　活塞销与连杆小头采用过盈压合或紧固螺栓连接，活塞销只能在两端活塞销座孔内做自由摆动，而与连杆小头没有相对运动，活塞销不会轴向窜动，不需要锁片。这种连接方式在小型轿车上应用较多。

四、连杆

1. 连杆的功能

连杆的功能是连接活塞与曲轴。连杆小头通过活塞销与活塞相连，连杆大头与曲轴的连杆轴颈相连，将活塞承受的气体压力传递给曲轴，使活塞的往复运动转变成曲轴的旋转运动。

连杆工作时，承受活塞顶部气体压力和惯性力的作用，而这些力的大小和方向都是周期性变化的。因此，连杆受到的是压缩、拉伸和弯曲等交变载荷。这就要求连杆强度高、刚度大、重量轻。连杆一般采用中碳钢或合金钢经模锻或辊锻，然后经机加工和热处理而成。

2. 连杆的结构

连杆分为三部分：连杆小头、连杆杆身和连杆大头（包括连杆盖），如图 2-25 所示。连杆小头与活塞销相连。

（1）对全浮式活塞销　由于工作时连杆小头孔与活塞销之间有相对运动，所以常在连杆小头孔中压入减磨的青铜衬套。为了润滑活塞销与衬套，在小头和衬套上铣油槽或钻油孔，以收集发动机运转时飞溅的润滑油并用于润滑。有的发动机连杆小头采用压力润滑，在杆身内钻有纵向的压力油通道。半浮式活塞销与连杆小头过盈配合，小头孔内不需要衬套及润滑。

（2）连杆杆身　连杆杆身通常做成"工"字形断面，抗弯强度好，重量轻，大圆弧过渡，且上小下大，采用压力油润滑连杆，杆身中部都制有连通大、小头的油道。

（3）连杆大头　连杆大头与曲轴的连杆轴颈相连，大头有整体式和分开式两种。一般都采用分开式，分开式可分为平分式和斜分式两种，如图2-26所示。

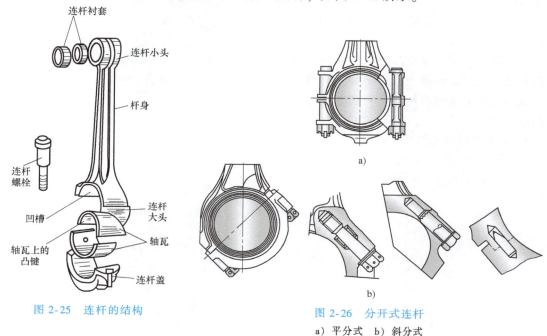

图2-25　连杆的结构

图2-26　分开式连杆
a）平分式　b）斜分式

1）平分式连杆。平分式连杆的分面与连杆杆身轴线垂直。汽油发动机多采用这种连杆。一般汽油发动机连杆大头的横向尺寸都小于气缸直径，可以方便地通过气缸进行拆装。

2）斜分式连杆。斜分式连杆的分面与连杆杆身轴线成30°~60°夹角。柴油发动机多采用这种连杆。因为柴油发动机压缩比大，受力较大，曲轴的连杆轴颈较粗，相应的连杆大头尺寸往往超过了气缸直径，为了使连杆大头能通过气缸，便于拆装，一般都采用斜切口，最常见的是45°夹角。

连杆大头分开可取下的部分称为连杆盖。连杆与连杆盖配对加工后，在它们同一侧打上配对记号，安装时不得互相调换或变更方向。为此，在结构上采取了定位措施。平分式连杆盖与连杆的定位多采用连杆螺栓定位，利用连杆螺栓中部精加工的圆柱凸台或光圆柱部分与经过精加工的螺栓孔来保证。斜分式连杆常用的定位方法有锯齿定位、圆销定位、套筒定位和止口定位。

连杆盖和连杆大头用连杆螺栓连在一起，连杆螺栓在工作中承受很大的冲击力，若折断或松脱，将造成严重事故。为此，连杆螺栓都采用优质合金钢，并经精加工和热处理特制而成。安装连杆盖、拧紧连杆螺栓和螺母时，要用扭力扳手分2~3次交替均匀地拧紧到规定的力矩，拧紧后还应可靠地进行锁紧。连杆螺栓损坏后绝不能用其他螺栓来代替。

3. 连杆轴承

为了减小摩擦阻力和曲轴连杆轴颈的磨损，连杆大头孔内装有瓦片式滑动轴承，简称连杆轴承，如图2-27所示。轴承分上、下两个半片，目前多采用薄壁钢背轴承，在其内表面浇注有耐磨合金层。半个轴承在自由状态下不是半圆形，当它们装入连杆大头孔内时有过盈，故能均匀地紧贴在大头孔壁上，具有很好的承受载荷和导热的能力，并可以提高工作可靠性和延长使用寿命。

连杆轴承上制有定位凸键，供安装时嵌入连杆大头和连杆盖的定位槽中，以防轴承前后移动或转动。有的轴承上还制有油孔，安装时应与连杆上相应的油孔对齐。

图2-27 连杆轴承

4. V形发动机连杆

V形发动机左、右两侧对应两个气缸的连杆是装在曲轴的一个连杆轴颈上的，其形式主要有主副式和叉形式，如图2-28所示。

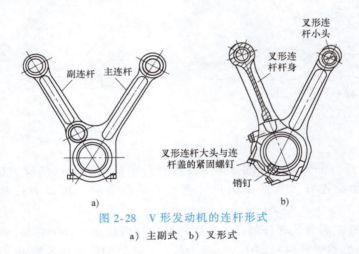

图2-28 V形发动机的连杆形式
a）主副式 b）叉形式

第三节 曲轴飞轮组

曲轴飞轮组主要由曲轴、飞轮和一些附件组成，如图2-29所示。

一、曲轴

1. 功用

曲轴与连杆配合将作用在活塞上的气体压力转变为旋转的动力，传给底盘的传动机构。同时，驱动配气机构和其他辅助装置，如风扇、水泵、发电机等。

2. 工作条件

工作时，曲轴承受气体压力、惯性力及惯性力矩的作用，受力大而且复杂，并且承受交变负荷的冲击作用。同时，曲轴是高速旋转件，因此，要求曲轴具有足够的刚度和强度，具有良好的承受冲击载荷的能力，耐磨损且润滑良好。

3．材料

曲轴一般由 45、40Cr、35Mn2 等中碳钢和中碳合金钢模锻而成，轴颈表面经高频淬火或氮化处理，最后进行精加工。现代汽车发动机广泛采用球墨铸铁曲轴。球墨铸铁价格便宜，耐磨性能好，轴颈不需硬化处理，同时金属消耗量少，机械加工量也少。为提高曲轴的疲劳强度，消除应力集中，轴颈表面应进行喷丸处理，圆角处要经滚压处理。

4．结构

曲轴一般由主轴颈、连杆轴颈、曲柄、平衡重块、前端和后端等组成。由一个连杆轴颈和与它相邻的两端曲柄及主轴颈构成的单元称为曲拐。单缸发动机的曲轴只有一个曲拐，多缸直列式发动机曲轴的曲拐数与气缸数相同，V 形发动机曲轴的曲拐数等于气缸数的一半。将若干个单元曲拐按照一定的相位连接起来再加上曲轴前、后端便构成一根曲轴。

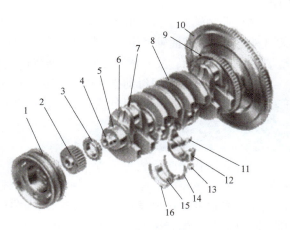

图 2-29　曲轴飞轮组件
1—曲轴带轮　2—曲轴正时齿轮带轮　3—曲轴链轮
4—曲轴前端　5—曲轴主轴颈　6—曲柄臂
7—连杆轴颈　8—平衡重块　9—转速传感器脉冲轮
10—飞轮　11—主轴瓦　12—主轴承盖
13—螺母　14、16—止动垫片　15—主轴瓦

（1）主轴颈　主轴颈是曲轴的支承部分，通过主轴承支承在曲轴箱的主轴承座中。主轴承的数目不仅与发动机气缸数目有关，还取决于曲轴的支承方式。曲轴的支承方式一般有两种，一种是全支承曲轴，另一种是非全支承曲轴。

1）全支承曲轴：曲轴的主轴颈数比气缸数目多一个，即每一个连杆轴颈两边都有一个主轴颈，如 6 缸发动机全支承曲轴有 7 个主轴颈，4 缸发动机全支承曲轴有 5 个主轴颈。这种支承，曲轴的强度和刚度都比较好，并且降低了主轴承载荷，减小了磨损。柴油机和大部分汽油机多采用这种形式。

2）非全支承曲轴：曲轴的主轴颈数比气缸数目少或与气缸数目相等。虽然这种支承的主轴承载荷较大，但缩短了曲轴的总长度，使发动机的总体长度减小。有些承受载荷较小的汽油机可以采用这种曲轴形式。

（2）连杆轴颈　连杆轴颈用来安装连杆大头。曲轴的连杆轴颈是曲轴与连杆的连接部分，通过曲柄与主轴颈相连，在连接处用圆弧过渡，以减小应力集中。直列式发动机的连杆轴颈数目和气缸数相等，V 形发动机的连杆轴颈数等于气缸数的一半。曲轴上有贯穿主轴颈、曲柄和连杆轴颈的油道，以便润滑主轴颈和连杆轴颈。

（3）曲柄　曲柄也称曲轴臂，是主轴颈和连杆轴颈的连接部分，断面为椭圆形。

（4）平衡重块　为了平衡惯性力，曲柄处铸（或紧固）有平衡重块。平衡重块用来平衡发动机不平衡的离心力矩，有时还用来平衡一部分往复惯性力，从而使曲轴旋转平稳。

（5）前端轴和后端轴　曲轴前端装有正时齿轮，驱动风扇和水泵的带轮以及起动爪等。为了防止机油沿曲轴轴颈外漏，在曲轴前端装有一个甩油盘，在齿轮室盖上装有油封。曲轴的后端用来安装飞轮，在后轴颈与飞轮凸缘之间制成挡油凸缘与回油螺纹，以阻止机油向后窜漏。

（6）曲轴轴向定位　由于曲轴经常受到离合器施加于飞轮的轴向力作用，有的曲轴前端采用斜齿传动，使曲轴产生前后窜动，影响了曲柄连杆机构各零件的正确位置，增大了发动机磨损、异响和振动，故必须进行曲轴轴向定位。另外，曲轴工作时会受热膨胀，须留有间隙。

曲轴定位一般采用滑动推力轴承，安装在曲轴前端或中后部主轴承上。推力轴承有两种形式：翻边主轴瓦的翻边部分或具有减磨合金层的止动片，磨损后可更换。

二、曲拐布置

曲轴的形状和曲拐相对位置（即曲拐的布置）取决于气缸数、气缸排列和发动机的发火顺序。发火顺序表示各个气缸做功行程的交替次序。

安排多缸发动机的发火顺序应注意使连续做功的两缸相距尽可能远，以减轻主轴承的载荷，同时避免可能产生的进气重叠现象。做功间隔应力求均匀，即发动机在完成一个工作循环的曲轴转角内，每个气缸都应发火做功一次。各缸发火的间隔时间以曲轴转角表示，称为发火间隔角。四冲程发动机完成一个工作循环曲轴转两圈，其转角为720°，在曲轴转角720°内发动机的每个气缸应该点火做功一次。点火间隔角是均匀的，因此四冲程发动机的点火间隔角为720°/i（i为气缸数目），即曲轴每转720°/i，就应有1个缸做功，以保证发动机运转平稳。

4缸四冲程发动机的发火间隔角为720°/4＝180°，曲轴每转半圈（180°）做功一次，4个缸的做功行程是交替进行的，并在720°内完成，因此，可使曲轴获得均匀的转速，工作平稳柔和。对于每一个气缸来说，其工作过程和单缸发动机的工作过程完全相同，只是要求它按照一定的顺序工作，即发动机的工作顺序，也称为发动机的发火顺序。可见，多缸发动机的工作顺序（发火顺序）就是各缸完成同名行程的次序。4缸发动机4个曲拐布置在同一平面内，1、4缸在上，2、3缸在下，互相错开180°，如图2-30所示。其发火顺序的排列为"1—3—4—2"或"1—2—4—3"，发动机工作循环见表2-1。

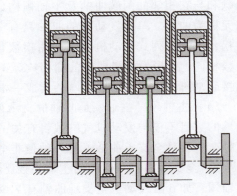

图2-30　4缸四冲程发动机曲拐布置

表2-1　4缸发动机工作循环（点火顺序为1—3—4—2）

曲柄转角	1缸	2缸	3缸	4缸
0~180°	做功	排气	压缩	进气
180°~360°	排气	进气	做功	压缩
360°~540°	进气	压缩	排气	做功
540°~720°	压缩	做功	进气	排气

三、曲轴扭转减振器

在发动机工作过程中，经连杆传给连杆轴颈的作用力的大小和方向周期性地变化，曲轴各个曲拐的旋转速度成周期性变化,造成曲轴的扭转振动。

橡胶式曲轴扭转减振器的结构如图 2-31 所示。带轮毂固定在曲轴前端,通过橡胶垫和橡胶体分别与带轮(前惯性盘)和后惯性盘连接。当曲轴转动发生扭转时,振动能量被橡胶的内摩擦阻尼吸收,曲轴的扭转振动得以消减。

四、飞轮

1. 功用

1) 将做功行程输入曲轴的动能的一部分储存起来,用以在其他行程中克服阻力,带动曲柄连杆机构越过上、下止点。
2) 保证曲轴的旋转角速度和输出转矩尽可能均匀。
3) 使发动机有可能克服短时间的超载荷。
4) 利用飞轮上的齿圈与起动电动机的驱动齿轮啮合,供起动发动机用。
5) 利用飞轮后端面作为驱动件的摩擦面,用来对外传递动力。

2. 结构

飞轮是高速旋转件,需要精确地平衡校准,以达到静平衡和动平衡。飞轮是铸铁圆盘,用螺栓固定在曲轴后端的接盘上,具有很大的转动惯量。飞轮轮缘镶有齿圈,齿圈与飞轮过盈配合,如图 2-32 所示。

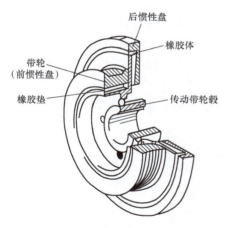

图 2-31 橡胶式曲轴扭转减振器的结构

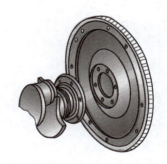

图 2-32 飞轮的结构

在飞轮轮缘做有记号(刻线或销孔),供找压缩上止点用(4缸发动机为1缸或4缸压缩上止点,6缸发动机为1缸或6缸压缩上止点)。当飞轮上的记号与外壳上的记号对正时,正好是压缩上止点。

飞轮与曲轴在制造时一起进行过动平衡实验,在拆装时为了不破坏它们之间的平衡关系,应在飞轮与曲轴之间设置固定的相对位置,通常用定位销和不对称布置的螺栓来定位。

小　　结

曲柄连杆机构是往复式内燃机的动力传递系统。

> 曲柄连杆机构是发动机实现工作循环、完成能量转换的主要运动部分。
>
> 做功行程将燃料燃烧产生的热能转化为曲轴的旋转机械能，对外输出动力；其他行程依靠曲柄和飞轮的转动惯性，通过连杆带动活塞上下运动，为下一次做功创造条件。
>
> 曲柄连杆机构由机体组、活塞连杆组、曲轴飞轮组三部分组成。

同步测试

一、填空题

1. 曲柄连杆机构由_____、_____和_____三部分构成。
2. 发动机各个机构和系统的装配基体是_____。
3. 活塞连杆组由_____、_____、_____和_____等组成。
4. 活塞环包括_____和_____两种。
5. 在安装气环时，各个气环的切口应该_____。
6. 油环分为_____和组合油环两种，组合油环一般由_____和_____组成。
7. 在安装扭曲环时，还应注意将其内圈切槽向____、外圈切槽向____，不能装反。
8. 活塞销通常做成_____圆柱体。
9. 活塞销与活塞销座孔及连杆小头衬套孔的配合，一般采用_____。
10. 连杆由_____、_____和_____三部分组成。连杆_____与活塞销相连。
11. 曲轴飞轮组主要由_____和_____以及其他不同作用的零件和附件组成。
12. 曲轴的曲拐数取决于发动机的_____和_____。
13. 曲轴按支承形式的不同分为_____和_____。
14. V8发动机的气缸数为____。
15. V8发动机全支承式曲轴的主轴颈数为____。

二、选择题

1. 曲柄连杆机构工作条件的特点是（   ）。
   A. 高温　　　　　　B. 高压　　　　　　C. 高速　　　　　　D. 化学腐蚀
2. 将气缸盖用螺栓固定在气缸体上，拧紧螺栓时，应采取下列方法（   ）。
   A. 由中央对称地向四周分数次拧紧　　　B. 由中央对称地向四周一次拧紧
   C. 由四周向中央分数次拧紧　　　　　　D. 由四周向中央一次拧紧
3. 对于铝合金气缸盖，为了保证它的密封性能，在装配时，必须在（   ）状态下拧紧。
   A. 热状态　　　　　B. 冷状态　　　　　C. A、B均可　　　　D. A、B均不可
4. 气缸套用（   ）制成。
   A. 普通铸铁　　　　　　　　　　　　　B. 铝合金
   C. 碳素钢　　　　　　　　　　　　　　D. 高级耐磨的合金铸铁或合金钢

5. 气缸盖裂纹的维修方法是（　　）。
　A. 焊接　　　　　B. 粘结　　　　　C. 更换　　　　　D. 铆接
6. 活塞在制造时，将其制成一定锥度的原因是（　　）。
　A. 减小惯性力　　B. 润滑可靠　　　C. 工作中受热不均　D. 节省材料
7. 扭曲环之所以扭曲，是因为（　　）。
　A. 加工工艺的要求　B. 弹性内力不对称　C. 气体压力的作用　D. 惯性力的作用
8. V形发动机曲轴的曲拐数等于（　　）。
　A. 气缸数　　B. 气缸数的一半　　C. 气缸数的一半加一　　D. 气缸数加一
9. 直列式发动机的全支承曲轴的主轴颈数等于（　　）。
　A. 气缸数　　B. 气缸数的一半　　C. 气缸数的一半加一　　D. 气缸数加一
10. 按"1—2—4—3"顺序工作的发动机，当1缸压缩到上止点时，2缸活塞处于（　　）行程下止点位置。
　A. 进气　　　　　B. 压缩　　　　　C. 做功　　　　　D. 排气
11. 与发动机发火次序有关的是（　　）。
　A. 曲轴旋向　　B. 曲拐的布置　　C. 曲轴的支承形式　　D. A、B、C
12. 四冲程6缸发动机曲轴各曲拐之间的夹角是（　　）。
　A. 60°　　　　　B. 90°　　　　　C. 120°　　　　　D. 180°

三、判断题

1. 柴油机一般采用干缸套。　　　　　　　　　　　　　　　　　　　　　　（　　）
2. 当缸套装入气缸体时，一般缸套顶面应与气缸体上面平齐。　　　　　　　（　　）
3. 在柴油机的气缸盖上，除设有进、排气门座外，还设有火花塞座孔。　　　（　　）
4. 有正反面的气缸垫，在安装时应把光滑的一面朝向气缸盖。　　　　　　　（　　）
5. 为了使铝合金活塞在工作状态下接近一个圆柱形，冷态下必须把它做成上大下小的截锥体。　　　　　　　　　　　　　　　　　　　　　　　　　　　　　（　　）
6. 活塞环在自然状态下是一个封闭的圆环形。　　　　　　　　　　　　　　（　　）
7. 扭曲环是在矩形环的基础上，内圈上边缘切槽或外圈下边缘切槽，不能装反。　　　　　　　　　　　　　　　　　　　　　　　　　　　　　　　　　（　　）
8. 连杆的连接螺栓必须按规定力矩一次拧紧，并用防松胶或其他锁紧装置紧固。　　　　　　　　　　　　　　　　　　　　　　　　　　　　　　　　　（　　）
9. 曲轴前端的甩油盘的外斜面应向后，以免油被甩出。　　　　　　　　　　（　　）
10. 曲轴后端回油螺纹的旋向应为左旋。　　　　　　　　　　　　　　　　（　　）
11. 按"1—5—3—6—2—4"顺序工作的发动机，当1缸压缩到上止点时，5缸处于进气行程。　　　　　　　　　　　　　　　　　　　　　　　　　　　　　（　　）

四、简答题

1. 全浮式活塞销有什么优点？为什么要轴向定位？
2. 机体的曲轴箱有哪几种结构形式？各有何优缺点？各应用于哪类发动机？
3. 发动机的气缸有哪几种排列方式？各适用于什么情况？
4. 四冲程6缸发动机的发火间隔角是多少？

同步训练

项目一：气缸盖、气缸垫的拆装与检修

实训目的：
- 掌握发动机气缸盖和气缸垫的正确拆装方法。
- 认识发动机气缸盖和气缸垫的作用。

实训器材：
桑塔纳 GSI 型轿车发动机拆装实训台、常用工具、专用工具。

实训指导：

1. V 带及同步带的拆卸

1）旋松发动机张紧臂的固定螺栓，拆卸水泵、发动机的 V 带。
2）拆卸水泵带轮、曲轴带轮，拆卸同步带上防护罩，注意观察正时标记。
3）旋松同步带张紧轮紧固螺母，转动张紧轮的偏心轴，使同步带松弛，取下同步带。
4）拆下曲轴同步带轮、中间轴同步带轮，拆下同步带后的防护罩。

2. 发动机外部附件的拆卸

1）拆卸水泵上尚未拆卸的连接管。
2）拆卸水泵、发电机、起动机、分电器、汽油泵、机油滤清器、进气歧管、排气歧管、火花塞等。

3. 发动机机体解体

1）放出油底壳内的机油，拆下油底壳，更换机油密封衬垫。
2）拆卸机油泵、机油滤清器。
3）拆卸气门室罩，更换气门室罩密封垫。
4）拆下气缸盖，其螺栓应从两端向中间分次、交叉拧松。
5）拆卸离合器总成。

4. 气缸盖变形的检修

气缸盖的变形主要表现为翘曲，其变形程度可通过检测气缸盖下平面的平面度误差获得。

1）将所测气缸盖侧放在检测平台上。
2）将直尺或刀形尺沿两条对角线和纵轴线贴靠在缸盖下平面上。
3）在直尺或刀形尺与缸盖下平面间的缝隙处插入塞尺，所测值即为缸盖的变形量。
4）气缸盖下平面的平面度误差在整个平面上不大于 0.05mm，局部不平用刮研法修复。

5. 气缸盖厚度的检修

1）将待测气缸盖平放在检测平台上。

2)用游标高度卡尺测量气缸盖的厚度。

3)若气缸盖厚度仍在规定范围内,可对气缸盖进行修磨;若过小,应更换。

6. 气缸盖与进、排气歧管接合平面(侧平面)的检修

若平面度误差大于 0.05mm,则应修磨,修磨量应不大于 1.0mm,否则应更换。

7. 装配各部件

1)安装油底壳、机油滤清器、机油泵。

2)安装气缸盖,其螺栓应从中间向两端分次、交叉拧紧。

3)装复发动机的外部附件。

4)安装 V 带及同步带,检查带的张紧度。

项目二:活塞连杆组零部件的拆装与检修

实训目的:
- 掌握活塞连杆组的拆装工艺及技术标准。
- 掌握活塞连杆组各零件间的相互连接关系及其装配要领。
- 掌握活塞连杆组的检修方法。

实训器材:

发动机两个,机油 4L,抹布一块,曲轴带轮螺栓专用套筒一个,扭力扳手 4 个,组合工具 4 套,木柄锤子 4 个,活塞环拆装钳、压缩钳各 4 个,塞尺 4 把等。

实训指导:

1. 技术标准

技术参数:

1)连杆螺栓、螺母拧紧力矩为 30N·m+90°。

2)曲轴螺栓、螺母拧紧力矩为 650N·m。

3)曲轴轴承径向间隙的正常范围为 0.03~0.08mm,磨损极限为 0.17mm。

4)连杆轴承径向间隙的正常范围为 0.03~0.06mm,磨损极限为 0.12mm。

2. 注意事项

1)注意活塞环、连杆、连杆轴承盖、轴瓦的装配记号。若无记号,必须做标记。

2)拆下的零部件必须按顺序放好,并注意不要损坏零件。

3)装配时,在活塞环、轴瓦、连杆小头两侧和气缸内 4 处位置应涂抹少许机油润滑。

4)操作过程由 1 人完成,不允许戴手套。

3. 活塞连杆组的拆卸

1)检查各个气缸是否有缸肩。如有积炭,应轻轻清理掉。转动曲轴,目测各活塞上止点是否一致。

2)转动曲轴,将准备拆卸的活塞连杆组对应的活塞转到下止点位置,并检查活塞顶部、连杆大头、连杆轴承盖有无向前标记。

3)先用扭力扳手松开连杆螺栓螺母,再交替地分 2~3 次松开螺母,取下连杆轴承盖、连杆轴承。若有缸号，按顺序放好，不得互换；若无缸号，在连杆轴承盖上标示缸号后按顺序放好。

4）用橡胶锤或锤子木柄将连杆向外推，使连杆与轴颈分离，用手将活塞连杆组托出（注意不要硬撬、硬敲；如果缸口有积炭应先刮平，以免损坏活塞、缸壁）。

5）取出活塞连杆组后，应将连杆轴承盖（带轴承）、螺栓、螺母按原位装回连杆（不得互换），按顺序排好。注意连杆、活塞上的装配标记，标记应朝向发动机带轮，连杆轴承盖上应有对应缸号。

6）用活塞环拆卸钳拆下活塞环，观察活塞环装配记号，对应活塞放好活塞环，注意向上的标记及第一道和第二道气环的区别。

4. 活塞连杆组的检修

1）连杆体、连杆轴承盖等不得有裂纹和损伤。目视检查连杆体是否弯曲、扭曲；若怀疑有弯曲或扭曲，需将连杆在连杆校验仪上进行检测，或者将活塞连杆组（不带活塞环）装入气缸，并转动曲轴观察活塞是否偏缸。

2）活塞的磨损应正常，不得有裂纹和损伤，应无积炭；若有积炭，则应轻轻清理干净。活塞裙部应无划痕，环槽无变形。

3）连杆轴承盖、轴承座应密合，接合面无损伤，连杆轴承表面磨损均匀，无沟槽、划痕、凹陷、严重变色，定位槽良好，瓦背与轴承盖无相对移动，轴承不得互换。

4）检查连杆螺栓、螺母有无螺纹损伤及明显的缺陷，螺栓是否拉长变形，螺栓、螺母配合间隙是否过大等。若有明显的松旷，应更换。

5）活塞环开口间隙的检查：将活塞环用活塞垂直推入气缸上平面之下 40~50mm，用塞尺检查开口间隙，应符合技术标准。

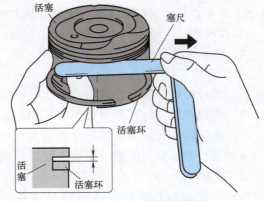

图 2-33　活塞环侧隙的检查

6）活塞环侧隙（轴向间隙）的检查：如图 2-33 所示，沿活塞环槽滚动活塞环一圈，若因活塞环槽严重变形造成卡滞，可用细锉轻轻消除，用塞尺检查活塞环侧隙，应符合技术标准。

7）检查活塞销间隙：使活塞绕活塞销转动，左、右手分别把住活塞和连杆反复推拉，活塞与连杆之间应无间隙（全浮式活塞：活塞销与连杆小头是间隙配合，活塞销与活塞之间是过盈配合，并以卡环定位；半浮式活塞：活塞销与连杆小头之间是过盈配合，活塞销与活塞之间是间隙配合）。

5. 活塞连杆组的装配

1）清洗：清洗活塞连杆组零件，用钢丝疏通各油孔油道，清除污垢，然后用高压空气吹干各零件，擦干气缸、连杆轴颈，按顺序分组摆放清点的零件。

2）安装活塞销：半浮式活塞销采用压力装配，如图2-34所示。

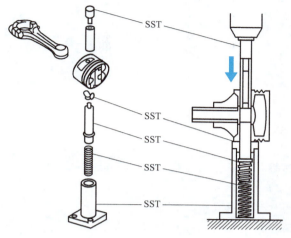

图2-34 压装活塞连杆组

3）安装活塞环：用活塞环拆装钳依次装好油环、第二道气环、第一道气环。注意向上的装配记号和第一、二道气环的识别，如图2-35所示。

4）将1缸曲柄转到下止点位置，取1缸的活塞连杆总成，在连杆小头内部（与活塞销配合的部分）、轴瓦、活塞环、缸体4处加注少许机油，转动各环使润滑油进入环槽。

5）按活塞顶箭头（连杆体上的标记）方向向前将活塞连杆总成从气缸顶部放入气缸，调节各环开口位置；用活塞环压缩钳收紧各环，用手引导连杆使其对准曲轴轴颈，用锤子木柄将活塞推入。

6）将1缸的连杆轴承盖（带轴瓦）标记朝前装在连杆上，分两次交替拧紧连杆螺母至30N·m后，再转1/4圈（90°）。

7）用同样的方法，将其余各缸活塞连杆装入相应气缸。

8）全部装完后，转动曲轴，松紧度应适宜，4个活塞上止点应一致。

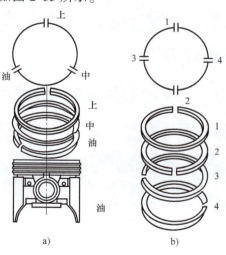

图2-35 活塞环开口方向
a）三环活塞 b）四环活塞

配气结构

知识目标

- 掌握配气机构的拆装要点。
- 掌握气门组零件的检修方法。
- 了解配气机构的作用、组成、工作原理、分类。
- 了解配气机构的气门间隙和配气相位。

能力目标

- 掌握气门传动组零件的检修方法。
- 了解配气机构气门间隙的检查、调整及检测方法。

素养目标

- 学习配气机构,加深两大机构协同工作理解程度,增强团队协作精神。

重点与难点

- 配气机构的组成。
- 配气机构的气门间隙的检查与调整。

第一节 概 述

配气机构的工作性能好坏,对发动机有重要影响。要求配气机构的气门关闭严密、开闭及时、开度足够。如果气门关闭不严,在压缩行程会漏气,造成气缸压力不足和燃气质量的损失;在做功行程会泄压,使燃气压力降低。如果气门开闭不及时或开度不够,则会使进气不充分,排气不彻底。上述情况都会严重影响发动机的功率,甚至使发动机不能起动。

一、配气机构的作用

配气机构的作用是根据发动机的工作循环和点火次序,适时地开启和关闭各缸的进、排气门,使纯净空气或空气与燃油的混合气及时进入气缸,废气及时排出。

二、配气机构的总体构造

以双顶置凸轮轴同步带传动的配气机构为例，它主要由气门组件（有进气门组件和排气门组件，含进、排气门，进、排气门座，气门弹簧，气门锁夹，气门导管等）、气门驱动机构（液压挺柱）、进气凸轮轴和排气凸轮轴及凸轮轴传动机构（含曲轴正时带轮、凸轮轴传动带轮、同步带、张紧轮）等组成，如图3-1所示。

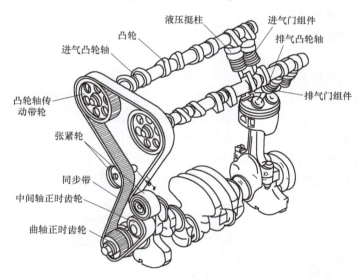

图3-1 配气机构的总体构造

三、配气机构的工作原理

发动机工作时，通过同步带带动进、排气凸轮轴旋转。当进气凸轮轴的进气凸轮克服气门弹簧力作用压下进气门时，进气门开启，开始进气；当进气凸轮轴转到凸轮的基圆段时，该进气门在气门弹簧作用下回位，关闭进气门，进气停止。排气门的开闭原理与进气门类似。

四冲程发动机每完成一个工作循环，各缸的进、排气门需要开闭一次，即需要凸轮轴转过一圈，而曲轴需要转两圈。曲轴转速与凸轮轴转速之比（传动比）为2∶1。

四、充气效率

新鲜空气或可燃混合气被吸入气缸越多，则发动机可能发出的功率越大。新鲜空气或可燃混合气充满气缸的程度，用充气效率表示。它是在每个循环中，实际进入气缸的充量与进气状态下充满气缸工作容积的理论充量的比值。充气效率越高，表明进入气缸的空气越多，可燃混合气燃烧时可能放出的热量就越大，发动机的功率越大。

充气效率和进气终了压力、进气终了温度及气缸内残余废气量有关。减小进气系统流通阻力，如壁面光滑平直的进、排气管道，气流流通阻力小，可提高进气终了压力。使用多进气门机构可以有效提高进气终了压力，并使气缸内残余废气量减少。目前中小排量以上轿车发动机已普遍采用4气门结构。

发动机增压可以较大幅度提高进气终了压力，有效改善发动机性能。另外，在使用中，应特别注意对空气滤清器的清洁维护，保证进气畅通，提高充气效率。

五、配气机构的分类

1. 按凸轮轴布置位置分

按凸轮轴布置位置分，配气机构可分为顶置凸轮轴式、中置凸轮轴式和下置凸轮轴式3种。

汽车一般采用顶置凸轮轴配气机构，如图3-1所示。它将凸轮轴直接布置在气缸盖上，直接通过摇臂或凸轮来推动气门的开启和关闭。这种传动机构没有推杆等运动件，通过同步带或链条传动，系统往复运动构件的质量大大减小，非常适合现代的高速发动机，尤其是轿车发动机。

顶置凸轮轴配气机构有两种传动形式：图3-2所示是凸轮-摇臂式传动机构，凸轮直接与摇臂接触，通过摇臂摆动将气门打开，图3-3所示是凸轮-挺柱式传动机构，凸轮通过挺柱将气门顶开，由凸轮轴直接开、闭气门，而不用摇臂，减小了运动件的质量，可以高速精确地开、闭气门，提高发动机转速，并且这种布置有利于增加气门数目，提高进、排气效率，是现代高速发动机配气机构的主要形式。一汽奥迪、捷达和上海桑塔纳等采用图3-3c所示的凸轮直接驱动液力挺柱的结构，可以不预留气门间隙。

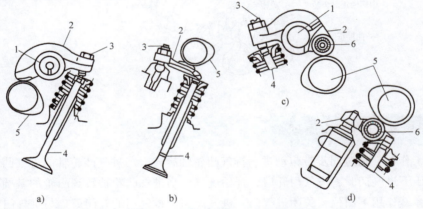

图3-2 几种常见的凸轮-摇臂式传动机构

1—摇臂轴 2—摇臂 3—调整螺钉 4—气门 5—凸轮 6—滚动轴承

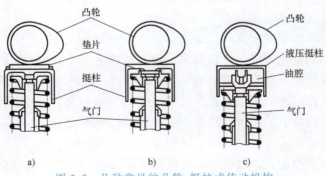

图3-3 几种常见的凸轮-挺柱式传动机构

根据顶置气门凸轮轴的个数，可将其分为单顶置凸轮轴（SOHC）和双顶置凸轮轴（DOHC）两种。

2. 按曲轴和配气凸轮轴的传动方式分

按曲轴和配气凸轮轴的传动方式分，配气机构可分为同步带传动式、链传动式和齿轮传动式 3 种。

（1）同步带传动　现代高速发动机配气机构广泛采用同步带传动（参见图 3-1）。同步带又称齿带、正时带。同步带用氯丁橡胶制成，中间夹有玻璃纤维和尼龙织物，以增加强度。同步带的张力可以由张紧轮进行调整。这种传动方式可以减小噪声，减小结构质量和降低成本。

（2）链传动　如图 3-4 所示，链传动多用在凸轮轴顶置的配气机构中。为使链条在工作时具有一定的张力而不至于脱落，一般装有导链板和张紧轮等。这种传动的优点是布置容易，当传动距离较远时，还可用两级链传动；缺点是传统的链传动结构质量及噪声较大，链的可靠性和耐久性不易得到保证。在一些中高档车上应用无声链条，传动更加可靠，可以不用更换，避免了同步带老化的问题，如马自达 6、福特蒙迪欧、嘉年华等车型。

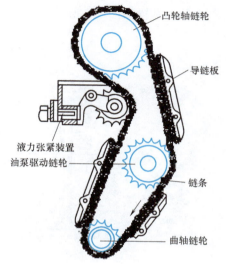

图 3-4　凸轮轴的链传动

（3）齿轮传动　凸轮轴下置、中置的配气机构大多采用齿轮传动。一般从曲轴到凸轮轴间的传动只需要一对正时齿轮，必要时可加装中间齿轮。为了啮合平稳、减小噪声，正时齿轮多用斜齿轮，也有采用夹布胶木制造，以减小噪声。为了装配时保证配气相位的正确，齿轮上都有正时记号，装配时必须按要求对齐。

3. 按每缸气门的数目分

按每缸气门的数目分，配气机构有 2 气门式、3 气门式、4 气门式和 5 气门式 4 种。传统发动机都是每缸 2 气门（1 个进气门，1 个排气门）。为了改善发动机的充气性能，应尽量加大气门的直径，但由于气缸的限制，气门的直径不能超过气缸直径的一半。因此，现代汽车发动机中，普遍采用多气门结构（3~5 气门，一般常用 4 气门），使发动机的进、排气流通截面面积增大，提高了充气效率，改善了发动机的动力、经济性能和排放性能。

第二节　配气机构的零件和组件

配气机构主要由气门组和气门传动组组成。

一、气门组

气门组零件包括气门、气门导管、气门座、气门弹簧、气门旋转机构、锁片、卡簧等零件，如图 3-5 所示。有的进气门还设有气门旋转机构。气门组应保证气门对气缸的密封性，气门组有以下要求：

1）气门头部与气门座贴合紧密。

2）气门在气门导管中上下运动良好。

3）气门弹簧的两端面与气门杆中心线垂直，保证气门头部在气门座上不偏斜。
4）气门弹簧力足以克服气门运动惯性力，使气门能迅速开闭。

1. 气门

气门的结构如图3-6所示。

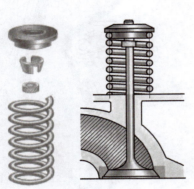

图3-5 气门组

图3-6 气门的结构

（1）功用　控制进、排气管的开闭。
（2）工作条件　承受高温、高压、冲击，润滑困难。
（3）要求　足够的强度、刚度、耐磨、耐高温、耐腐蚀、耐冲击。
（4）材料　进气门采用合金钢（铬钢或镍铬钢等），排气门采用耐热合金钢（硅铬钢等）。
（5）构造　气门由头部、杆身和尾部组成。

气门锥角是气门密封面的角度，一般是45°，有些是30°。气门锥度小，气门通过端面大，进气阻力小，但由于锥度小的气门头部边缘较薄，刚度小，密封性与导热性差，一般用于进气门。气门边缘的厚度一般为1~3mm，以防止工作中与气门座冲击而损坏或被高温烧坏。为了减小进气阻力，提高气缸进气效率，多数发动机进气门比排气门大。

1）头部。气门头部形状有平顶、球面顶和喇叭形顶等（图3-7）。一般气门使用平顶的头部。平顶气门头部结构简单、制造方便、吸热面积小、质量较小、进气门和排气门都可以

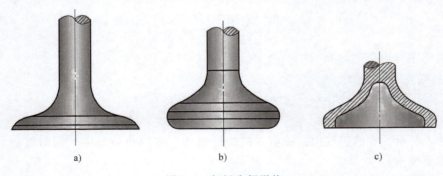

图3-7 气门头部形状
a）平顶　b）球面顶　c）喇叭形顶

使用。球面顶气门头部适用于排气门，其强度高、排气阻力小、废气消除效果好，但其受热面积大、质量和惯性大、加工复杂。喇叭形顶有一定的流线型，可减小进气阻力，但其头部受热面积大，只适用于进气门。

2) 杆身。杆身与头部制成一体，装在气门导管内起导向作用，杆身与头部采用圆滑过渡连接。

3) 尾部。尾部制有凹槽（锥形槽或环形槽），用来安装锁紧件。

2. 气门导管

气门导管如图 3-8 所示。气门导管主要起导向作用，保证气门做直线运动，使气门与气门座能正确贴合。此外，气门导管还在气门杆与气缸体之间起导热作用。

为了保证导向，导管应有一定的长度，气门导管的工作温度也较高，约为 500K。气门杆在气门导管中运动，仅靠配气机构飞溅出来的机油进行润滑，因此易磨损。为了改善润滑性能，气门导管常用灰铸铁或球墨铸

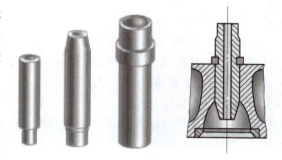

图 3-8 气门导管

铁或铁基粉末冶金制造。气门导管内、外圆面加工后压入气缸盖的气门导管孔内，然后精铰内孔。为了防止气门导管在使用过程中松脱，有的发动机对气门导管用卡环定位。气门杆与气门导管之间有 0.05~0.12mm 的间隙，使气门杆能在导管中自由运动。

3. 气门座

气门座与气门头部密封锥面配合密封气缸，气门头部的热量也经过气门座向外传递。气门座可以在气缸盖（气门顶置）或气缸体（气门侧置）上直接镗出，也可用较好的材料单独制作，然后镶嵌到气缸的缸盖或缸体上。

4. 气门弹簧

气门弹簧如图 3-9 所示，其功用是克服在气门关闭过程中气门及传动件的惯性力，防止各传动件之间因惯性作用产生间隙；保证气门及时坐落并紧密接触，防止气门在发动机振动时发生跳动，破坏其密封性。

气门弹簧多为圆柱形螺旋弹簧，其材料为高碳锰钢冷拔钢丝，加工后进行热处理，钢丝表面要磨光、抛光或喷丸处理。为了防止生锈，表面镀锌。

气门弹簧的一端支承在气缸盖或气缸体上，而另一端压靠在气门杆端的弹簧座上，弹簧座用锁片固定在气门杆的末端。为了防止

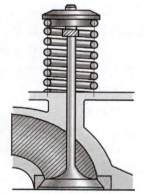

图 3-9 气门弹簧

弹簧发生共振，可采用变螺距的圆柱弹簧（如红旗轿车的 8V100 发动机气门弹簧）。高速发动机多数是一个气门有同心安装的内、外两根气门弹簧，这样能提高气门弹簧的工作可靠性，即不但可以防止共振，而且当一根弹簧折断时，另一根还可维持工作；此外，还能使气门弹簧的高度减小。当装用两根气门弹簧时，弹簧圈的螺旋方向应相反，这样可以防止折断的弹簧圈卡入另一个弹簧圈内。680Q 型发动机、492Q 型发动机和 CA6102 型发动机均采用双气门弹簧。

5. 气门旋转机构

气门旋转机构如图 3-10 所示。为了使气门头部温度均匀，防止局部过热引起的变形和清除气门座积炭，可设法使气门在工作中相对气门座缓慢旋转。气门缓慢旋转时，在密封锥面上产生轻微的摩擦力，有阻止沉积物形成的自洁作用。

6. 锁片、卡簧

锁片、卡簧的功用是在气门弹簧力的作用下把弹簧座和气门杆锁住，使弹簧力作用到气门杆上。

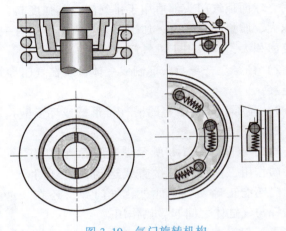

图 3-10 气门旋转机构

二、气门传动组

气门传动组的功用是传递凸轮轴与气门之间的运动。

气门传动组零件包括凸轮轴、气门挺柱、推杆、摇臂等。

1. 凸轮轴

凸轮轴如图 3-11 所示，它是配气机构的关建部件，用来控制气门的配气相位，在有些发动机中它还用来驱动机油泵、汽油泵和分电器。

凸轮轴主要由进气凸轮、排气凸轮、支承轴、正时齿轮轴、汽油泵偏心凸轮、机油泵及分电器驱动齿轮等组成。

凸轮的形状影响气门的开闭时刻及高度，凸轮的排列影响气门的开闭时刻和工作顺序（根据凸轮轴可以判断工作顺序）。工作中，凸轮轴受到气门间歇性开启的周期性冲击载荷，因此凸轮表面要求耐磨，凸轮轴要有足够的韧性和刚度。

凸轮轴一般用优质钢模锻而成，也可以采用合金铸铁或球墨铸铁铸造，凸轮和轴径的工作表面一般经过热处理后精磨，以改善耐磨性。

2. 气门挺柱

气门挺柱如图 3-12 所示，其功用是将凸轮的推力传给推杆（或气门杆），并承受凸轮轴旋转时所施加的侧向力。气门侧置式配气机构的挺柱一般做成菌式，在挺柱的顶部装有调

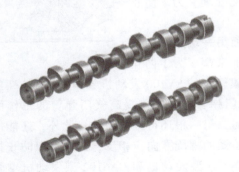

图 3-11 凸轮轴

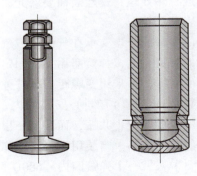

图 3-12 气门挺柱

节螺钉，用来调节气门间隙；气门顶置式配气机构的挺柱一般制成筒式，以减小质量。图 3-12 所示为滚轮式挺柱，其优点是可以减小摩擦造成的对挺柱的侧向力。这种挺柱结构复杂，质量较大，一般多用于大缸径柴油机上。挺柱常用镍铬合金铸铁或冷激合金铸铁制造，其摩擦表面应经热处理后精磨。

3. 推杆

推杆如图 3-13 所示，其功用是将从凸轮轴传来的推力传递给摇臂。它是配气机构中最容易弯曲的零件，故要求有很高的刚度。在动载荷大的发动机中，推杆应尽量做得短些。

4. 摇臂

摇臂如图 3-14 所示，其实际上是一个双臂杠杆，将推杆传来的力改变方向，作用到气门杆端打开气门。

图 3-13 推杆

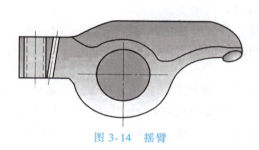

图 3-14 摇臂

第三节 配气相位和气门间隙

一、配气相位

配气相位是用曲轴转角表示的进、排气门的开启时刻和开启延续时间，通常用环形图表示，如图 3-15 所示。

为了便于进气充足，排气干净，除了从结构上进行改进外（如增大进、排气管道），还可以从配气相位上想办法，使气门早开晚闭，延长进、排气时间。

1. 气门的早开晚闭

从图 3-15 中可以看出，活塞到达进气下止点时，由于进气吸力的存在，气缸内气体压力仍然低于大气压，在大气压的作用下仍能进气；另外，此时进气流还有较大的惯性。由此可见，进气门晚关可以增加进气量。

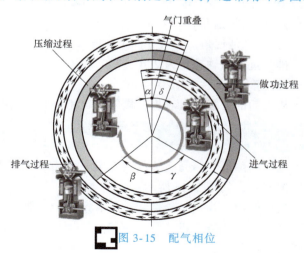

图 3-15 配气相位

进气门早开，可使进气一开始就有一个较大的通道面积，可增加进气量。

在做功行程快要结束时，排气门打开，可以利用做功的余压使废气高速冲出气缸，排气量约占 50%。排气门早开，势必造成功率损失，但因气压低，损失并不大，而早开可以减少排气所消耗的功，有利于废气的排出，所以总功率仍是提高的。从图 3-15 上还可以看出，活塞到达上止点时，气缸内废气压力仍然高于外界大气压，加之排气气流的惯性，排气门晚关可使废气排得更干净一些。

由此可见，气门具有早开晚关的可能，对发动机实际工作有如下作用。

1) 进气门早开：增大了进气行程开始时气门的开启高度，减小进气阻力，增加进气量。
2) 进气门晚关：延长了进气时间，在大气压和气体惯性力的作用下，增加进气量。
3) 排气门早开：借助气缸内的高压自行排气，大大减小了排气阻力，使排气干净。
4) 排气门晚关：延长了排气时间，在废气压力和废气惯性力的作用下，使排气干净。

2. 气门重叠

由于进气门早开，排气门晚关，势必造成在同一时间内两个气门同时开启。与两个气门同时开启时间相当的曲轴转角称为气门重叠角。

进、排气流各自有自己的流动方向和流动惯性，而重叠时间又很短，不至于混乱，即吸入的可燃混合气不会随同废气排出，废气也不会经进气门倒流入进气管，而只能从排气门排出。

3. 进、排气门的实际开闭时刻和延续时间

（1）实际进气时刻和延续时间　在排气行程接近终了时，活塞到达上止点前，即曲轴转到离上止点还差一个角度 α，进气门便开始开启，进气行程直到活塞越过下止点一个角度 β 时进气门才开始关闭。整个进气过程延续时间相当于曲轴转角 $180°+\alpha+\beta$。

α：进气提前角，一般 $\alpha = 10° \sim 30°$。

β：进气延迟角，一般 $\beta = 40° \sim 80°$。

进气过程曲轴转角为 $230° \sim 290°$。

（2）实际排气时刻和延续时间　做功行程接近终了时，活塞在下止点前排气门便开始开启，提前开启的角度 γ 一般为 $40° \sim 80°$，活塞越过下止点一个角度 δ 后排气门关闭。δ 一般为 $10° \sim 30°$，整个排气过程相当于曲轴转角 $180°+\gamma+\delta$。

γ：排气提前角，一般 $\gamma = 40° \sim 80°$。

δ：进气延迟角，一般 $\delta = 10° \sim 30°$。

排气过程曲轴转角为 $230° \sim 290°$。

气门重叠角 $\alpha+\delta$ 为 $20° \sim 60°$。

从上面的分析可以看出，实际配气相位和理论配气相位相差很大。

二、气门间隙

气门间隙指气门完全关闭（凸轮的凸起部分不顶挺柱）时，气门杆尾端与摇臂或挺柱之间的间隙，如图 3-16 所示。

气门间隙的作用是给热膨胀留有余地，以保证气门密封。

不同机型的发动机，其气门间隙的大小不同。根据试验确定，一般冷态时，排气门间隙大于进气门间隙，进气门间隙为 0.25~0.3mm，排气门间隙为 0.3~0.35mm。

图 3-16 气门间隙

1) 间隙过大：进、排气门开启滞后，缩短了进、排气时间，降低了气门的开启高度，改变了正常的配气相位，使发动机因进气不足、排气不净而功率下降，此外，还使配气机构零件的撞击增加，磨损加快。

2) 间隙过小：发动机工作后，零件受热膨胀，将气门推开，使气门关闭不严，造成漏气，功率下降，并使气门的密封表面严重积炭或烧坏，甚至气门撞击活塞。

采用液压挺柱的配气机构不需要留气门间隙。

小　　结

配气机构按其功用都可分为气门组和气门传动组两大部分。气门组包括气门及与之相关的零件，其组成与配气机构的形式基本无关。气门传动组是从正时齿轮开始至推动气门动作的所有零件，其组成视配气机构的形式而有所不同，它的功用是定时驱动气门使其开闭。

气门组零件包括：气门、气门导管、气门座、气门弹簧、气门旋转机构、锁片、卡簧等。气门传动组零件包括：凸轮轴、气门挺柱、推杆、摇臂等。

配气机构的工作原理是按照发动机的工作顺序和工作循环的要求，定时开启和关闭各缸的进、排气门，使新鲜空气进入气缸、废气从气缸排出。

同步测试

一、填空题

1. 配气机构的作用是根据发动机的_____和_____次序，适时地开启和关闭各缸的进、排气门。

2. 配气机构主要由_____和_____组成。

3. 四冲程发动机每完成一个工作循环，曲轴需要转____圈，凸轮轴转____圈，各缸的进、排气门需要开闭____次。

4. 按曲轴和配气凸轮轴的传动方式分，配气机构可分为____传动式、____传动式和_____传动式3种。

5. 按每缸气门的数目分，配气机构可分为____气门式、____气门式、____气门式和____气门式4种。

二、判断题

1. 采用顶置式气门时，充气系数可能大于1。 （   ）
2. 气门间隙指气门与气门座之间的间隙。 （   ）
3. 排气门的材料一般要比进气门的材料好些。 （   ）
4. 进气门头部直径通常要比排气门头部直径大，而气门锥角有时比排气门的小。
 （   ）
5. 凸轮轴的转速比曲轴的转速快一倍。 （   ）
6. 挺杆在工作时，既有上下往复运动，又有旋转运动。 （   ）
7. 正时齿轮装配时，必须对准正时标记。 （   ）

三、名词解释

1. 充气效率
2. 气门间隙
3. 配气相位

四、简答题

1. 配气机构的作用是什么？
2. 气门导管的作用是什么？
3. 现代汽车发动机为何几乎都采用顶置式气门配气机构？
4. 气门为什么要早开晚闭？

同步训练

项目：发动机配气机构的拆装

实训目的：
- 掌握发动机配气机构的正确拆装方法。
- 掌握配气机构工作过程。

实训器材：
桑塔纳GSI型轿车发动机拆装实训台、常用工具、专用工具。

实训指导：

1. 配气机构的拆卸

发动机配气机构的拆卸应在专用的拆装架上进行，如图3-17所示。拆卸时，应使用专用工具先拆除发动机附件，然后按照由外到内的顺序进行分解。具体步骤如下：

1）从气缸盖上拆下凸轮轴各道轴承盖的紧固螺母（先松1、3、5道轴承盖螺母，再松2、4道轴承盖螺母），取下轴承盖及凸轮轴，按顺序排列或打上装配标记，不得错乱。

2）取出液压挺柱，按顺序排列或在内壁做上标记。

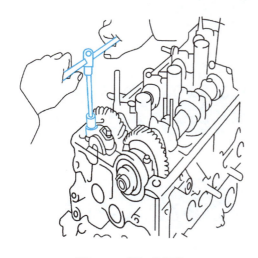

图 3-17　拆卸凸轮轴

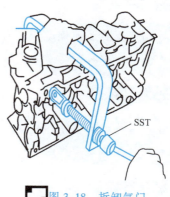

图 3-18　拆卸气门

3）用气门弹簧拆装钳拆卸气门弹簧，如图3-18所示。取出气门锁夹、气门弹簧座、气门弹簧、气门油封及气门。各组件按顺序摆放好，不得错乱。

气门弹簧拆装钳是一种专门拆装顶置气门弹簧的工具，使用时，将拆装架托架抵住气门，压环对正气门弹簧座，然后压下手柄，使气门弹簧压缩，这时可取下气门弹簧锁销（或锁片），慢慢地松抬手柄，即可取出气门弹簧座、气门弹簧和气门等零件。

2．配气机构的装配

按与拆卸时相反的顺序操作，并应注意下列事项：

1）装配前，必须对零部件进行清洗、检验。

2）气门组件、液压挺柱、凸轮轴轴承盖等部件必须按原位装入，不得装错。

3）各紧固件必须按规定顺序和力矩拧紧。

4）安装同步带时，必须使凸轮轴同步带轮上的标记与气门罩盖平面平齐。

汽油机燃油供给系统

知识目标

- 熟悉汽油发动机电控燃油喷射系统的分类、组成及功用。
- 掌握汽油发动机燃油供给系统各主要部件的结构与工作原理。

能力目标

- 正确识别汽油发动机燃油供给系统各主要部件。
- 能对汽油发动机燃油供给系统的常见故障进行检测与排除。

素养目标

- 了解燃油的分类,搜集资料,熟悉中国主要的石油化工企业,增强民族自豪感。

重点与难点

- 电动汽油泵、喷油器的结构。
- 电动汽油泵的工作原理。

第一节 概 述

一、汽油机燃油供给系统的工作原理

现在汽油发动机绝大部分是电控发动机,电控燃油喷射系统(图4-1)以电控单元(ECU)为控制中心,利用安装在发动机不同部位的各种传感器,检测发动机的工作参数。根据这些参数选择ECU中设定的程序,通过控制喷油器,精确地控制喷油量,可使发动机在各种工况下都能获得最佳空燃比的混合气。此外,电控燃油喷射系统通过ECU的控制程序,实现起动加浓、暖机加浓、加速加浓、全负荷加浓、减速调稀、强制怠速断油、自动怠速控制等功能,满足发动机特殊工况对混合气的要求,使发动机获得良好的燃油经济性和排放性,提高了汽车的使用性能。

二、汽油机电控燃油喷射系统的组成

汽油发动机电控燃油喷射系统一般由空气供给系统、燃油供给系统和电控系统组成。

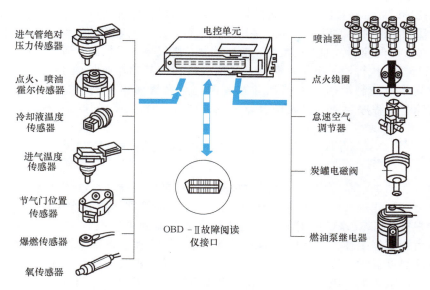

图 4-1　汽油发动机电控燃油喷射系统的组成

1. 空气供给系统

空气供给系统的功用是提供、测量和控制燃油燃烧时所需要的空气量。

空气经空气滤清器过滤后,由空气流量计计量,通过节气门体进入进气总管,再分配到各进气歧管。在进气歧管内,从喷油器喷出的燃油与空气混合后,被吸入气缸内燃烧。

2. 燃油供给系统

燃油供给系统的功用是向发动机精确地提供各种工况下所需要的燃油量。燃油供给系统一般由燃油箱、电动燃油泵、燃油滤清器、燃油脉动阻尼器、压力调节器、喷油器、冷起动喷油器和供油总管等组成。

在燃油供给系统中,燃油由燃油泵从油箱中泵出,经过燃油滤清器除去杂质及水分后,再经过燃油脉动阻尼器,以减小其脉动。这样,具有一定压力的燃油流至供油总管,再经各供油歧管送至各缸喷油器。喷油器根据 ECU 的喷油指令,开启喷油阀,将适量的燃油喷于进气门前,待进气行程时,将燃油混合气吸入气缸中。装在供油总管上的燃油压力调节器是用以调节系统油压的,保持油路内的油压比进气管负压高出一个固定值。此外,为了改善发动机低温起动性能,有些车辆在进气歧管上安装了一个冷起动喷油器,冷起动喷油器的喷油时间由热限时开关或者 ECU 控制。

3. 电控系统

电控系统的功用是根据发动机运转状况和车辆运行状况确定燃油的最佳喷射量。该系统由传感器、ECU 和执行器组成。

(1) 传感器　传感器是信号转换装置,安装在发动机的各个部位,用以检测发动机运行状态的电量参数、物理参数、化学参数等,并将这些参数转换成计算机能够识别的电信号,输入 ECU。检测发动机工况的传感器有冷却液温度传感器、进气温度传感器、曲轴位置传感器、节气门位置传感器、车速传感器、氧传感器、爆燃传感器、空调离合器开关等。

(2) ECU　ECU 是发动机控制系统的核心部件。ECU 的存储器中存放了发动机各种工况的最佳喷油持续时间，在接收了各种传感器传来的信号后，经过计算确定满足发动机运转状态的燃油喷射量和喷油时间。ECU 还可对多种信息进行处理，实现汽油发动机电控燃油喷射系统以外其他诸多方面的控制，如点火控制、怠速控制、废气再循环控制、防抱死控制等。

（3）执行器　执行器是电子控制系统的执行机构，其功用是接收 ECU 输出的各种控制指令，完成具体的控制动作（如喷油脉宽控制、点火提前角控制、怠速控制、炭罐清污、自诊断、故障备用程序启动、仪表显示等），从而使发动机处于最佳工作状态。

第二节　汽油机燃油供给系统主要部件的结构及工作原理

在汽油机燃油供给系统中，电动汽油泵从燃油箱泵出汽油，经过燃油滤清器、燃油压力调节器，压力达到比进气管压力高出约 250kPa，经输油管配送给各个喷油器和冷起动喷油器。喷油器根据 ECU 发来的喷射信号，把适量汽油喷射到进气歧管中。当油路压力超过规定值时，压力调节器工作，多余的汽油返回燃油箱，从而保证送给喷油器的燃油压力基本不变。当冷却液温度低时，冷起动喷油器工作，将燃油喷入进气总管，以改善发动机低温时的起动性能。汽油机燃油系统主要由燃油箱、电动汽油泵、燃油压力调节器、汽油滤清器、喷油器、冷起动喷油器等构成。

一、燃油滤清器

燃油滤清器可把含在汽油中的氧化铁、粉尘等固体夹杂物质除去，防止燃油系统堵塞，减小机械磨损，确保发动机稳定运转，提高工作可靠性。

燃油滤清器（图 4-2a）安装在电动汽油泵的出口一侧，滤清器内部经常受到 200～300kPa 的燃油压力，耐压强度要求在 500kPa 以上。油管使用旋入式金属管。滤芯元件（图 4-2b）一般采用菊花形和盘簧形结构，盘簧形具有单位体积过滤面积大的特点。

燃油滤清器是一次性的，根据车辆行驶里程更换，一般每行驶 40000km 更换一次。

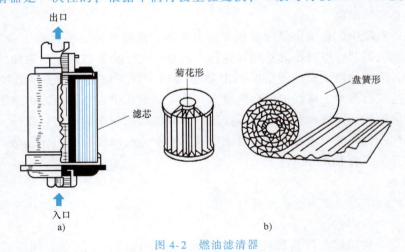

图 4-2　燃油滤清器

二、电动燃油泵

1. 电动燃油泵的结构与工作原理

电动燃油泵是一种由小型直流电动机驱动的燃油泵，其功用是提供燃油喷射所需的压力。电动燃油泵的电动机和燃油泵连成一体,被密封在同一壳体内。

按安装方式不同,电动燃油泵可分为安装在燃油箱外输油管路中的外装式燃油泵和安装在燃油箱中的内装式燃油泵。前者一般采用滚柱泵;后者一般采用涡轮泵,也可采用滚柱泵。

外装式燃油泵串接在燃油箱外部的输油管路中,优点是容易放置,安装自由度大,但噪声大,且易产生气泡形成气阻,所以应用得较少。

内装式燃油泵安装管路较简单,不易产生气阻和漏油。有时在燃油箱内还设有一个小燃油箱,并将燃油泵置于小燃油箱中,这样可防止在燃油箱燃油不足时,因汽车转弯或倾斜引起燃油泵周围燃油的移动,使燃油泵吸入空气而产生气阻。现在大多数车型都使用内装式燃油泵。

内装式电动燃油泵外观如图4-3所示,内装式电动燃油泵总成如图4-4所示。

图4-3 内装式电动燃油泵外观

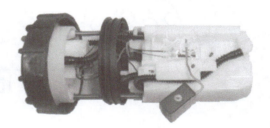

图4-4 内装式电动燃油泵总成

按结构分,目前常见的电动燃油泵有滚柱式和涡轮式两种。

(1)滚柱式电动燃油泵 滚柱式电动燃油泵的结构如图4-5所示。装有滚柱的转子呈偏心状,置于泵壳内,由直流电动机驱动。其工作原理如图4-6所示。当转子旋转时,位于其凹槽内的滚柱在离心力的作用下,紧压在泵体内表面上,对周围起密封作用,在相邻两个滚柱之间形成一个空腔。在燃油泵运转过程中,一部分空腔的容积不断增大,成为低压油腔,将燃油吸入;而另一部分空腔容积不断减小,成为高压油腔,受压燃油流过电动机,从出油口压出。

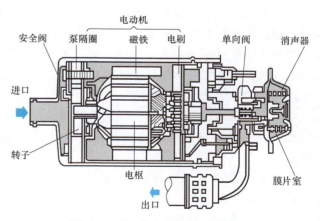

图4-5 滚柱式电动燃油泵的结构

燃油泵出口处有一个单向阀。在燃油泵不工作时,它阻止燃油倒流回燃油箱,这样可保持油路中有一定的残余压力,便于下次起动;当泵油压力超过规定值时,装在泵体内的减压阀即被推开,使部分燃油返回到进油口一侧。滚柱式电动燃油泵的转子每转一周,其排出的燃油就要产生与滚柱数目相同的压力脉动,故在出口处装有油压缓冲器,以减小出口处的油压脉动和运转噪声。

滚柱式电动燃油泵运转时噪声较大,泵油压力脉动大,易磨损,使用寿命较短,故目前已较少使用。

（2）涡轮式电动燃油泵 涡轮式电动燃油泵的结构与滚柱式电动燃油泵的相似，但其转子是一块圆形平板，周围开有小槽，形成叶轮，如图4-7所示。当燃油泵运转时，叶轮周围小槽内的燃油随着叶轮一起旋转。这时由于离心力的作用，燃油出口处的油压增高，同时在进口处产生一定的真空度，使燃油从进口处被吸入并泵向出口处。这种燃油泵的泵油量大，最大泵油压力较高，可达600kPa以上。在各种工况下，它都能保持较稳定的供油压力，而且运转噪声小，叶轮无磨损，使用寿命长。

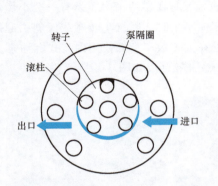

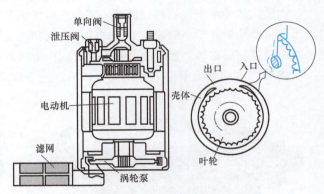

图4-6 滚柱式电动燃油泵的工作原理　　　　图4-7 涡轮式电动燃油泵的工作示意

为了防止油压过高，它设有减压阀，在出油口还设有一个单向阀。

由于涡轮式电动燃油泵的油压脉动小，已能达到普通滚柱式电动燃油泵带油压缓冲器的水平，因此不用装油压缓冲器。电动燃油泵的燃油泵和电动机都浸在汽油中。在燃油泵运转时，燃油不断穿过燃油泵和电动机，使其得到润滑和冷却。使用时，严禁在无油情况下运转电动燃油泵，也不要等燃油耗尽才添加燃油，以免烧坏电动燃油泵。

2. 电动燃油泵的控制电路

电动燃油泵的控制包括油泵开关控制和油泵转速控制两种。在汽油机燃油供给系统中，只有发动机运转时油泵才工作，即使点火开关接通，发动机没有转动，电动汽油泵也不工作。

图4-8a所示为采用内部装有电动汽油泵开关触点的空气流量计时的电动汽油泵电源供给电路。发动机起动时，点火开关的起动装置端（ST）接通，继电器内的线圈W2通电，触点闭合，电源向电动汽油泵供电。发动机起动后，吸入的空气使空气流量计的叶片转动，空气流量计内的油泵开关接通，继电器内的线圈W1通电，这时，即使起动装置的端子断开，触点仍呈接通状态。当发动机由于某种原因停止工作时，空气流量计内的电动汽油泵开关断开，线圈W1断电，触点断开，于是电动汽油泵停止工作，燃油停止压送。

当采用卡门旋涡式或热线式空气流量计，或者采用速度密度方式时，都是用图4-8b所示的采用ECU控制方式的电动汽油泵控制电路。这时采用输入ECU的发动机转动信号来检测发动机的运转状态。断开该晶体管，即可停止向电动汽油泵供电。

电动汽油泵转速控制是指发动机在高速、大负荷时，提高电动汽油泵转速，以增加供油量；发动机在低速、中小负荷时，降低油泵转速，以减小油泵的磨损及不必要的电能消耗。电动汽油泵转速控制电路如图4-9a所示。ECU根据发动机转速和负荷控制油泵继电器工作，当发动机转速低、中小负荷时触点B闭合，电路中串入电阻器使泵转速降低；当大负荷高

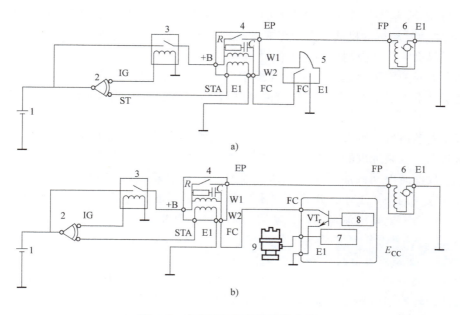

图 4-8 电动汽油泵电源供给电路
a）采用内部装有电动汽油泵开关触点的空气流量计时的电动汽油泵电源供给电路
b）采用 ECU 控制方式的电动汽油泵控制电路
1—蓄电池 2—点火线圈开关 3—主继电器 4—断路继电器 5—空气流量计
6—电动汽油泵 7—输入电路 8—后备集成电路 9—分电器

转速时，ECU 发出信号切断油泵控制继电器，触点 A 闭合，使油泵转速升高。

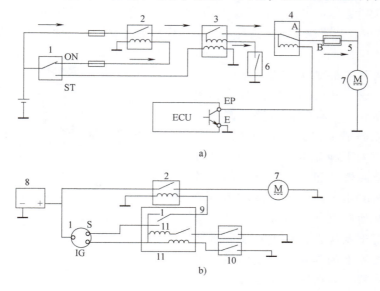

图 4-9 电动汽油泵控制电路
a）电动汽油泵转速控制电路 b）具有自动保护功能的电动汽油泵控制电路
1—点火开关 2—主继电器 3—断路继电器 4—电动汽油泵控制电路 5—电阻器 6—油泵开关
7—电动汽油泵 8—蓄电池 9—机油压力开关 10—发电机开关 11—油泵继电器

图 4-9b 所示为具有自动保护功能的电动汽油泵控制电路。该电路能在点火开关处于"断开"位时，发动机的机油压力为零或发电机不转动时，电动汽油泵不工作，从而防止汽油喷出而引起火灾。其控制电路的工作过程是：

当把点火开关置于"起动"位置（图中的"S"位）时，电动汽油泵继电器工作（此时开关处于"Ⅱ"位置），接通电动汽油泵电路，电动汽油泵开始泵油，直至发动机被起动为止。

当起动发动机后，点火开关位于"开"的位置，此时发电机正常发电，机油压力开关处于接通状态。油泵继电器工作（开关处于"Ⅰ"位置），由于油泵继电器仍将电动汽油泵电路接通，故此时电动汽油泵正常工作。假如此时由于某种原因发电机停转或机油压力为零，油泵继电器则停止工作，开关由"Ⅰ"位置跳到"Ⅱ"位置，切断电动汽油泵继电器的电路，从而切断电动汽油泵电路，电动汽油泵停止泵油。

三、燃油压力调节器

燃油压力调节器的作用是控制喷油器的喷油压力并保持为 255kPa 的恒定值，使发动机在各种负荷和转速下，都能精确地进行喷油控制。

发动机所要求的燃油喷射量，是根据 ECU 加给喷油器的喷油信号持续时间长短来控制的。如果不控制燃油压力，即使加给喷油器的喷油脉冲信号时间相同，当燃油压力高时，燃油喷射量会增加；当燃油压力低时，燃油喷射量会减少。因此，必须保证喷油器的压力是恒定的（压差恒定）。

喷油器喷射燃油的位置是进气道或者气缸盖，由于燃油压力相对大气压力是一定的，但进气歧管内的真空度是变化的，即使喷油信号的持续时间和喷油器压力保持不变，当进气管绝对压力低（真空度高）时，燃油喷射量便增加；当进气管绝对压力高（真空度低）时，燃油喷射量便减少。为了避免出现这种情况，得到精确的喷油量，油压和进气歧管真空度的总和应保持恒定不变。

燃油压力调节器的结构如图 4-10 所示，它由金属壳体构成，其内部由膜片分成弹簧室和燃油室两部分，来自输油管路的高压油由入口进入并充满燃油室，推动膜片，打开阀门，在设定压力下和弹簧力相平衡，部分燃油经回油管流回燃油箱，输油管内压力的大小取决于弹簧的压力。由于燃油压力调节器的弹簧室和发动机进气歧管相通，进气歧管的真空度作用于调压器的弹簧一侧，从而减弱了作用在膜片上的弹簧力，使回油量增加，燃油压力降低，即在进气歧管真空度增加时，喷油压力减小，但油压和进气歧管真空度的总和保持不变，即喷油器处压差恒定。

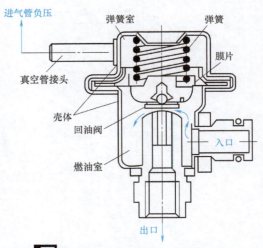

图 4-10 燃油压力调节器的结构

油泵停止工作时，在弹簧力的作用下阀门关闭。这样，油泵内的单向阀和压力调节器内的阀门使油路中残留的压力保持不变。一般使用的压力调节器，设定压力为 250kPa。

四、燃油压力脉动减振器

当喷油器喷射燃油时，在输送管道内会产生燃油压力脉动。燃油压力脉动减振器能够使燃油压力脉动衰减，以减弱燃油输送管道中的压力脉动传递，降低噪声。

图 4-11 所示为燃油压力脉动减振器的结构。为了使压力脉动衰减，它采用了膜片和弹簧组成的缓冲装置，可把压力脉动降到低水平。在减振器内部，由膜片分隔成空气室（上部）和燃油室（下部），在空气室内有弹簧压在膜片上，从而使膜片产生向下的力。当油路中油压不稳时，该不稳的油压作用于膜片上，由膜片传给弹簧而吸收掉这部分压力，使油压变得平稳。该装置通常在 250kPa 的压力下工作，但由于喷油器工作时会产生压力脉动，故它的常用工作压力可达到 300kPa 左右。

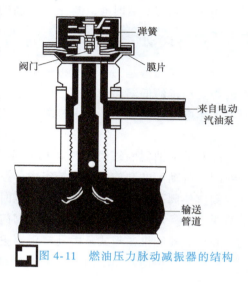

图 4-11 燃油压力脉动减振器的结构

五、喷油器

汽油机燃油供给系统中使用的喷油器是电磁式的。喷油器通过绝缘垫圈安装在进气歧管或进气通道附近的缸盖上，并用输油管将其位置固定。其功用是根据 ECU 提供的喷射信号进行燃油喷射，在把电信号转换成燃油流量信号的同时，使燃油雾化、喷射。

根据燃油喷射类型不同，喷油器可分为 MPI 用喷油器和 SPI 用喷油器；以喷油器喷口形式不同，可分为针阀型和孔型两种。

图 4-12 所示为喷油器的结构，在筒状外壳内装有电磁线圈、柱塞、回位弹簧和针阀等。柱塞和针阀装成一体，在回位弹簧压力作用下，针阀紧贴阀座，将喷孔封闭。另外，为防止油中所含杂质影响针阀动作，设有滤清器；为适应不同的应用场合，设有调整针阀行程的调整垫片。

当 ECU 将开启针阀的电信号通过驱动电路作用于电磁阀线圈时，柱塞和针阀在电磁线圈吸力作用下向右移动，当其凸缘部被吸引碰到调整垫片时，针阀全开，燃油沿箭头方向由

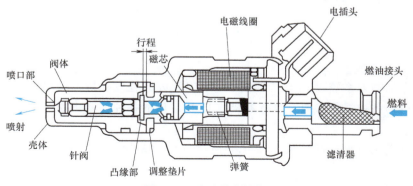

图 4-12 喷油器的结构

通路喷射出去。喷射结束后，电磁线圈断电，回位弹簧将针阀关闭，喷油器停止喷油。

喷射量的大小除与针阀行程、喷口面积以及喷射环境压力与燃油的压差等因素有关以外，还与针阀的开启时间（即电磁线圈的通电时间）有关。

六、冷起动喷油器

冷起动喷油器是一种装在进气总管中央部位进行燃油辅助喷射的电磁阀式喷油阀，它可以改善发动机的低温起动性能，与一般喷油器的主要区别有：一是它只用于发动机起动时，要求工作电压较低；二是要求其喷雾微粒化且喷雾角较大。后一项是衡量冷起动喷油器性能的重要指标。

冷起动喷油器的结构如图 4-13 所示。冷起动喷油器由燃料入口插接器、电线插头、电磁线圈、可动阀芯和旋涡喷嘴等组成。在喷射管道内部，可动阀芯在弹簧力作用下把橡胶阀推向阀座使阀孔关闭。当电磁线圈通电时，在电磁力吸引下，可动阀芯克服弹簧力被拉向图中箭头方向。可动阀芯一旦被拉开，阀门即打开，燃油涌出阀孔，在旋涡喷嘴部位形成旋转流，并以微粒和锥角形式从喷孔喷射出去。

对冷起动喷油器喷油时间的控制有两种方法：一种是利用温度时间开关（也称为热敏时控开关或冷起动喷油器定时开关）控制；另一种是用 ECU 控制。

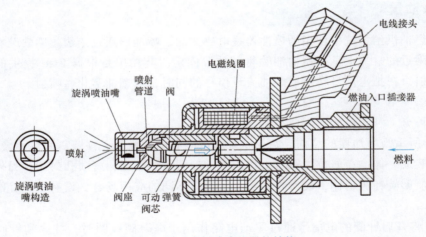

图 4-13 冷起动喷油器的结构

小　结

电控燃油喷射系统以 ECU 为控制中心，利用安装在发动机不同部位的各种传感器检测发动机的各种工作参数。执行器接收 ECU 输出的各种控制指令，完成具体的控制动作。

汽油发动机电控燃油喷射系统一般由空气供给系统、燃油供给系统和电控系统组成。

汽油机燃油系统主要由燃油箱、电动汽油泵、燃油压力调节器、汽油滤清器、喷油器、冷起动喷油器等构成。

一、填空题

1. 电控燃油喷射系统以_____为控制中心，利用安装在发动机不同部位的各种_____检测发动机的各种工作参数。
2. _____接收 ECU 输出的各种控制指令，完成具体的控制动作。
3. 汽油发动机电控燃油喷射系统一般由_____供给系统、_____供给系统和_____系统组成。
4. 电动汽油泵的控制包括油泵_____控制和油泵_____控制两种。
5. 汽油机燃油系统主要由燃油箱、电动_____、燃油_____调节器、汽油滤清器、喷油器、冷起动喷油器等构成。

二、简答题

1. 简述汽油发动机电控燃油喷射系统的工作原理。
2. 简述电控汽油机燃料供给系统的主要组成。
3. 简述电控汽油泵的工作原理。

项目：电控发动机燃油供给系统的检测

实训目的：
- 认识电控发动机燃油供给系统的组成。
- 熟悉电控发动机燃油供给系统主要部件的名称及安装位置。
- 掌握电控发动机燃油供给系统主要部件的检测方法。

实训器材：
电控发动机实训台、常用工具。

实训指导：

1. 电动燃油泵的检修

1）脱开电动燃油泵导线插接器，将电动燃油泵从车上拆下。

2）用万用表电阻档测量电动燃油泵两个接线端子之间的电阻（即泵内电动机线圈的电阻）。其电阻值在 20℃ 时应为 0.2～0.3Ω。如果不符合要求，应更换电动燃油泵。

3）将电动燃油泵与蓄电池连接（注意极性），并远离蓄电池。为防止烧坏燃油泵电动机线圈，每次接通时间不得超过10s。若泵内电动机不转动，则应更换有关组件。

2. 燃油压力调节器的检修

检查燃油压力，按以下标准基本确定燃油压力调节器的工作状况：

1）检查蓄电池电压，应不低于11V。

2）拆下蓄电池负极插头。

3）拆下输油管与总输油管的连接螺栓，安装燃油压力表，螺栓力矩为42N·m。

4）用跨接线连接检查插接器的+B和FP端子。

5）安装蓄电池的负极插头。

6）点火开关置于ON位置。

7）读取燃油压力值。标准油压应为265~304kPa。如果油压过高，应更换汽油压力调节器；如果油压过低，可检查各部件、软管及接头有无渗漏现象及检查电动燃油泵、燃油滤清器、燃油压力调节器等有无问题。

8）点火开关置于OFF位置，拆下跨接线。起动发动机，读取燃油压力值。急速时标准燃油压力应为196~235kPa。拆下燃油压力调节器上的真空软管，塞住管口。此种情况下，急速时标准燃油压力应为265~304kPa。若压力不符合要求，则应检查真空软管和燃油压力调节器。

9）将发动机熄火，检查燃油压力表的剩余压力，5min内应不低于147kPa。否则，应检查电动燃油泵、燃油压力调节器和喷油器。

10）点火开关置于OFF位置，拆下蓄电池负极电缆，再拆下燃油压力表，用两个新密封垫圈和接头螺栓把输油管安装在总输油管上。装蓄电池负极电缆。

3. 喷油器的检修

电控燃油喷射系统使用的喷油器是电磁式的，通过绝缘垫圈安装在进气管、进气歧管或气缸盖上，与进气道（或气缸）相通，与输油管道相连，能根据ECU的喷射控制信号喷射汽油。喷油器喷射的汽油应具有良好的雾化性并具有一定的喷雾形状，以保证发动机具有良好的动力性、燃油经济性和排放净化性。

喷油器的性能对发动机工作影响很大，喷油器的故障可能导致发动机运转不良，甚至熄火。喷油器的检测是电喷发动机检测中的重要内容。

（1）检查喷油器的工作情况 发动机急速运行时，用手接触喷油器，应有振动感，如图4-14所示；或用听诊器（可用旋具代替）搭在喷油器上，应听到清脆的"嗒嗒"声（电磁阀开、关声）。如用手摸无振动感或听不到电磁阀动作声音，说明喷油器不工作。

图4-14 用手感觉检查喷油器的工作情况

（2）检测喷油器线圈的电阻 断开点火开关，拔下喷油器的插头，用万用表电阻档测量喷油器线圈的电阻值，如图4-15所示。喷油器按阻值可分为低阻和高阻两种，低阻为$2\sim3\Omega$，高阻为$13\sim18\Omega$。检测时，应对照相关标准。

（3）喷油质量检测 喷油器的喷油质量可按以下3种方法进行检测。

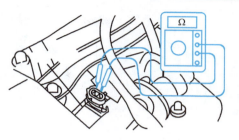

图4-15 测量喷油器电阻

1）以丰田汽车为例。断开点火开关，拆下蓄电池搭铁线；将进油管与分油管拆开，装上丰田汽车专用的软管连接头和检查用的软管，连接头和油管旋紧；把喷油器、压力调节器和油管用连接头和连接卡夹连接好，如图4-16所示。将喷油器喷口置入量筒中，用连接线把连接插头中+B与FP端子连接起来，重新装上蓄电池搭铁线。

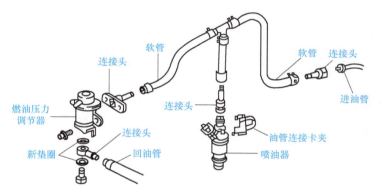

图4-16 安装喷油器测试件

如图4-17所示，接通电源15s，检查喷油器喷油雾化情况，用量筒测出喷油量。每个喷油器测$2\sim3$次，标准喷油量为$70\sim80cm^3/15s$，各喷油器允许误差为$9cm^3$，喷油状况的检测如图4-18所示。

停止喷油后检查喷油器喷口处有无漏油，每分钟漏油不得多于1滴。

2）将各喷油器拆下全部放置在超声波喷油器清洗机上，直接观察喷油状况和喷油量。

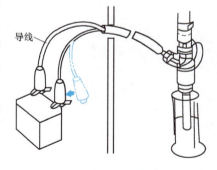

图4-17 检测喷油量

3）有的气动式或电动式燃油喷射清洗机有专门检测单个喷油器喷油情况的油管、接头或喷油脉冲发生器。将单个喷油器安装在清洗机的出油管上，喷油器插座上接上喷油脉冲发生器的控制线插头，调节清洗机输出油压，观察喷油状况和是否漏油。

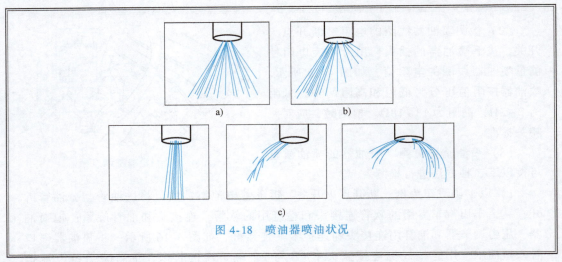

图 4-18 喷油器喷油状况

模块五 柴油机燃油供给系统

知识目标

- 掌握柴油机燃油供给系统的组成和工作过程。
- 掌握柱塞式喷油泵的泵油原理。
- 认识和了解柴油机燃油供给系统中的主要部件。
- 了解柴油机燃油共轨系统的结构及工作原理。

能力目标

- 掌握柱塞式喷油泵的拆卸与装配顺序。
- 认识和了解柴油机燃油供给系统中的主要部件。

素养目标

- 学习柴油机燃油供给系统,熟悉柴油机的工作特点,增强节能减排意识。

重点与难点

- 柱塞式喷油泵的泵油原理。
- 柴油机燃油供给系统的工作原理。

第一节 柱塞式柴油机的燃油供给系统

近年来,通过引进国外先进技术和升级改造,我国车用柴油机技术得到了较大的提高。

一、柴油

柴油是在 260~350℃ 的温度范围内由石油中提炼出来的碳氢化合物,其成分主要是碳、氢、氧。

柴油的使用性能指标:发火性、蒸发性、黏度、凝点。

二、柴油机燃油供给系统的组成和工作过程

1. 柴油机燃油供给系统的作用

1) 储存、过滤和输送燃料。

2）根据柴油机的不同工况，以一定的压力及喷油质量将燃油定时、定量地喷入燃烧室，迅速形成良好的混合气并燃烧。

3）根据柴油机的负荷变化，调节供油量并稳定柴油机转速。

4）将燃烧后的废气从气缸中导出并排入大气中。

2. 柴油机燃油供给系统的组成

柴油机燃油供给系统由燃油供给装置（燃油箱、输注泵、柴油滤清器、喷油泵、喷油器、低压输油管、高压输油管、回油管）、空气供给装置、混合气形成装置及废气排出装置四部分组成，如图5-1所示。

3. 柴油机燃油供给系统的工作过程

柴油从燃油箱被吸入膜片式输油泵并泵出，经燃油滤清器滤去杂质后，进入喷油泵；柴油由喷油泵提高到一定压力后，通过高压油管进入喷油器，

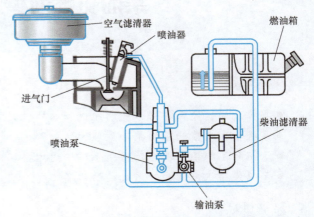

图5-1　柴油机燃油供给系统的组成

喷油器将高压柴油呈雾状喷入燃烧室。低压油路：从柴油箱到喷油泵入口，压力为（0.25±0.05）MPa，向喷油泵供给滤清的燃油。输油泵供油量比喷油泵供油量大得多，过量的柴油经回油管回到油箱。高压油路：从喷油泵到喷油器。如依维柯发动机高压侧油压为（24±0.8）MPa，经喷油器呈雾状喷入燃烧室，与高温、高压空气混合成可燃混合气。喷油器中多余的柴油经回油管流回燃油箱。高温、高压的可燃混合气自行燃烧做功，向外输出转矩；而燃烧后形成的废气经排气歧管、排气管和消声器排入大气。

三、柴油机燃油供给系统中的主要部件

1. 喷油器

喷油器的功用是把柴油雾化成细小的颗粒，并分布到燃烧室中。对喷油器的要求是：

1）具有一定的喷射压力和射程，以及合适的喷注锥角。

2）在规定的停止喷油时刻立即切断燃油的供给，不产生滴油现象。

常见的喷油器有孔式和轴针式两种形式。孔式喷油器主要用于具有统一燃烧室的柴油机中，其喷孔的数目一般为1~8个，喷孔直径为0.2~0.8mm。轴针式喷油器的结构和工作原理与孔式喷油器基本相同，其针阀下端的密封锥面以下延伸出一个倒锥形或圆柱形轴针。轴针式喷油器只有一个喷孔，直径较大，一般为1~3mm。由于喷孔大，所以喷孔不易积炭，喷油压力较低，容易加工，适用于对喷雾质量要求不高的分隔式燃烧室，目前农用柴油机较广泛地采用这种喷油器。

2. 喷油泵

喷油泵是柴油供给系统中最重要的零件，它的性能和质量对柴油机影响极大，是柴油机的"心脏"。

喷油泵的功用是提高柴油压力，按照发动机的工作顺序、负荷大小，定时定量地向喷油器输送高压柴油，且各缸供油压力均等。车用柴油机的喷油泵可分为柱塞式喷油泵、喷油

泵-喷油器、分配式喷油泵三类。

柱塞式喷油泵如图 5-2 所示。

一般情况下，喷油泵安装在发动机机体一侧，由柴油机曲轴通过齿轮驱动，齿轮轴和喷油泵的凸轮轴用联轴器连接，调速器装在喷油泵的后端。

柱塞泵的泵油机构包括两套精密偶件，如图 5-3 所示。

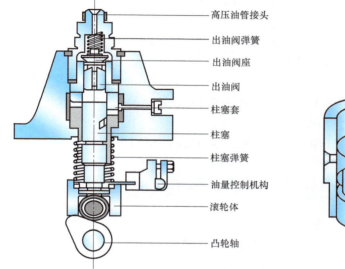

图 5-2　柱塞式喷油泵

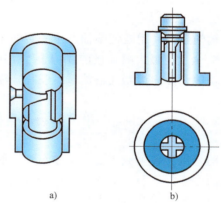

图 5-3　柱塞泵的两套精密偶件

a）柱塞和柱塞套　b）出油阀和出油阀阀座

工作时，柱塞在喷油泵凸轮轴上的凸轮与柱塞弹簧的作用下做上下往复运动，从而完成泵油任务。泵油过程可分为以下三个阶段：

1）进油过程。当凸轮的凸起部分转过去后，在弹簧力的作用下，柱塞向下运动，柱塞上部空间（称为泵油室）产生真空度，当柱塞上端面把柱塞套上的进油孔打开后，充满在油泵上体油道内的柴油经油孔进入泵油室，柱塞运动到下止点，进油结束。

2）供油过程。当凸轮轴转到凸轮的凸起部分顶起滚轮体时，柱塞弹簧被压缩，柱塞向上运动，燃油受压，一部分燃油经油孔流回喷油泵上体油腔。当柱塞顶面遮住套筒上进油孔的上缘时，由于柱塞和套筒的配合间隙很小（0.0015~0.0025mm），使柱塞顶部的泵油室成为一个密封油腔，柱塞继续上升，泵油室内的油压迅速升高，泵油压力大于出油阀弹簧力与高压油管剩余压力之和时，推开出油阀，高压柴油经出油阀进入高压油管，通过喷油器喷入燃烧室。

3）回油过程。柱塞向上供油，当上行到柱塞上的斜槽（停供边）与套筒上的回油孔相通时，泵油室低压油路与柱塞头部的中孔和径向孔及斜槽连通，油压骤然下降，出油阀在弹簧力的作用下迅速关闭，停止供油。此后柱塞继续上行，当凸轮的凸起部分转过去后，在弹簧的作用下，柱塞又下行。此时便开始了下一个循环。

3. 调速器

调速器是一种自动调节装置，它根据柴油机负荷的变化，自动增减喷油泵的供油量，使柴油机能够以稳定的转速运行。

汽车用柴油发动机的调速器按其功能可分为：两速调速器（只控制发动机的怠速和最高转速）、全速调速器（可控制发动机在怠速至最高转速之间的任一给定转速下稳定运转）和综合调速器（兼具两速调速器和全速调速器的功能）。

调速器按其转速传感方式可分为：气动式调速器（利用膜片感知进气管真空度的变化，自动调节供油量实现调速）、机械离心式调速器（利用喷油泵凸轮轴的旋转，使飞块产生离心力，实现调速作用）和复合式调速器（同时采用气动作用和离心作用进行调速）。

4. 柴油滤清器

柴油滤清器的滤芯材料有绸布、毛毡、金属丝及纸质等，其中以纸质滤芯应用最广。柴油滤清器一般为两级式的，有粗滤器和细滤器之分。

5. 输油泵

输油泵的作用是使柴油产生一定的压力，用以克服滤清器及管路的阻力，并以足够的数量（为全负荷最大喷油量的3~4倍）向喷油泵输送柴油。

输油泵分为齿轮式输油泵、膜片式输油泵、柱塞式输油泵和管道式输油泵等。

第二节 电控高压柴油共轨系统

随着世界各国城市交通运输车辆、船舶的急剧增加，柴油机排放的尾气已经成为对地球环境的主要污染源。世界各国已经开始寻找和采取有效的技术措施主动地减少和控制污染物的排放。柴油机共轨式电控燃油喷射技术是一项较为成功的控制污染排放的新技术。

共轨式电控燃油喷射技术通过共轨直接或间接地形成恒定的高压燃油，分送到每个喷油器，并借助于集成在每个喷油器上的高速电磁开关阀的开启与闭合，定时、定量地控制喷油器喷射至柴油机燃烧室的油量，从而保证柴油机达到最佳的燃烧比和良好的雾化，以及最佳的点火时间、足够的点火能量和最少的污染排放。

电控高压柴油共轨系统可以减少柴油机的尾气排放量，改善燃烧噪声，降低燃油消耗。

电控高压柴油共轨系统由电子控制系统和燃油供给系统两部分组成，如图5-4所示。

（1）电子控制系统　电子控制系统由ECU、各种传感器和执行器组成。执行器主要有喷油器、喷油控制阀（电磁阀）、泵油控制阀（电磁阀）、蓄压器压力控制阀等。电子控制系统的功能是根据各种传感器的输入信号，由ECU经过比较、运算、处理后，计算得出最佳喷油时间和喷油量，向喷油器控制阀（电磁阀）发出开启或关闭指令，从而精确控制发动机的工作过程。

（2）燃油供给系统　雷沃柴油机的高压共轨系统为蓄压式共轨系统，该系统由燃油箱、柴油滤清器、齿轮输油泵、CP3.3高压燃油泵、高、低压燃油管、蓄压器（油轨）、喷油器、回油管和ECU等组成。

燃油供给系统的工作原理：低压燃油由齿轮输油泵从燃油箱中吸出后，经过油水分离器、柴油粗滤器输至高压燃油泵，柴油经高压燃油泵加压后输送到蓄压器中，由限压阀调整压力，使蓄压器中的燃油压力始终保持不变。喷油器控制阀即电磁阀的开启和关闭，由ECU根据各种传感器和开关输入的信号进行控制。

ECU控制装置有自诊断功能，它随时对系统的主要部件的工作进行技术诊断，如果某

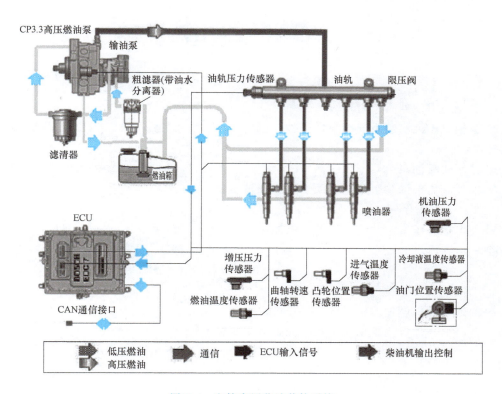

图 5-4　电控高压柴油共轨系统

个部件出现了故障,诊断系统会向驾驶人发出警报,并根据情况进行处理,或者使发动机切断燃油供给,或者切换控制模式使车辆继续行驶到修理厂。

电控高压柴油共轨系统的供油压力与发动机的转速、负荷无关,它属于独立控制。油轨中的压力传感器检测燃油压力,并与 ECU 设定的目标喷射压力进行比较后进行反馈控制。

小　　结

柴油机燃油供给系统由燃油供给装置(燃油箱、输油泵、柴油滤清器、喷油泵、喷油器、低压输油管、高压输油管、回油管)、空气供给装置、混合气形成装置及废气排出装置四部分组成。

柴油从燃油箱中被吸入膜片式输油泵并泵出,经燃油滤清器滤去杂质后,进入喷油泵;由喷油泵将柴油提高到一定压力后,通过高压油管进入喷油器,喷油器将高压燃油喷入燃烧室,与高温、高压空气混合成可燃混合气。喷油器中多余的柴油经回油管流回到燃油箱。

高温、高压的可燃混合气自行燃烧做功,向外输出转矩;燃烧后形成的废气经排气歧管、排气管和消声器排入大气。

 同步测试

一、填空题

1. 常见的喷油器有_____式和_____式两种形式。
2. 柴油机燃油供给系统能根据柴油机的_____变化，调节_____并稳定柴油机转速。
3. 柱塞式喷油泵由_____、_____、_____、传动机构组成。
4. 电控高压柴油共轨系统有助于减少柴油机的_____，改善_____，降低_____。
5. 在电控高压柴油共轨系统中，供油压力与发动机的_____、_____无关，它是独立控制的。

二、简答题

1. 喷油泵有哪些类型？
2. 简述柴油机燃油供给系统的工作过程。
3. 汽车上为什么要采用共轨式电控燃油喷射技术？

模块六

进、排气系统及排放控制装置

知识目标

- 掌握典型进气控制系统的结构与工作原理。
- 掌握三元催化装置、废气再循环控制系统的结构与工作原理。

能力目标

- 能对发动机典型进气控制系统的元件进行检测维修。
- 能对发动机三元催化装置、废气再循环控制系统的元件进行检测维修。

素养目标

- 学习发动机进、排气系统，搜集资料，提高环境保护意识。

重点与难点

- 汽车进气系统的控制原理。
- 汽车三元催化装置的故障检修。

第一节 汽油机进气控制系统

一、可变气门正时控制系统

汽油发动机要求具有良好的动力性、燃油经济性和排放性能，汽油与空气的混合要求控制准确。在没有采用可变气门正时技术的发动机上，配气相位和气门升程均是固定不变的，发动机的进气量相对固定，发动机的性能不能得到良好的发挥。随着汽油发动机的高速化和汽车排放要求的日趋严格，可变气门正时技术得到迅速发展。

现以帕萨特轿车 2.8L V6 发动机可变气门正时控制系统为例进行介绍，其传动方式以及进、排气凸轮轴分布如图 6-1 所示。排气凸轮轴安装在外侧，进气凸轮轴安装在内侧，曲轴通过同步带首先驱动排气凸轮轴，排气凸轮轴通过链条驱动进气凸轮轴。

1. 可变气门正时控制系统的工作原理

图 6-2a 所示为发动机在高速状态下，为了充分利用气体进入气缸的流动惯性，提高最大功

率，进气门迟闭角增大后的位置（轿车发动机通常工作在高速状态下，所以这一位置为一般工作位置）。图6-2b所示为发动机在低速状态下，为了提高最大转矩，进气门迟闭角减小的位置。

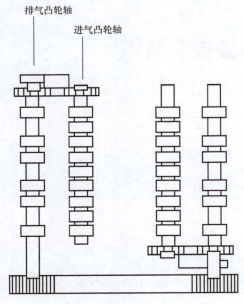

图6-1 发动机可变气门正时系统的传动方式以及进、排气凸轮轴分布

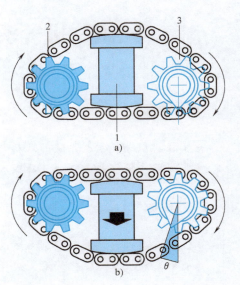

图6-2 可变正时控制系统的工作原理
a) 高速状态　b) 低速状态
1—正时调节器　2—排气凸轮轴　3—进气凸轮轴

进气凸轮轴由排气凸轮轴通过链条驱动，两轴之间设置一个可变气门正时调节器，在内部液压缸的作用下，调节器可以上升和下降。当发动机转速下降时，可变气门正时调节器下降，上部链条被放松，下部链条受排气凸轮旋转拉力和调节器向下的推力的作用。由于排气凸轮轴在曲轴正时带的作用下不可能逆时针反旋，所以进气凸轮轴受到两个力的共同作用：一是在排气凸轮轴正常旋转带动下链条的拉力；二是调节器推动链条，传递给排气凸轮的拉力。进气凸轮轴顺时针额外转过一个大小为θ的角度，加快了进气门的关闭，即进气门迟闭角减小θ。

当转速提高时，调节器上升，下部链条放松。排气凸轮轴顺时针旋转，首先要拉紧下部链条成为紧边，进气凸轮轴才能被排气凸轮轴带动旋转。就在下部链条由松变紧的过程中，排气凸轮轴已转过一个大小为θ的角度，进气凸轮才开始动作，进气门关闭变慢了，即进气门迟闭角增大θ。

2. 可变气门正时控制系统的工作状态

由图6-1和图6-2可见，该发动机左侧和右侧的可变气门正时调节器操作方向始终要求相反。当发动机的左侧可变气门正时调节器向下运动时，右侧可变气门正时调节器向上运动，左侧链条紧边在下边，右侧链条紧边在上边。调节器向下移动时，紧边链条都是由短变长。

当帕萨特B5轿车发动机转速不高于1000r/min时，要求进气门关闭得较早，如图6-3a所示。左列缸对应的可变气门正时调节器向下运动，上部链条由长变短，下部链条由短变长。右列缸对应的可变气门正时调节器向上运动，上部链条由短变长，下部链条由长变短。左、右列缸对应的进气凸轮轴在两个力的共同作用下都顺时针额外转过一个大小为θ的角度，加快了进气门的关闭，满足了低速时进气门关闭较早、可提高最大转矩的要求。

当帕萨特 B5 轿车发动机转速高于 3700r/min 时，要求进气门关闭得较迟，如图 6-3b 所示。左列缸对应的可变气门正时调节器向上运动，上部链条由短变长，下部链条由长变短。右列缸对应的可变气门正时调节器向下运动，上部链条由长变短，下部链条由短变长。在左列缸的下部链条、右列缸的上部链条同时由长变短的过程中，排气凸轮轴已转过一个大小为 θ 的角度，进气凸轮才开始动作，进气门关闭变慢了，满足了高速时进气门关闭较迟、可提高最大功率的要求。

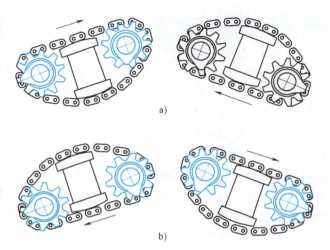

图 6-3 可变气门正时控制系统两种工作情况

3. 可变气门正时控制系统的结构

帕萨特 B5 轿车 2.8L V6 发动机的可变气门正时系统由 Motronic M3.8.2 发动机控制单元进行控制。可变气门正时控制系统的结构如图 6-4 所示。

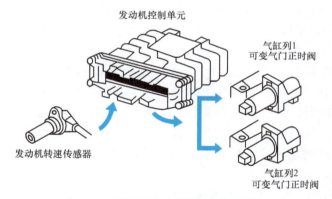

图 6-4 可变气门正时控制系统的结构

左、右列缸对应的可变气门正时机构均设置了一个可变气门正时电磁阀，如图 6-5 所示。发动机在获得转速传感器的信息后，对左、右列缸对应的可变气门正时电磁阀的控制方式做出正确选择，并控制阀体动作。当获得不同阀体位置时，通往可变气门正时调节器内的液压缸油路变换，使可变气门正时调节器上升或下降，从而左、右列缸对应的进气门获得不同的迟闭角。

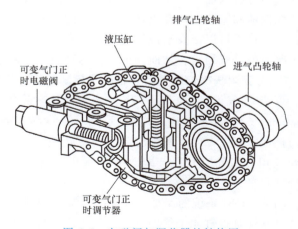

图 6-5 电磁阀与调节器的结构图

二、可变气门配气相位和气门升程控制系统

1. 可变配气相位和气门升程概述

（1）可变配气相位　普通的发动机根据试验得到最佳配气相位，配气相位取决于凸轮的形线（轮廓）。在发动机运转过程中是不能改变凸轮的形线的，即配气相位是固定不变的，气门重叠角也是固定不变的。然而发动机转速的高低对进、排气气流的流动以及气缸内的燃烧过程是有影响的。转速高时，进气气流的流速高，惯性能量大，只有减小气门的重叠角，让气门提前开启和延时关闭的时间减少，才不会造成进、排气干涉，才能够使新鲜气体顺利充入气缸；反之，当发动机转速较低时，进气气流的流速较低，流动惯性能量变小，如果进气门过早开启，由于此时活塞正上行排气，很容易把新鲜空气挤出气缸，使进气量减少，造成发动机的工作不稳定。因此，固定的气门重叠角只能使发动机在某一种转速下的性能达到最佳，而不会使发动机在高、低转速时都能保持良好的性能。

可变配气相位技术能够根据发动机转速的变化来改变配气相位。配气相位的改变途径有两种：一种是根据转速的高低，将凸轮转过一个角度，使之提前或者落后，如日产的CVTC技术；另一种方法是根据转速的高低，更换高速凸轮和低速凸轮（根据形线的不同，凸轮可分为高速凸轮和低速凸轮），如本田的VTEC和保时捷的Vario Cam技术。可变配气相位技术能使发动机在各种工况下都能得到充分的进气，提高发动机的工作效率，使发动机在低转速时有足够的转矩输出，高转速时能有强大的动力输出，并使发动机的输出变得更平稳。

（2）可变气门升程　气门升程是指气门的开度，表示气门开启时的间隙有多大。

气缸进气是由于"负压"的存在，即气缸内、外的气体压强差。当发动机低速运转时，混合气的流速较慢，需要较大的负压，如果进气门的开度过大，会造成气缸内外压力均衡，负压减小，从而进气不够充分，此时需要较小的气门升程；相反，当发动机高速运转时，混合气的流速很快，如果进气门的开度过小，则会增大进气阻力，此时需要较大的气门升程。

通过以上分析可知，发动机在低速和高速运转时，需要的气门升程是不同的。普通发动机的气门升程只能是一个定值，进入气缸的混合气并不能同时满足低速和高速时的需要，结果造成低速和高速时均会出现动力不足的现象。可变气门升程技术的出现就是为了解决这个问题。该技术可以使发动机气门的开度在低速时较小，高速时开度较大，以满足发动机在各种工况下的进气需求，从而保证了低速高转矩和高速高功率。

2. 可变配气相位及气门升程电子控制系统的工作原理

可变配气相位及气门升程电子控制系统（Variable Valve Timing and Valve Life Electronic Control System，VTEC系统）是世界上第一个能同时控制气门开闭时间及升程的气门控制系统。VTEC系统能随发动机转速、负荷、冷却液温度等参数的变化，适当地调整配气相位和气门升程，即改变进气量和排气量，从而达到增大功率、降低油耗及减少污染的目的。

（1）VTEC系统的组成　VTEC系统的组成如图6-6所示。与普通发动机相比，VTEC发动机同样是每缸4个气门（2进2排），由凸轮轴通过摇臂驱动；不同的是凸轮和摇臂的数目及其控制方法。

VTEC 发动机的每个气缸上的 2 个进气门分为主进气门和次进气门。两个进气门上使用了 3 个凸轮及 3 个摇臂,除了原有控制两个进气门的一对凸轮(主凸轮和次凸轮)和一对摇臂(主摇臂和次摇臂)外,还增加了一个较高的中间凸轮和相应的摇臂(中间摇臂),中间摇臂不与任何气门直接接触,3 个摇臂并列在一起构成进气摇臂总成。

1)凸轮。凸轮轴上 3 个升程不同的凸轮分别驱动主进气摇臂、中间进气摇臂和次进气摇臂,相应地这 3 个凸轮被称为主凸轮、中间凸轮和次凸轮,如图 6-7 所示。3 个凸轮的形线设计要满足以下要求:

① 中间凸轮的升程最大,次凸轮的升程最小。

② 主凸轮的形线适合发动机低速时主进气门单独工作时的配气相位要求。

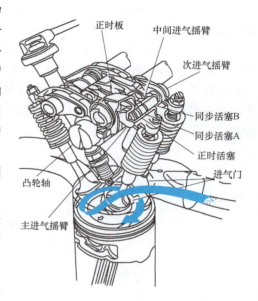

图 6-6 VTEC 系统的组成

③ 中间凸轮的形线适合发动机高速时主、次双进气门工作时的配气相位要求。

2)进气摇臂总成。进气摇臂总成如图 6-8 所示,在 3 个摇臂靠近气门的一端设有液压缸孔,内部装有由液压控制的可以移动的小活塞,分别为正时活塞、同步活塞 A、同步活塞 B 等。

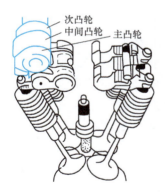

图 6-7 VTEC 发动机的 3 个凸轮

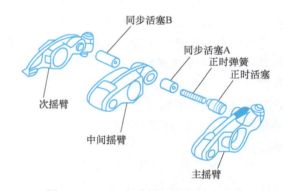

图 6-8 VTEC 发动机的进气摇臂总成

3)正时板。正时板的作用:在回位弹簧的作用下,插入相应的槽中使正时活塞定位。

由于进气门配气相位对发动机性能的影响比排气门大,所以 VTEC 发动机只对进气门的配气机构进行控制,而排气门的工作情况与普通发动机的配气机构相同。

(2)VTEC 系统的工作原理 本田雅阁的 VTEC 系统是阶段式改变进气门配气相位及气门的升程,即其改变配气相位和气门的升程只是在某一转速下的跳板,而不是在一定转速范围内连续可变。其工作原理是根据发动机的转速、负荷及冷却液温度等参数的变化,通过电磁阀调节摇臂活塞的液压系统,使发动机在不同工况下由不同的凸轮控制,适当地调整进气门的配气相位和气门升程,从而使发动机在高、低速下均能达到最高效率。

进气摇臂总成的3个摇臂根据发动机工况的不同可以各自独立运动，也可以连成一体共同运动。

1) 低速工况。如图6-9所示，发动机低速运转时，VTEC控制电磁阀断电，机油油道断开，机油压力不能作用在正时活塞上，在位于次进气摇臂液压缸孔中的阻挡活塞和回位弹簧的作用下，摇臂液压缸孔中的3个活塞都位于初始位置上，即正时活塞和同步活塞A位于主进气摇臂的液压缸孔中；与中间进气摇臂等宽的同步活塞B位于中间进气摇臂的液压缸孔中，3个摇臂彼此分离。

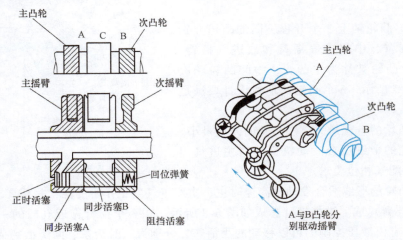

图6-9 低速工况下VTEC系统的工作状态

由于3个摇臂之间已分离，中间进气摇臂无法顶动气门，只是在摇臂轴上做无效的运动，所以此时主凸轮A和次凸轮B分别推动主进气摇臂和次进气摇臂，控制主、次两个进气门的开闭，中间凸轮C驱动中间进气摇臂空摆，如图6-10所示。主进气门以正常的开度开启，而次进气门则只是稍稍开启，以防燃油积聚在进气门附近，进气气流主要通过主进气门进入发动机气缸内，这种情形与普通发动机的进气门配气机构的工作类似，处于单进、双排的工作状态。

2) 高速工况。当发动机到达某一个预先设定好的高转速（如3000r/min）值，并且发动机的负荷、冷却液温度以及车速信号也达到某一设定值时，发动机ECU就发出使VTEC电磁阀通电的控制信号，机油油道打开，机油压力作用在正时活塞的左侧，如图6-11

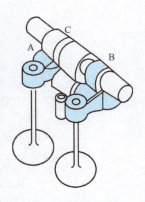

图6-10 低速工况下的进气摇臂总成

所示。此时位于主进气摇臂液压缸孔中的正时活塞将克服位于次进气摇臂液压缸孔中回位弹簧的作用力，推动同步活塞A和B以及阻挡活塞向右移动，从而在同步活塞A和B的作用下，主进气摇臂、次进气摇臂与中间进气摇臂被连接在一起，成为一个同步运动的组合摇臂。

由于3个摇臂已经成为一体，而中间凸轮C的升程最大，因此组合摇臂受到中间凸轮C的驱动，主、次两个进气门同步运动，如图6-12所示，改变了进气门的配气相位和气门升程（气门开启时间延长并且升程变大），使之适应发动机的高速运转工况，进气门配气机构

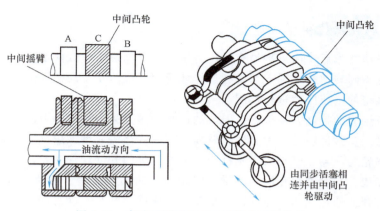

图 6-11 高速工况下 VTEC 系统的工作状态

处于双进、双排的工作状态。

当发动机的转速、冷却液温度或者车速不满足 VTEC 系统的控制条件时，发动机 ECU 将重新使 VTEC 控制电磁阀断电，切断机油通道，并使压力机油泄出，作用在正时活塞左侧的机油压力下降。此时在此进气摇臂液压缸孔中回位弹簧的作用下，正时活塞和同步活塞 A 和 B 复位，主进气摇臂、次进气摇臂与中间进气摇臂重新分开，进气门配气机构回到单进、双排的工作状态。

（3）VTEC 系统的控制原理　VTEC 系统由发动机 ECU 控制，ECU 接收发动机传感器（包括转速、负荷、车速、冷却液温度等）的参数后进行处理，并决定何时输出相应的控制信号，控制电磁阀的通电和断电，改变进气门的配气相位和气门升程。图 6-13 所示为 VTEC 控制系统的原理图。

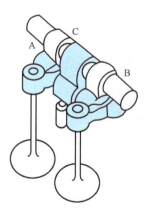

图 6-12 高速工况下的进气摇臂总成

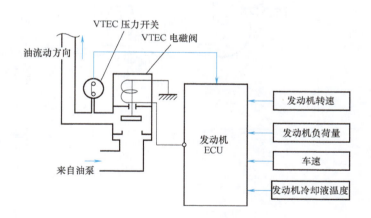

图 6-13 VTEC 控制系统的原理图

改变进气门的配气相位和气门升程的条件如下：
1) 发动机转速为 2300~3200r/min（根据负荷确定）。
2) 车速为 10km/h 或更高。
3) 发动机冷却液温度为 10℃ 或更高。

三、废气涡轮增压电子控制

采用涡轮增压技术后,由于平均有效压力增加,发动机爆燃倾向增大,热负荷偏高。为了保证发动机在不同转速及工况下都得到最佳增压值,以防止发动机爆燃和限制热负荷,必须对涡轮增压系统的增压压力进行控制。

目前对增压压力的控制方案很多,但总的说来,多是采用放气的方法,即调节进入动力涡轮室的废气量。实践证明,这种方法比较简单有效。当需要增加进气压力时,排气歧管排出的废气进入涡轮增压器,经动力涡轮排出;随着节气门开度增加和发动机转速的升高,动力涡轮的转速加快,与动力涡轮同轴的增压涡轮的转速同样加快,致使进气增压压力增大。如果放气阀门打开,通过动力涡轮的废气数量和气压就会减小,动力涡轮转速降低,增压涡轮的进气增压压力就会减小。由此可见,通过控制放气阀门,改变废气通路走向,使废气进入动力涡轮室或者旁路排出,就可以实现增压压力的控制。通常,放气阀门由膜片式放气控制阀控制,而放气控制阀则由 ECU 通过增压电磁阀进行控制。图 6-14 所示为带有涡轮增压的汽油发动机电子控制系统示意图。

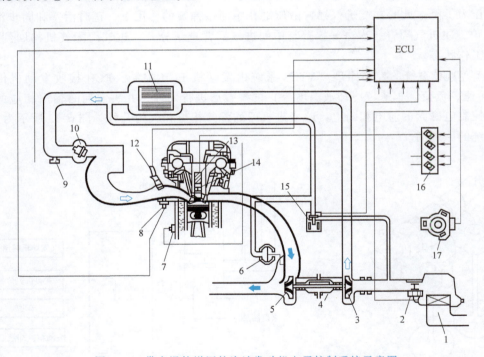

图 6-14 带有涡轮增压的汽油发动机电子控制系统示意图

1—空气滤清器 2—空气流量计 3—增压涡轮 4—涡轮增压器 5—动力涡轮 6—膜片式放气控制阀 7—爆燃传感器 8—冷却液温度传感器 9—增压压力传感器 10—节气门位置传感器 11—冷却器 12—喷油器 13—点火线圈 14—火花塞 15—增压压力控制电磁阀 16—点火器 17—曲轴位置传感器

在 ECU 的存储器中,存储着发动机增压压力特性图的有关数据。增压压力理论值随发动机转速而变化。在发动机工作时,ECU 根据增压压力等传感器输入的信息,可以确定当时的实际进气增压压力,然后将实际进气压力与存储的理论值进行比较。若实际值与理论值不相符合,ECU 则输出控制信号,对增压压力电磁阀进行控制,改变膜片式控制阀上的压力，使放气阀门动作。当实际进气压力低于理论值时，放气阀门关闭；当进气压力高于理论值时，放气阀门打开。

废气涡轮增压压力电子控制是一种闭环控制，控制对象是增压压力，在节气门位置和发动机转速已经确定的情况下，实际上就是控制每循环的吸气量，可用进气歧管绝对压力传感器、空气体积流量传感器或空气质量流量传感器的信号表征。所以在ECU中根据节气门转角和发动机转速存储着上述表征增压压力信号的设定值特性场。闭环控制回路将这个信号的设定值与测量到的实际值进行比较。闭环控制回路输出的差值作为信号被送往增压压力电磁阀，用于调节控制压力，进而调节增压压力。

在实际控制中，为了获得较好的控制效果，基本上都是采用调节点火正时和调节增压压力相结合的方法。因为单一地通过降低增压压力的方法，会引起发动机运行性能降低；另外由于采用涡轮增压后，发动机排气温度较高，也不适宜单独采用调节点火正时的方法来控制爆燃，否则由于温度的增高，对高温排气驱动的涡轮有不利影响。因此，两种方法并用是它们的首选模式。实用中，常常是当ECU根据传感器输入的信号鉴别出爆燃时，即刻使点火提前角推迟，推迟点火提前角是最快的措施，同时又平行地降低增压压力。在这两方面调节生效（爆燃消失）时，将增压压力慢慢降低，通过点火正时调节装置将点火提前角调节至最佳值，以便可能保持发动机的更大转矩。当点火提前角到达最佳值时，再慢慢地增加增压压力。

第二节　汽油机排放控制系统

一、三元催化转化器与空燃比反馈控制系统

1. 三元催化转化器

三元催化转化器（Three-Way Catalyst，TWC）的功用是利用转换器中的三元催化剂，将发动机排出废气中的有害气体转变为无害气体，它安装在排气管中部。根据催化剂载体的结构特点，TWC可分为颗粒型和蜂巢型两种，前者将催化剂沉积在颗粒状氧化铝载体表面，后者将催化剂沉积在蜂巢状氧化铝载体表面，氧化铝表面有形状复杂的表层，可增大催化剂与废气的实际接触面积。

图6-15所示为日本丰田雷克萨斯LS400轿车的三元催化转化器。该车为V形发动机，左、右排气管上各装一个TWC。TWC内装用的三元催化剂一般为铂（或钯）与铑等贵重金

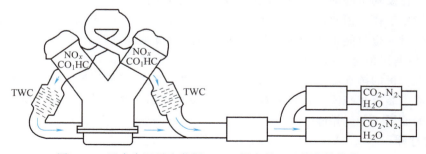

图6-15　日本丰田雷克萨斯LS400轿车的三元催化转化装置

属的混合物。

发动机排出的废气流经 TWC 时,三元催化剂不仅可使废气中的 HC 和 CO 有害气体进一步氧化,生成无害气体 CO_2 和 H_2O,并能促使废气中的 NO_x 与 CO 反应生成无害的 CO_2 和 N_2。TWC 将有害气体转变成无害气体的效率受很多因素的影响,其中影响最大的是混合气浓度和排气温度。TWC 的转换效率与混合气浓度的关系如图 6-16 所示。

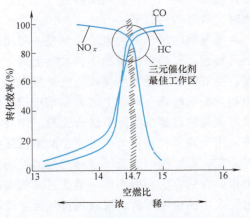

图 6-16 TWC 的转换效率与混合气浓度的关系

在标准的理论空燃比 14.7 附近,对废气中三种有害气体(HC、CO、NO_x)的转化效率均比较高。为实现将空燃比精确控制在标准的理论空燃比附近,装用三元催化转化装置的汽车一般都装有氧传感器,来检测废气中的氧浓度,氧传感器信号输送给 ECU 后,用来对空燃比进行反馈控制。

电控燃油喷射系统的闭环控制原理如图 6-17 所示。在闭环控制系统中,氧传感器安装在 TWC 与发动机之间的排气管或排气歧管上,将检测到的废气中氧浓度信号输送给 ECU,ECU 根据此信号对喷油器的喷油量进行修正,使实际的空燃比更接近理论空燃比。

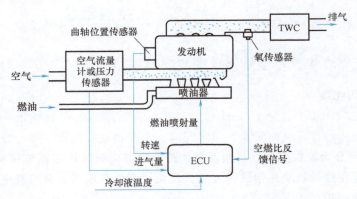

图 6-17 电控燃油喷射系统的闭环控制原理

在装有氧传感器的电控燃油喷射发动机上,电控燃油喷射系统并不是在所有工况下都进行闭环控制,在发动机起动、怠速、暖机、加速、全负荷、减速断油等工况下,发动机不可能以理论空燃比工作,因此,仍采用开环控制方式。此外,氧传感器温度在 400℃ 以下或其电路发生故障时,也只能采用开环控制。电控燃油喷射系统进行开环控制还是进行闭环控制,由 ECU 根据相关输入信号确定。

此外,发动机的排气温度过高(815℃ 以上)时,TWC 的转化效率将明显下降。有些三元催化转化器中装有排气温度报警装置,当报警装置发出报警信号时,应停机熄火,查明排气温度过高的原因,予以排除。

2. 氧传感器

(1) 氧传感器的类型　氧传感器可分为氧化锆(ZrO_2)式和氧化钛(TiO_2)式两种

类型。

1) 氧化锆式氧传感器。氧化锆式氧传感器的结构如图 6-18 所示。该传感器的基本元件是氧化锆管，氧化锆管固定在带有安装螺纹的固定套内，在氧化锆管内、外表面均覆盖着一薄层铂作为电极，传感器内侧通大气，外侧直接与排气管中的废气接触。在氧化锆管外表面的铂层上还覆盖着一层多孔的陶瓷涂层，并加有带槽口的防护套管，用来防止废气对铂电极产生腐蚀。在传感器的线束插接器端有金属护套，其上设有小孔，以便使氧化锆内侧通大气。

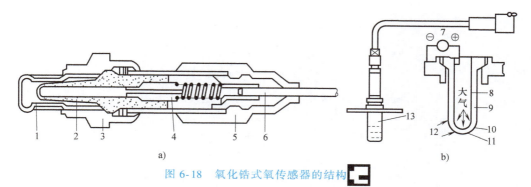

图 6-18 氧化锆式氧传感器的结构

1—防护罩 2—氧化锆管 3—壳体 4—输出接头 5—外套 6—导线 7—电动势 8—大气一侧的白金电极 9—固态电解质（氧化锆元素） 10—排气一侧的白金电极 11—涂层（陶瓷） 12—排气 13—大气

氧化锆式氧传感器实质上是一个化学电池，又称氧浓度差电池。在 400℃ 以上的高温时，若氧化锆管内、外表面接触的气体中氧的浓度有很大差别，在氧化锆管内、外表面的两个铂电极之间将会产生电动势。发动机工作时，由于氧化锆管内表面接触的大气中氧浓度是固定的，而与外表面接触的废气中氧浓度是随空燃比变化而变化的，所以将氧化锆管内、外表面两个电极间产生的电动势输送给 ECU，即可作为判断实际空燃比的依据。当混合气过稀时，排出的废气中氧含量高，传感器内、外侧氧浓度差小，两电极间产生的电压很低（接近 0V）；反之，混合气过浓时，排出的废气中氧含量低，传感器内、外侧氧浓度差大，两电极间产生的电压高（接近 1V）。在理论空燃比附近，氧传感器输出的电压信号有一个突变。

由于氧化锆只能在 400℃ 以上的高温时才能正常工作，为保证发动机在进气量少、排气温度低时也能正常工作，有的氧传感器内装有加热器，加热器也由发动机 ECU 控制。不带加热器的氧传感器称为普通型氧传感器，带加热器的氧传感器称为热型氧传感器。

2) 氧化钛式氧传感器。此种氧传感器是利用化学反应强、对氧气敏感、易于还原的半导体材料氧化钛与氧气接触时发生氧化还原反应，从而导致电阻值变化的原理工作的，它是一种电阻型气敏传感器。

氧化钛式氧传感器的结构如图 6-19 所示，主要由二氧化钛元件、导线、金属外壳和接线端子等组成。当废气中的氧浓度高时，二氧化钛的电阻值增大；反之，废

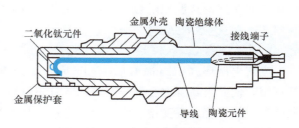

图 6-19 氧化钛式氧传感器的结构

气中的氧浓度较低时,二氧化钛的电阻值减小。利用适当的电路对电阻变量进行处理,即可转换成电压信号输送给ECU,用来确定实际的空燃比。

（2）氧传感器控制电路　图6-20所示为日本丰田雷克萨斯LS400轿车氧传感器控制电路,该车装有2个热型主氧传感器和2个普通型副氧传感器,发动机ECU控制主氧传感器加热线圈的搭铁回路,4个氧传感器信号分别由各自的端子向ECU提供反馈信号,以便对空燃比进行闭环控制。

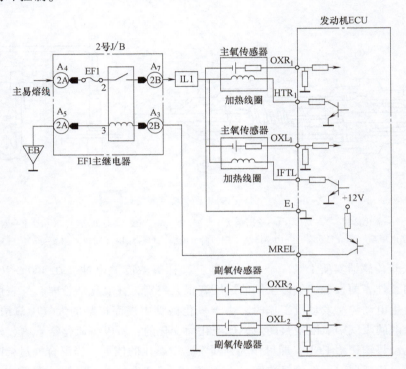

图6-20　日本丰田雷克萨斯LS400轿车氧传感器控制电路

在闭环控制过程中,当实际空燃比小于理论空燃比（混合气浓）时,氧传感器向ECU输入高压信号（0.75~0.90V）,此时ECU将减少喷油量,使实际空燃比增大;当空燃比增大到理论空燃比时,氧传感器输出信号电压突变下降至0.1V左右,此时ECU将增加喷油量,使实际空燃比减小。如此反复,ECU根据氧传感器的信号不断调节喷油量,将实际空燃比控制在理论空燃比附近,保证三元催化转化装置以较高的转换效率工作。

二、废气再循环控制系统

废气再循环（Exhaust Gas Recirculation,EGR）控制系统的功能是将一部分废气引入进气系统,使其与新鲜混合气一起进入气缸中进行燃烧,以降低混合气中氧的浓度,同时稀释混合气,使燃烧速度变慢,燃烧温度降低,从而达到减少燃烧过程中NO_x的生成的目的。

1. 废气再循环控制系统的控制原则

再循环的废气量占整个进气量的百分比,用EGR率表示。由于废气再循环会稀释混合气,所以随着EGR率的增加,混合气的着火能力以及发动机的输出功率都会下降,并且随着燃烧稳定性能的下降，HC 的排放量随之上升。小负荷或怠速时进行废气再循环会使燃烧不稳定，甚至使发动机熄火；全负荷时需要强大的动力输出，如果此时使用废气再循环，则会使发动机的动力下降。为此应对废气再循环系统的 EGR 率进行适当的控制，控制原则如下：

1) 由于 NO_x 的排放量随着负荷的增加而增大，所以 EGR 率也应随着负荷的增加而增大。

2) 在发动机的暖机工况下，冷却液的温度和进气温度都较低，NO_x 的排放量会很低，混合气的供给也不稳定，为防止引入废气时破坏混合气燃烧的稳定性，一般在发动机的温度低于 50℃ 时，不进行废气再循环。

3) 在怠速和小负荷工况下，NO_x 的排放量会很低，为此不进行废气再循环。

4) 在全负荷和高速时，需要输出强大的动力，并且虽然燃烧室的温度高，但是氧浓度较低，NO_x 的排放量也较低，所以不进行废气再循环。

5) 根据发动机工况的不同，进入进气歧管的 EGR 率在 6%～23% 变化。

2. EGR 控制系统的控制原理

EGR 控制系统分为开环控制系统和闭环控制系统两种。

EGR 阀是 EGR 控制系统中最重要的部件，按照控制方式可以分为由进气歧管真空度控制的真空膜片式 EGR 阀和由发动机 ECU 控制的电磁式 EGR 阀。真空膜片式 EGR 阀能够实现的 EGR 率一般为 5%～15%；电磁式 EGR 阀可实现较大 EGR 率的控制，并且控制更加方便。

（1）真空膜片式 EGR 阀 真空膜片式 EGR 阀由进气歧管真空度控制，它由膜片、弹簧、推杆、锥形阀等组成，如图 6-21 所示。膜片上方是密闭的膜片室，进气歧管的真空与膜片室的真空入口相连，膜片推杆下部安装有锥形阀，没有真空作用到膜片室时，膜片上方的弹簧向下压迫膜片，这时锥形阀位于阀座上，EGR 阀关闭。

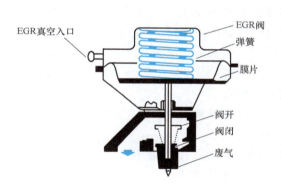

图 6-21 真空膜片式 EGR 阀的结构

当发动机起动后，进气歧管的真空作用到 EGR 阀上方的密闭膜片室，膜片推杆克服弹簧的压力向上运动，带动锥形阀向上提起，EGR 阀关闭，这时废气就可以从排气管进入进气歧管。

（2）电磁式 EGR 阀 电磁式 EGR 阀由发动机 ECU 控制，它由电磁线圈、电枢、锥形阀、EGR 阀开度位置传感器等组成，如图 6-22 所示。发动机 ECU 控制电磁线圈通电，使电枢向上运动带动锥形阀离开阀座后，废气就可以进入进气歧管。

发动机 ECU 根据冷却液位置传感器、节气门位置传感器和空气流量传感器的输入信号确定最佳的 EGR 阀的开启程度，再通过控制 EGR 阀电磁线圈的通电占空比信号控制电枢的最佳开启位置。EGR 阀中的开度位置传感器可以反馈电枢的实际位置，从而可以实现 EGR 系统的闭环控制。

（3）EGR 开环控制系统 以丰田车型为例，EGR 开环控制系统由 EGR 阀、EGR 真空调节器、真空控制阀等组成，如图 6-23 所示。

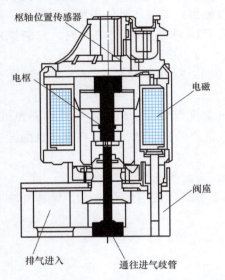

图 6-22 电磁式 EGR 阀的结构

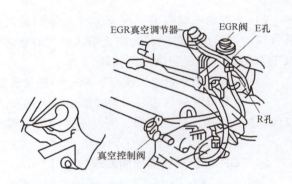

图 6-23 EGR 开环控制系统的组成

丰田 EGR 控制系统的工作原理示意图如图 6-24 所示，节气门体上有两个与发动机负荷相关的 E 孔和 R 孔，通过真空软管，进气歧管的真空度通过 E 孔和 R 孔经 EGR 真空调节器和真空控制阀施加在 EGR 阀的真空室内。

当发动机处于冷机状态（冷却液温度在 50℃ 以下）、怠速以及发动机的转速在 4000r/min 以上时，ECU 发出指令使真空控制阀关闭，这时 EGR 阀的真空室经真空控制阀与大气相通，EGR 阀关闭，不进行 EGR。

当真空控制阀在 ECU 的控制下打开时，EGR 率由 EGR 真空调节器控制，控制原理如下。

1）当节气门的开度位于 E 孔以左时（图 6-25），E 孔和 R 孔都没有负压，此时 EGR 阀关闭，不进行 EGR。

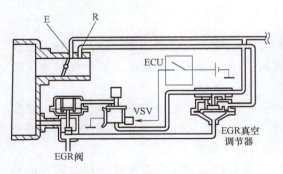

图 6-24 丰田 EGR 控制系统的工作原理示意图

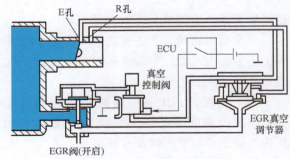

图 6-25 节气门开度位于 E 孔以左

2）当节气门的开度位于 E 孔和 R 孔之间时（图 6-26），进气歧管的真空度通过 E 孔经真空控制阀到达 EGR 阀上方的真空室，EGR 阀膜片向上运动，带动锥形阀离开阀座，EGR

阀打开，进行 EGR。

3）当节气门开度位于 R 孔右面时（图 6-27），进气歧管的真空度通过 E 孔和 R 孔经真空控制阀到达 EGR 阀上方的真空室，EGR 阀膜片向上运动，带动锥形阀离开阀座，EGR 阀打开，进行 EGR。此时 EGR 真空调节器下端引入部分废气，废气通过推动膜片控制 R 孔开度的大小，膜片的运动调整了通往 EGR 阀真空室的真空度，EGR 阀的开度也随之变化，显然 EGR 真空调节器能通过感知发动机负荷实现对 EGR 阀的真空度控制，调节 EGR 率。

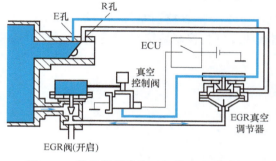

图 6-26　节气门开度位于 E 孔和 R 孔之间

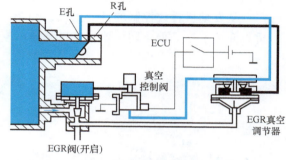

图 6-27　节气门开度位于 R 孔以右

3. EGR 闭环控制系统

以本田车型为例，EGR 闭环控制系统由 EGR 阀、EGR 真空控制阀、EGR 控制电磁阀、ECU 及传感器等组成，如图 6-28 所示。

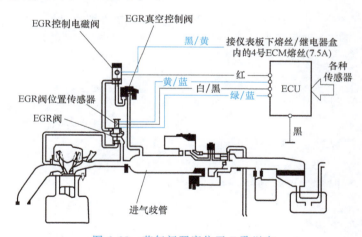

图 6-28　节气门开度位于 E 孔以左

当发动机 ECU 判断当前工况满足进行 EGR 的条件时，便接通 EGR 控制电磁阀的搭铁电路，控制电磁阀打开，使经过 EGR 真空控制阀的进气歧管真空施加在 EGR 阀的真空室内，EGR 阀即可打开，进行 EGR。

在 EGR 阀上安装有 EGR 开度位置传感器，该传感器利用一个柱塞推动的电位计向 ECU 反馈 EGR 阀的实际开度，ECU 中存储了发动机在各种工况下 EGR 阀的最佳开度，如果 EGR 阀的实际开度与存储在 ECU 内部的最佳开度不一致，则 ECU 将通过控制 EGR 真空控制阀增加或降低施加在 EGR 阀上的真空压力，以控制 EGR 阀的开度，达到控制 EGR 率的目的。

小　结

　　从发动机进气控制的目的出发，重点介绍了发动机进气控制系统的结构及原理。以帕萨特轿车为例，介绍了可变气门正时控制系统的结构及工作原理。以日本本田汽车为例，介绍了可变气门配气相位和气门升程控制系统的结构及工作原理。

　　从发动机排放控制的目的出发，介绍了发动机主要排放控制系统的结构及原理，重点介绍了三元催化转化器、废气再循环控制系统及排放控制系统。

同步测试

一、填空题

1. 帕萨特 B5 轿车选用 2.8L V6 发动机，该发动机采用了_____控制系统。
2. 当帕萨特 B5 轿车发动机转速高于 3700r/min 时，要求进气门关闭得较_____，可提高最大功率。
3. 可变配气相位技术能够根据发动机_____的变化来改变配气相位。
4. _____指气门的开度，表示气门开启时的间隙有多大。
5. 丰田 VTEC 发动机每缸 4 个气门（2 进 2 排），由凸轮轴通过_____驱动。
6. 废气涡轮增压压力电子控制是一种_____控制，控制对象是_____。
7. 进入进气歧管的废气量一般控制在_____。

二、选择题

1. 废气再循环的作用是抑制（　　）的产生。
   A. HC　　　　B. CO　　　　C. NO_x　　　　D. 有害气体
2. 进入进气歧管的废气量一般控制在（　　）。
   A. 1%～2%　　B. 2%～5%　　C. 5%～10%　　D. 6%～15%
3. 在（　　）时废气再循环控制系统不工作。
   A. 行驶　　　B. 怠速　　　C. 高转速　　　D. 热车
4. 采用三元催化转化器必须安装（　　）。
   A. 前氧传感器　B. 后氧传感器　C. 前后氧传感器　D. 氧传感器和爆燃传感器

三、判断题

1. 废气再循环的作用是减少 HC、CO 和 NO_x 的排放量。（　　）
2. 空燃比反馈控制在各种电控发动机上都使用。（　　）
3. 空燃比反馈控制的前提是氧传感器产生正常信号。（　　）
4. 废气排放控制仅在采用 OBD-Ⅱ的系统中使用。（　　）

四、简答题

1. 简述可变气门正时控制系统的基本原理。

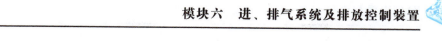

2. 简述可变气门配气相位和气门升程控制系统的基本原理。
3. 简述可变配气相位及气门升程电子控制系统的检测与维修的基本思路。
4. 简述三元催化转化器的组成及工作原理。
5. 简述废气再循环控制系统的组成及工作原理。
6. 简述氧传感器信号的检测方法。

 同 步 训 练

项目：可变配气相位及气门升程电子控制系统的检测与维修

实训目的：
- 掌握发动机可变配气相位及气门升程电子控制系统的检测方法。
- 加深对发动机可变配气相位及气门升程电子控制系统的工作原理的理解。

实训器材：
- 实训车辆或发动机实训台。
- 常用手动工具、检测仪器、举升机。

实训指导：

根据故障码检修 VTEC 系统。

当发动机故障报警系统提示出现与 VTEC 系统有关的故障码时，检测过程如下。

（1）读取故障码

1）将点火开关置于 ON 位置。

2）使用本田 PGM 测试仪或通用解码器清除故障码。

3）重新起动发动机，进行路试后，再次读取故障码。如果没有出现故障码，说明 VTEC 存在偶发性故障，应检查 VTEC 油压开关、VTEC 电磁阀和发动机 ECU 之间是否存在连接不良或端子松动现象；如果出现故障码，则根据故障码的含义进行检修。

本田雅阁 K30A4 型发动机与 VTEC 系统有关的故障码见表 6-1。

表 6-1 本田雅阁 K30A4 型发动机与 VTEC 系统有关的故障码

故障码（故障指示灯闪烁规律）	故障码含义	故障指示灯
P2646（22）	VTEC 油压开关电路电压过低	亮
P2647（22）	VTEC 油压开关电路电压过高	亮
P2648（21）	VTEC 电磁阀电路电压过低	亮
P2649（21）	VTEC 电磁阀电路电压过高	亮

（2）通过故障码检修 VTEC 系统

1）P2646 故障码的检修过程如下：

① 检查发动机的机油液位是否正常，如果不正常，需要将其调至正常位置。

② 将点火开关置于 OFF 位置。

③ 拆下 VTEC 油压开关后，安装上专用机油压力软管和机油压力表连接装置，然后在机油压力表连接装置上装上油压表和 VTEC 油压开关，如图 6-29 所示。注意在安装过程中应使用新的 O 形密封圈。

④ 将点火开关置于 ON 位置。

⑤ 使用本田 PGM 测试仪或通用解码器执行 VTEC 测试，观察油压表上的值是否低于 49kPa。如果低于 49kPa，则应首先检查机油油路，如果油路正常无泄漏，则说明 VTEC 电磁阀出现故障应更换；如果油压正常，则说明 VTEC 油压开关及其电路出现故障。

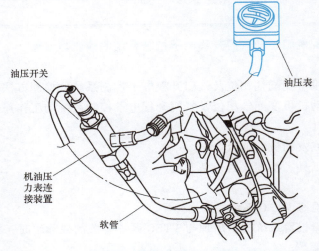

图 6-29　根据故障码检修 VTEC 系统的连接图

⑥ 将点火开关置于 OFF 位置。

⑦ 断开动力系统控制模块 PCM 的插接器 E。插接器 E 的端子定义如图 6-30 所示。端子 23 是 VTEC 油压开关信号，当发动机低速运转时，端子 23 的电压为 0V；当发动机高速运转时，电压为 12V。

1 PG2	2 PG1	3 LGI	4 LGP	5 IG1	6 AFSHTCB2	7 AFSHTCB1		8 SO2SHTCB2	9 SO2SHTCB1
10 VBSOL	11 ALTL	12 ALTF		14 PDSW	15 IGPLS6	16 IGPLS5	17 IGPLS4	18 IGPLS3	19 IGPLS2	20 IGPLS1	21 INJ1
22 VTS	23 VTPSW	24 ALTC		25 SEFD	26 SEFF		27 INJ6	28 INJ5	29 INJ4	30 INJ3	31 INJ2

图 6-30　PCM 插接器 E 的端子定义

⑧ 使用数字万用表的欧姆档或电路通断性测试检查 PCM 的 E23 是否搭铁。如果 E23 搭铁，则说明 E23 与 VTEC 油压开关之间出现短路故障，应检查相关电路；否则，说明 PCM 出现故障，应更换。

2) P2647 故障码的检修过程如下：

① 检查发动机的机油液位是否正常，如果不正常，需要将其调至正常位置。

②将点火开关置于 OFF 位置。

③断开 VTEC 油压开关的两端子插接器。

④检查 VTEC 油压开关插接器端子 2（搭铁）是否搭铁。如果搭铁不良，则应检查 VTEC 油压开关与 G101（搭铁点）之间的电路是否出现断路故障。

⑤检查 PCM 插接器的 E23 是否搭铁。如果搭铁不良，则应检查 PCM 的 E23 与 VTEC 油压开关之间的电路是否出现断路故障；否则，说明 PCM 出现故障，应更换。

3）P2648 故障码的检修过程如下：

①将点火开关置于 OFF 位置。

②断开 VTEC 电磁阀的端子 1 插接器。

③测量 VTEC 电磁阀插接器的端子与车身搭铁之间的电阻值（图 6-31），标准电阻应为 14~30Ω。如果测量结果不在该范围内，则应更换 VTEC 电磁阀。

④检查 VTEC 电磁阀与 PCM 之间的连接电路是否出现短路故障：断开 PCM 的插接器 E，检查 PCM 插接器 E22 是否搭铁。如果搭铁，则说明 VTEC 电磁阀与 PCM 之间出现短路故障；如果电路正常，则说明 PCM 出现故障，应更换。

4）P2649 故障码的检修过程如下：

①将点火开关置于 OFF 位置。

②断开 VTEC 电磁阀的端子 1 插接器。

③测量 VTEC 电磁阀插接器的端子与车身搭铁之间的电阻值，标准电阻应为 14~30Ω；如果测量结果不在该范围内，则应更换 VTEC 电磁阀。

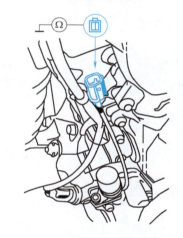

图 6-31　测量 VTEC 电磁阀的电阻值

④检查 VTEC 电磁阀与 PCM 之间的连接电路是否出现断路故障：断开 PCM 的插接器 E，检查 PCM 插接器 E22 是否搭铁。如果出现搭铁不良，说明 VTEC 电磁阀与 PCM 之间出现断路故障；如果电路正常，则说明 PCM 出现故障，应更换。

模块七

冷却系统

知识目标

- 掌握冷却系统的组成与主要零件的结构。
- 了解冷却系统的工作原理。

能力目标

- 能够对冷却系统主要机件熟练进行拆卸、检验、装配、调整。
- 能够对冷却系统进行维护作业。

素养目标

- 学习发动机冷却系统,提高节能减排意识。

重点与难点

- 冷却系统的组成。
- 水泵的检验。

第一节 概 述

一、冷却系统的作用

发动机工作时,气缸中可燃混合气的温度高达 2000℃,整个循环的平均温度也有 1000℃,直接与高温气体接触的机件将由于强烈受热而温度升高,在高温的作用下会因热膨胀而破坏正常间隙,导致机件运动受阻或者卡死,并且使机件的机械强度降低甚至损坏,润滑油也会因高温失效而失去润滑作用。因此,必须在发动机上设置冷却泵,对发动机进行冷却,维持发动机的正常工作温度,保证发动机的正常工作。

发动机的冷却必须适度。如果发动机冷却不足,会导致气缸充气量减少和燃烧不正常、发动机功率下降,且发动机零件因润滑不良而加速磨损。但如果冷却过度,则一方面由于热量散失过多,使转变为有用功的热量减少;另一方面由于混合气与冷气缸壁接触,使其中已汽化的燃油凝结并流到曲轴箱,使磨损加剧。

二、冷却系统的类型

按照冷却介质的不同，冷却系统分为风冷却系统和水冷却系统。大部分发动机采用水冷却系统。

1. 风冷却系统

风冷却系统发动机以空气作为冷却介质，利用风扇形成空气流，使高温零件的热量直接散发到大气中去。

2. 水冷却系统

水冷却系统发动机以水（或冷却液）作为冷却介质，通过冷却液在发动机内不断地循环，将发动机中高温零件的热量先传给水（或冷却液），然后散发到大气中去。

水冷却系统的冷却效果好，冷却均匀可靠，冷却强度容易调节，发动机运转噪声小，因此现代发动机中广泛采用强制循环式水冷却系统。

3. 发动机的正常工作温度

水冷却系统中，冷却水温度应保持在 80~90℃，冷却液温度应保持在 90~150℃。
风冷却系统中，铝气缸壁的温度在 150~180℃为宜，铝气缸盖的温度应保持在 160~200℃。
由此可见，发动机冷却必须适度，过热或过冷都会给发动机带来危害。

（1）发动机过热的危害

1）降低充气效率，使发动机功率下降。
2）早燃和爆燃的倾向加大，使零件因承受额外冲击性负荷而造成早期损坏。
3）运动件的正常间隙（热胀冷缩）被破坏，运动阻滞，磨损加剧，甚至损坏。
4）润滑情况恶化，加剧了零件的摩擦磨损。
5）零件的力学性能降低，导致变形或损坏。

（2）发动机过冷的危害

1）进入气缸的混合气（或空气）温度太低，可燃混合气品质差（雾化差），使点火困难或燃烧迟缓，导致发动机功率下降，燃料消耗量增加（热量流失过多，燃油凝结流进曲轴箱）。
2）燃烧生成物中的水蒸气易凝结成水而与酸性气体形成酸类，加重了对机体和零件的侵蚀作用。
3）未汽化的燃料冲刷和稀释零件表面（气缸壁、活塞、活塞环等）上的油膜，使零件磨损加剧。
4）润滑油黏度增大，流动性差，造成润滑不良，加剧机件磨损，增大功率消耗。

可见，发动机正常的工作温度是保证发动机良好的工作性能及较长的使用寿命的条件。

三、水冷却系统的组成和工作原理

1. 水冷却系统的组成

水冷却系统利用水泵强制地使水（或冷却液）在冷却系统中循环流动，不断地带走零件表面热量。水冷却系统主要由以下零件组成：

1）强制循环水供给装置，由散热器、水泵、水套、分水管等组成。
2）冷却强度调节装置，由百叶窗、节温器、风扇等组成。
3）冷却液温度指示装置，由冷却液温度传感器、冷却液温度表或冷却液温度过高指示灯等组成。

发动机水冷却系统的组成如图 7-1 所示。

2. 水冷却系统的工作原理

发动机工作时，水泵将冷却液从散热器中吸入并加压，使冷却液经分水管流入气缸体和气缸盖的水套中，冷却液在水套内吸收热量后经节温器流入散热器。由于汽车行驶和冷却风扇的强力抽吸作用，空气从前往后高速流经散热器的过程中，使冷却液的热量不断地散失到大气中去，冷却过的冷却液流入散热器的底部后，又在水泵的作用下压入水套，如此不断循环，从而保证发动机在最佳温度范围内工作。

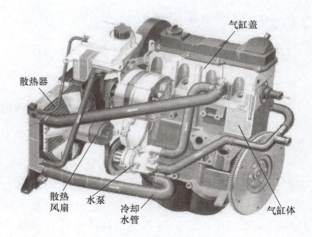

图 7-1 水冷却系统的组成

汽车装用的暖风装置是利用冷却液带出的热量达到取暖目的的。为提高燃油汽化程度，还可以利用冷却液的热量对进气管道内的混合气进行预热。

有的发动机中，从水套吸收热量后的冷却液，一部分直接流回散热器进行冷却，另一部分从气缸体水套流至混合气预热水道，对混合气进行预热后流回水泵。需取暖时，打开暖气控制阀，从气缸体水套流出的部分冷却液又可以流入暖风交换器供暖，然后流回水泵。

第二节 水冷却系统的主要部件

水冷却系统的主要部件包括水泵、散热器、散热器盖及节温器等。

1. 水泵

水泵的作用是对冷却液加压，使之在冷却系统中小循环流动。强制循环式冷却系统的水泵，常安装在机体外并与风扇同轴驱动，也有装在机体内（内藏式）单独驱动的。

水泵由带轮、叶轮、水泵轴承、水封等组成，如图 7-2 所示。

（1）压水 当叶轮旋转时，水泵中的冷却液被叶轮带动一起旋转，由于离心力的作用，冷却液被甩向叶轮边缘，在蜗形壳体内将动能转变为压力能，经外壳上与叶轮成切线方向的出水管被压送到发动机水套内。

（2）吸水 与压水同时进行，叶轮中心处压力降低，散热器中的冷却液便经进水管被吸进叶轮中心部分。

2. 散热器

散热器的作用是将冷却液在机体内吸收

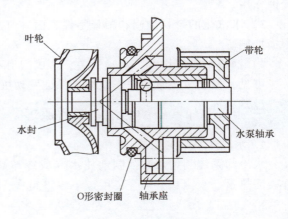

图 7-2 水泵的结构

的热量传给外界空气，使冷却液降温，以便再次循环对发动机进行冷却。

散热器的构造如图7-3所示，它主要由上、下水箱，散热器芯、散热器盖、放水开关等部件组成。其工作原理如下：由水泵驱动已冷却的冷却液通过气缸盖高温处，进行热交换，然后由气缸盖出口进入散热器的上水箱，再流经散热器芯，与由风扇吹过的高速、温度较低的气流进行热交换，冷却后的冷却液流入下水箱，由下水箱出口吸入水泵进口，从而完成一次散热循环。

3. 散热器盖

闭式水冷却系统的散热器上水箱的加水口，平时用散热器盖严密盖住，以防冷却液溅出。但如果冷却系统中水蒸气过多，压力过大，可能导致散热器破裂；而当水冷却系统温度降低时，其中的水蒸气凝结，会使系统内压力低于外界压力，致使散热器冷却管被大气压坏。所以在闭式水冷却系统的散热器盖内，都装有一个根据散热器内水蒸气压力大小而自动开启或关闭的阀门，称为空气-蒸汽阀。当发动机工作温度正常时，阀门关闭，并使系统内压力稍高于大气压力，可以降低冷却液的消耗量。这一措施对于在热带、干旱和高原行驶的机械尤为有利。

图7-4所示为带有空气-蒸汽阀的散热器盖。当发动机热状态正常时，蒸汽阀和空气阀各自在弹簧的压力的作用下处于关闭状态。这时系统水路与大气隔开；当水冷却系统温度升高，散热器中压力达到一定值（一般为26~27kPa，在此压力下水冷却系统内水的沸点可达108℃）时，蒸汽阀克服弹簧的压力开启，水蒸气从蒸汽阀经通气口排入大气，从而使系统的压力下降到规定值。当冷却液温度下降，系统内的真空度达10~20kPa时，空气阀在大气压力的作用下，克服空气阀弹簧的弹力被推开，空气从通气口进入冷却系，以防止散热器被大气压坏。

图7-3 散热器的结构

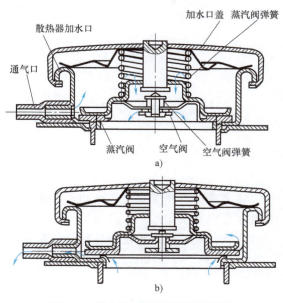

图7-4 带空气-蒸汽阀的散热器盖
a）空气阀开启 b）蒸汽阀开启

4. 节温器

节温器的作用是根据冷却液的温度，改变冷却液在水冷却系统中的循环路径，调节冷却强度，从而使发动机保持在最佳温度范围内工作。

根据其结构和工作原理，常用节温器一般有 3 种形式：折叠皱纹筒式节温器、蜡式节温器和金属热偶式节温器。

二通蜡式节温器的结构如图 7-5 所示，上、下支架及阀座焊为一体，装在水道中，将水道分成两部分。反推杆上端顶在上支架上，下端伸入感温器内，感温器内充满着密封的特种石蜡。常温时石蜡呈现固态，阀门在弹簧的作用下压在阀座上，节温器处于关闭状态。冷却液不能流入散热器面，经发动机旁通道流回水泵入口，在水泵的作用下进行小循环。当冷却液温度升高时，其体积膨胀，对反推杆下端产生向上的推力，由于反推杆上端顶在上支架上不能上移，所以迫使感温器外壳克服弹簧压力向下运动，并带动阀门向下移动，离开阀座，逐渐开启，一部分冷却液从阀门流向散热器，冷却后再由水泵压入水套进行大循环。

二通蜡式节温器通常用于常通式旁通道的冷却水路中。

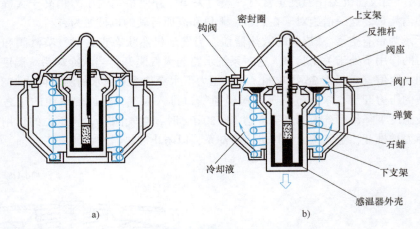

图 7-5　二通蜡式节温器的结构
a) 关闭状态　b) 开启状态

小　　结

本章简要介绍了发动机冷却系统的作用、类型及发动机过热或过冷的危害，重点讲述了发动机的水冷却系统的组成、工作原理，水泵、散热器、节温器等主要部件的结构，为冷却系统维护及修理奠定知识基础。

 同 步 测 试

一、填空题

1. 按照冷却介质的不同，冷却系统分为_____冷却系统和_____冷却系统。大部分发动机采用_____冷却系统。

2. 水冷却系统发动机以_____作为冷却介质。

3. 发动机工作时，水泵将冷却液从_____吸入并加压，使冷却液经分水管流入气缸体和_____的水套中。

4. 汽车装用的_____是利用冷却液带出的热量达到取暖目的的。

5. 水泵由_____、_____、水泵轴、支承轴承、水封等组成。

6. 闭式水冷却系统广泛采用具有_____的散热器盖。

7. _____的作用是根据冷却液的温度，改变冷却液在水冷却系统中的循环路径，调节冷却强度，从而使发动机保持在最佳温度范围内工作。

二、判断题

1. 发动机的风扇与水泵同轴，是由曲轴通过凸轮轴来驱动的。（　　）
2. 发动机在使用中，冷却液的温度越低越好。（　　）
3. 任何水都可以直接作为冷却液加注。（　　）
4. 采用具有空气-蒸汽阀的散热器盖后，冷却液的工作温度可以提高至100℃以上而不"开锅"。（　　）
5. 发动机工作温度过高时，应立即打开散热器盖，加入冷水。（　　）
6. 蜡式节温器失效后，发动机易出现过热现象。（　　）

三、选择题

1. 使冷却液在散热器和水套之间进行循环的水泵旋转部件称为（　　）。
　A. 叶轮　　　　　B. 风扇　　　　　C. 壳体　　　　　D. 水封
2. 节温器中使阀门开闭的部件是（　　）。
　A. 阀座　　　　　B. 石蜡感应体　　C. 支架　　　　　D. 弹簧
3. 冷却系统中提高冷却液沸点的装置是（　　）。
　A. 水箱盖　　　　B. 散热器　　　　C. 水套　　　　　D. 水泵
4. 水泵泵体上溢水孔的作用是（　　）。
　A. 减小水泵出水口工作压力　　　　B. 减小水泵进水口工作压力
　C. 及时排出向后渗漏的冷却液，保护水泵轴承　　D. 便于检查水封工作情况
5. 如果节温器阀门打不开，发动机将会出现（　　）的现象。
　A. 温升慢　　　　B. 热容量减少　　C. 不能起动　　　D. 怠速不稳定
6. 采用自动补偿封闭式散热器结构的目的是（　　）。
　A. 降低冷却液损耗　　　　　　　　B. 提高冷却液沸点
　C. 防止冷却液温度过高，蒸汽从蒸汽引入管喷出伤人　　D. 加强散热
7. 加注冷却液时，最好选择（　　）。
　A. 井水　　　　　B. 泉水　　　　　C. 雨雪水　　　　D. 蒸馏水
8. 发动机冷却系统中锈蚀物和水垢积存的后果是（　　）。
　A. 发动机温升慢　B. 热容量减少　　C. 发动机过热　　D. 发动机怠速不稳

四、名词解释

1. 水冷却系统

2. 风冷却系统
3. 冷却液大循环

五、简答题

1. 发动机冷却系统的作用是什么？
2. 为什么要调节发动机的冷却强度？水冷却系统的调节装置有哪些？

项目：冷却系统的检修

实训目的：
- 掌握冷却系统重要机件的检修方法。
- 强化对冷却系统相关知识的理解。

实训器材：
桑塔纳 GSI 型轿车发动机拆装实训台、常用工具、专用工具。

实训指导：

1. 风扇传动带的检修

风扇传动带过松，将使水泵、发电机等转速过低，导致发动机过热及蓄电池电压下降；风扇传动带过紧，将使风扇传动带及水泵使用寿命缩短甚至损坏。风扇传动带的松紧度可用以下方法进行检查：在动力转向泵与空调压缩机之间的传动带中部用力向下按，松紧度合适的传动带其偏移量为 6~13mm。如果松紧度不合适，可通过移动发电机或动力转向泵进行调整。

2. 散热器盖密封性的检修

为检查散热器的密封性，可进行散热器盖压力试验：利用转接器，将散热器盖接到冷却系统压力试验仪上，然后打气加压，观察压力表。散热器盖压力阀的卸载压力为 83~110kPa，如果在规定压力范围内保持 30s 以上，则检验合格；否则，应更换散热器盖。

3. 散热器的检修

散热器最常见的故障是渗漏，可通过压力试验检查渗漏，通过焊修处理渗漏。若渗漏处较小（0.3mm 以下的裂纹）还可用水箱堵漏剂直接放入冷却液中，便可自动堵住渗漏部位。

4. 节温器的检修

为检查节温器能否正常工作，可进行如下试验：将节温器悬挂在水中并加热，能正常工作的节温器，在水温升至 90℃时，阀门开始打开；在水温达到 100℃时，阀门完全打开。如果不符合此要求，应予以更换。

模块八 润滑系统

知识目标
- 掌握润滑系统的组成与主要零件的结构。
- 了解润滑系统的工作原理。

能力目标
- 掌握机油泵的检修。
- 掌握机油滤清器的维护。
- 掌握机油的加注方法。

素养目标
- 学习发动机润滑系统,查询资料,提高团队合作意识。

重点与难点
- 润滑系统的润滑路线。
- 润滑系统的检修。

第一节 润滑系统的作用与组成

一、润滑系统的作用

(1) 润滑 将润滑油不断地供给各零件的摩擦表面,形成润滑油膜,以减小零件的摩擦、磨损和发动机的功率消耗。

(2) 清洁 发动机工作时,不可避免地要产生金属磨屑、空气所带入的灰尘及燃烧所产生的固体杂质等。这些颗粒若进入零件的工作表面,就会形成磨料,大大加剧零件的磨损。而润滑系统通过润滑油的流动,将这些磨料从零件表面冲洗下来,带回到曲轴箱,大的颗粒沉到油底壳底部,小的颗粒被机油滤清器滤出,从而起到清洁的作用。

(3) 冷却 由于运动零件的摩擦和混合气的燃烧,使某些零件产生较高的温度。而润滑油流经零件表面时可吸收其热量并将部分热量带回到油底壳散入大气中,可起到冷却作用。

（4）密封　发动机气缸壁与活塞、活塞环与环槽之间间隙中的油膜减少了气体的泄漏，保证气缸的应有压力，起到了密封作用。

（5）防蚀　由于润滑油黏附在零件表面上，避免了零件与水、空气、燃气等的直接接触，起到防止或减轻零件锈蚀和化学腐蚀的作用。

二、发动机的润滑方式

发动机工作时，由于各运动零件的工作条件不同，因而要求的润滑强度和方式也不同。零件表面的润滑，按其供油方式可分为压力润滑和飞溅润滑。现代汽车发动机都采用复合式润滑方式。

（1）压力润滑　利用机油泵，将具有一定压力的润滑油源源不断地送往摩擦表面。例如：曲轴主轴承、连杆轴承及凸轮轴轴承等处承受的载荷及相对运动速度较大，需要以一定压力将机油输送到摩擦面的间隙中，才能形成油膜以保证润滑。这种润滑方式称为压力润滑。

（2）飞溅润滑　利用发动机工作时运动零件飞溅起来的油滴或油雾来润滑摩擦表面的润滑方式称为飞溅润滑。这种润滑方式可使裸露在外面承受载荷较轻的气缸壁、相对滑动速度较小的活塞销以及配气机构的凸轮表面、挺柱等得到润滑。

三、润滑系统的组成

润滑系统一般由机油泵、油底壳、机油滤清器、机油散热器、各种阀、传感器和机油压力表、压力过低指示灯等组成。图8-1所示为桑塔纳轿车发动机润滑系统结构及油路示意图，油底壳内的润滑油经集滤器滤掉粗大的机械杂质后，被机油泵压入机油滤清器后分三路送出：第一路经主油道送入曲轴主轴承分油道，润滑主轴承，经曲轴内油道润滑连杆大端轴承，再经连杆内油道润滑连杆小端轴承后回到油底壳；第二路从主油道进入凸轮轴的轴承后再润滑气门机构，然后流回油底壳；第三路在主油道油压太高或流量太大的情况下，润滑油冲开安全阀，分流回油底壳。

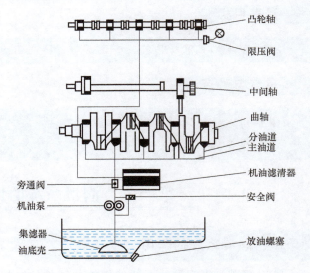

图8-1　桑塔纳轿车发动机润滑系统结构及油路示意图

1. 润滑油储存与输送装置

润滑油储存与输送装置包括油底壳、机油泵、输油管和气缸体与气缸盖上的油道等。其作用是保证润滑油的储存、加压和循环流动。

2. 润滑油滤清装置

润滑油滤清装置包括集滤器、粗滤器和细滤器（现代轿车一般装用复合式滤清器）等。作用是滤除润滑油中的金属磨屑、机械杂质等，防止堵塞油道和油管。

3. 润滑油冷却装置

一些热负荷较高的发动机设有机油散热器，以加强润滑油的冷却，确保润滑油在最佳温度范围（70~90℃）内工作。

4. 安全和限压装置

设在机油泵或主油道上的限压阀、粗滤器或细滤器上的旁通阀，可以限制润滑系统中的最高油压，保证润滑系统工作时有足够的润滑油油量。

5. 润滑系统工作检查装置

润滑系统工作检查装置包括机油压力表、油温表、机油标尺和机油压力过低指示灯等，以便驾驶人能随时掌握润滑系统的工作情况。

第二节　润滑系统的主要部件

润滑系统的主要部件有机油泵、机油滤清器、各种阀、机油散热器及检视设备。

一、机油泵

机油泵的作用是提高机油压力，保证机油在润滑系统内不断循环。

1. 齿轮式机油泵

齿轮式机油泵分为外齿轮式机油泵和内齿轮式机油泵。

（1）外齿轮式机油泵　如图8-2所示，外齿轮式机油泵主要由泵体、泵盖、主动齿轮、从动齿轮、限压阀、齿轮轴等零件组成。

如图8-3所示，当发动机工作时，机油泵主动齿轮由经凸轮轴上的螺旋齿轮驱动的主动齿轮轴带动旋转，并带动从动齿轮按图示方向旋转；在油泵进油口处产生真空度，机油从进油口被吸入，随着齿轮的转动，沿齿轮与泵壳之间的空间被轮齿带到油泵出油口处，压入机油滤清器或主油道，当机油泵出油压力超过规定的供油压力时，限压阀被打开；这时一部分机油经限压阀流回油底壳，从而保持一定的供油压力。

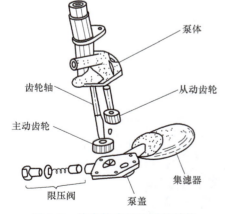

图8-2　外齿轮式机油泵的结构

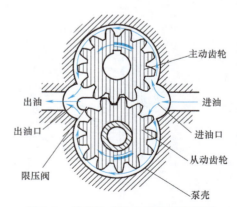

图8-3　外齿轮式机油泵的工作原理

外齿轮式机油泵结构简单，机械加工方便，且工作可靠，使用寿命长，能产生较高的供油压力。

（2）内齿轮式机油泵　如图8-4所示，内齿轮式机油泵主要由主动齿轮、从动齿轮、限压阀、泵盖和泵壳等零件组成。

汽车构造与电气系统

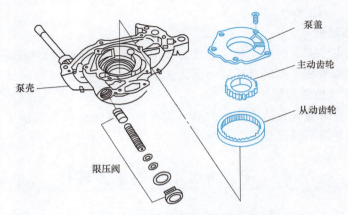

图 8-4 内齿轮式机油泵的结构

内齿轮式机油泵的工作原理如图 8-5 所示。当发动机工作时，主动齿轮随驱动轴一起转动，并带动从动齿轮以相同的方向旋转。内、外齿轮在转到进油口处时开始逐渐脱离啮合，并沿旋转方向两者形成的空间逐渐增大，产生一定的真空度，将油从油泵进节气门吸入。随着齿轮的继续旋转，月牙块将内、外齿轮隔开，齿轮旋转时把齿间所存的油带往出油口。在靠近出油口处，内、外齿轮间的空间逐渐减小，油压升高，油从油泵出油口送往发动机油道中，内、外齿轮重新啮合。

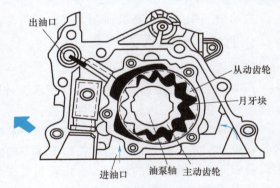

图 8-5 内齿轮式机油泵的工作原理

2. 转子式机油泵

转子式机油泵也称为偏心内啮合转子式机油泵，其结构如图 8-6 所示。转子式机油泵主

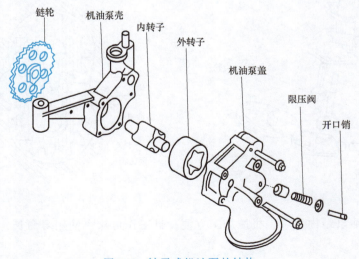

图 8-6 转子式机油泵的结构

要由泵盖、泵壳、内转子、外转子和限压阀等零件组成。

转子式机油泵的工作原理如图8-7所示。主动的内转子和从动的外转子都装在油泵壳体内。内转子固定在主动轴上，外转子在油泵壳体内可自由转动，两者之间有一定的偏心距。当内转子旋转时，带动外转子旋转。转子齿形齿廓设计使转子转到任何角度时内、外转子每个齿总能互相成点接触。这样内、外转子间便形成4个工作腔。由于内转子的速度大于外转子，所以外转子总是慢于内转子，形成了容积的变化。当某一工作腔从进油孔转过时，容积增大，产生真空；机油便经进油口吸入。转子继续旋转，当该工作腔与出油孔相通时，容积减小，油压升高，机油经出油孔压出。

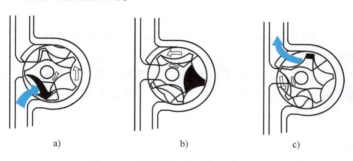

图8-7 转子式机油泵的工作原理
a) 吸进机油　b) 输送机油　c) 压送机油

转子式机油泵结构紧凑，吸油真空度较高，泵油量较大且均匀。当机油泵装在曲轴箱外且位置较高时，用此种机油泵较合适。

为使机油泵的供油量在任何困难的工作条件下都能大于润滑系统需要的循环油量，以保证润滑的可靠，一般机油泵的实际供油量比润滑系统的循环油量大2~3倍。机油泵供给的多余机油通过润滑系统中的限压阀直接流回油底壳。

二、机油滤清器

1. 机油滤清器的作用

机油滤清器的作用是使循环流动的机油在送往运动零件表面之前，滤去机油中的金属屑、大气中的灰尘及燃料燃烧不完全所产生的颗粒。

2. 机油滤清器的分类

机油滤清器根据滤清效果不同可以分为集滤器、粗滤器、细滤器、复合式滤清器。

（1）集滤器　机油集滤器一般采用金属网式结构，装在机油泵进油口之前，用来滤除润滑油中较大颗粒的杂质。目前汽车发动机所用的集滤器有浮式和固定式两种。

浮式集滤器的结构如图8-8所示。它由浮子、滤网、罩、固定管和焊接在浮子上的吸油管等零件组成。固定管固装在机油泵吸油口端，吸油口活套在固定管中，使中空的浮子能随油面自由升降。浮子下面装有自由滤网，其中央有一个环口，因滤网有一定的弹性，使环口紧压在罩上。罩的边缘有

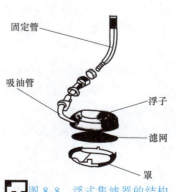

图8-8 浮式集滤器的结构

缺口，与浮子装合后形成狭缝。

机油泵工作时，润滑油从罩与浮子间的狭缝被吸入，经过滤网滤除较大的杂质后，通过吸油管进入机油泵。当滤网被油污堵塞时，滤网上方的真空度增大，并克服滤网的弹力，使滤网上升离开罩，此时润滑油不经过滤网过滤，直接从滤网中央的环口进入吸油管内，以保证润滑系的供油不会中断。

浮式集滤器能吸入油面上较清洁的润滑油，但油面上的泡沫也容易被吸入机油泵，使润滑油的压力降低，导致润滑的可靠性下降。

固定式集滤器结构简单，装在油面下，其吸入的润滑油清洁度稍逊于浮式滤清器，但可防止泡沫吸入，保证润滑的可靠。现代汽车发动机广泛采用固定式集滤器。

（2）机油细滤器　机油细滤器用于收集润滑系统循环油中的各种异物，如金属屑、机油中的胶质和落到机油中的积炭。

机油细滤器有多种形式，但以纸质滤清器使用最为广泛。纸质滤清器的滤芯是用微孔滤纸制成的，为了增大过滤面积，微孔滤纸一般都折叠成扇形和波纹形。

小　　结

本章重点介绍了发动机润滑系统的功用、组成、工作原理，以及重要零部件的结构与工作原理，及机油泵的维修、机油滤清器的维护。

同步测试

一、填空题

1. 润滑系统的作用包括_____、_____、_____、_____和_____。
2. 发动机的润滑方式包括_____、_____。
3. 润滑系统一般由_____、_____、_____、_____、各种阀、传感器和机油压力表、压力过低指示灯等组成。
4. 内齿轮式机油泵主要由_____、_____、泵盖和泵壳等零件组成。
5. 转子式机油泵主要由_____、_____、_____、_____、油泵轴和限压阀等零件组成。

二、判断题

1. 润滑系统的油路是：集滤器→机油泵→粗滤器→细滤器→主油道→润滑机件。（　　）
2. 对负荷大、相对运动速度高的摩擦面均采用压力润滑，所以活塞与气缸壁之间一般也采用压力润滑。（　　）
3. 润滑系统中旁通阀一般安装在粗滤器中，其功用是限制主油道的最高压力。（　　）
4. 细滤器能过滤掉很小的杂质和胶质，所以经过细滤器过滤的润滑油应直接流向机件的润滑表面。（　　）

5. 主轴承、连杆轴承间隙过大会造成油压过低。　　　　　　　　（　　）
6. 润滑油路中机油压力越高越好。　　　　　　　　　　　　　（　　）
7. 机油变黑说明机油已经变质。　　　　　　　　　　　　　　（　　）
8. 气缸磨损过大会造成机油消耗过多。　　　　　　　　　　　（　　）

三、简答题

1. 阐述液体润滑原理。
2. 润滑系统由哪些部件组成？
3. 一般润滑油路中有哪几种机油滤清器？它们应该串联还是并联？为什么？

同 步 训 练

项目：机油的加注

实训目的：
- 掌握润滑系统的组成。
- 掌握机油的加注方法及注意事项。

实训器材：

实训车辆、常用工具、专用工具。

实训指导：

1. 机油油量的检查

1）将汽车停放在平坦的地面上，并选择在发动机起动前或停机片刻后进行。

2）拔出机油尺，用洁净软布拭去机油尺上面黏附的机油，再次插入油底壳。

3）拔出机油尺，观察机油尺上的机油黏附高度。机油尺上有两条刻线，上线 F 表示最多量、下线 L 表示最少量，机油油迹线处于上、下两线中间时，说明油量适当。

2. 机油的更换

1）将汽车停放在平坦的地面上，起动发动机。

2）拧下油底壳放油螺塞，趁热放出机油。

3）清洗或更换机油滤清器。

4）拧紧油底壳放油螺塞。

5）按规定油量从注油口把新机油加入曲轴箱中。

6）用机油尺检查曲轴箱机油液面，应符合规定高度。

模块九 电源系统

知识目标

- 掌握蓄电池的组成。
- 了解蓄电池的工作原理。
- 掌握发电机的组成。
- 了解发电机的工作原理。

能力目标

- 掌握蓄电池端电压的测量及维护方法。
- 掌握发电机常见故障的检修方法。

素养目标

- 学习汽车电源系统,查询资料了解宁德时代等新能源企业,增强民族自豪感。

重点与难点

- 蓄电池的结构及工作原理。
- 发电机的检测与维修。

第一节 蓄电池

一、蓄电池的作用

蓄电池是一种可逆直流电源,在汽车上与发电机并联组成电源系统,向用电设备供电。蓄电池的作用是:

1) 汽车发动机起动时,向起动系统和点火系统及其他相关系统供电。
2) 当发电机不发电或电压较低时向用电设备供电。
3) 发电机过载时,协助发电机向用电设备供电。
4) 发动机正常运转时,发电机向蓄电池充电。
5) 稳定电压。蓄电池相当于一个大的电容器,可吸收电路中的瞬时过电压,从而保护电子元件不被击穿。

　　汽车用的蓄电池是起动型蓄电池，满足起动发动机的需要，5~10s 内向起动机提供强大的电流，一般汽油机为 200~600A，有些柴油机高达 1000A。

　　铅酸蓄电池结构简单，价格低廉，同时其内阻小，起动性能好，因此在汽车上得到广泛的应用。车用铅酸蓄电池按其结构特点不同，可分为普通型、干荷型、免维护型和胶体型铅酸蓄电池。本节主要介绍汽车用起动型铅酸蓄电池的检修及维护。

二、蓄电池的结构与型号

1. 蓄电池的结构

　　蓄电池的结构如图 9-1 所示，一般由 3 个或 6 个单格电池串联而成。每个单格由极板、隔板、电解液和外壳等组成。每个单格的标称电压为 2V。标称电压通常指开路输出电压，也就是不接任何负载、没有电流输出时的电压。因此可认为标称电压是该电源的输出电压上限。

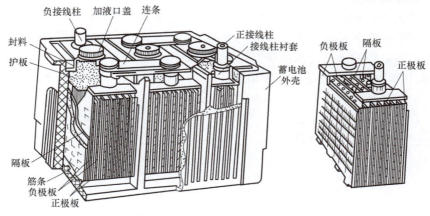

图 9-1　蓄电池的结构

　　（1）极板　极板是蓄电池的基本部件，由它接收输入的电能和向外释放电能。极板的活性物质与电解液反应，完成蓄电池的充放电化学反应。

　　蓄电池的极板分为正极板和负极板，它们都是由栅架和涂在栅架上的活性物质构成的，正、负极板的外形相同。

　　极板闸架由铅锑合金浇铸而成，加锑是为了改善浇铸性能和提高机械强度。

　　正极板的活性物质是棕红色的二氧化铅（PbO_2），负极板的活性物质是青灰色的海绵状纯铅（Pb）。为了使电解液能顺利渗入极板内部，极板的活性物质应具有多孔性。

　　将正、负极板各一片浸入电解液内，可获得约 2.1V 的电动势。为了增大蓄电池的容量，在单格电池中，将多片正、负极板分别焊接成正、负极板组，然后将正、负极板组交错装插在一起，形成单格电池的极板组。在一个单格内负极板总是比正极板多一片，这样可以使正极板两面都处于负极板之间，正极板放电均匀，避免了极板拱曲造成活性物质脱落。

　　（2）隔板　隔板安装在正、负极板之间，其作用是使正、负极板尽量靠近却不会接触短路，以缩小蓄电池的体积，防止极板变形及活性物质脱落。

　　隔板多采用微孔塑料、橡胶、纸质及玻璃纤维等材料制成。隔板材料具有多孔性，便于电解液渗透，还具有耐酸、绝缘、抗氧化等性能。隔板通常一面带有沟槽（或玻璃纤维），安装时，应将带沟槽面朝向正极板，并使沟槽竖直放置。

（3）电解液　电解液是由相对密度为 1.84 的纯硫酸（H_2SO_4）和蒸馏水（H_2O）配制而成的，相对密度一般为 1.24~1.31。

（4）外壳　蓄电池外壳为整体式结构，极板、隔板和电解液均装入外壳内，外壳应耐酸、耐热、耐寒、耐振。外壳的材料有硬质橡胶和聚丙烯塑料两种，由于聚丙烯材料的外壳轻，美观透明，且综合性能好，现已取代了传统的硬橡胶外壳。外壳被间壁分为 3 个或 6 个互相分离的小格子，底部有凸起的肋条支承极板组，肋条之间的空间用来盛放极板脱落的活性物质，以防极板短路。

（5）连条　连条的作用是将各单格电池串联起来。传统蓄电池的连条是外露式的，用铅锑合金铸造而成，耗材较多、电阻较大，已逐渐被穿壁式或跨接式取代。

（6）极柱　极柱有锥台形和 L 形等形式。为便于识别，在极柱的上方或旁边标刻有"+"（或 P）"-"（或 N）标记，或者在正极柱上涂红色油漆。

2. 蓄电池的规格型号

根据 JB/T 2599—2012《铅酸蓄电池名称、型号编制与命名办法》规定，蓄电池型号由三部分组成：第一部分为串联的单体蓄电池数；第二部分为蓄电池用途、结构特征代号（表 9-1、表 9-2）；第三部分为标准规定的额定容量（单位为 A·h）。

示例：6 个单体串联的额定容量为 100A·h 的干式荷电起动型蓄电池的型号命名为 6-QA-100。

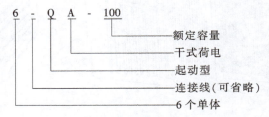

表 9-1　用途代号

序号	蓄电池用途	代号	序号	蓄电池用途	代号
1	起动型	Q	7	船舶用	C
2	固定型	G	8	储能用	CN
3	牵引(电力机车)用	D	9	电动道路车用	EV
4	内燃机车用	N	10	电动助力车用	DZ
5	铁路客车用	T	11	煤矿特殊	MT
6	摩托车用	M			

表 9-2　结构特征代号

序号	蓄电池结构特征	代号	序号	蓄电池结构特征	代号
1	密封式	M	6	排气式	P
2	免维护	W	7	胶体式	J
3	干式荷电	A	8	卷绕式	JR
4	湿式荷电	H	9	阀控式	F
5	微型阀控式	WF			

三、蓄电池的工作特性

1. 蓄电池的工作原理

根据双极硫酸盐化理论，蓄电池中参与化学反应的物质，正极板上的物质是 PbO_2，负极板上的物质是 Pb，电解液是 H_2SO_4 的水溶液。

蓄电池的放电过程是化学能转变为电能的过程。蓄电池放电时，正极板上的 PbO_2 和负极板上的 Pb 都变成 $PbSO_4$，电解液中的 H_2SO_4 减少，H_2O 增加，电解液密度下降；同时，生成的 $PbSO_4$ 附着在正、负极板上，减小了正、负极板与电解液的有效接触面积，降低放电效果。放电过程总的电化学反应为

$$PbO_2 + 2H_2SO_4 + Pb \longrightarrow 2PbSO_4 + 2H_2O$$

蓄电池的充电过程是将电能转变为化学能的过程。蓄电池充电时，则按与放电过程相反的方向变化，正极板上的 $PbSO_4$ 恢复成 PbO_2，负极板上的 $PbSO_4$ 恢复成 Pb，电解液中的 H_2SO_4 增加，H_2O 减少，密度增大。充电过程总的电化学反应为

$$2PbSO_4 + 2H_2O \longrightarrow PbO_2 + 2H_2SO_4 + Pb$$

2. 蓄电池的容量

蓄电池的容量标志着蓄电池对外供电的能力。一个完全充足电的蓄电池，在允许的放电范围内输出的电量称为蓄电池的容量。

$$C = I_f t_f$$

式中　　C——蓄电池的容量（A·h）；

I_f——放电电流（A）；

t_f——放电时间（h）。

蓄电池的容量与放电电流的大小以及电解液的温度有关，蓄电池出厂时规定的额定容量是在一定的放电电流、一定的终止电压和一定的电解液温度下测得的。其标称容量有以下两种：

（1）20h 放电率额定容量　指充足电的蓄电池在电解液温度为 25℃ 时，以 20h 的放电率放电至单格电压降到 1.75V 时输出的电量。

（2）起动容量　表示蓄电池在发动机起动时的供电能力，用倍率和持续时间来表示。起动容量有两种规定：常温起动容量和低温起动容量。

1）常温起动容量。常温起动容量为电解液初始温度为 25℃ 时，以 5min 放电率的电流放电时，放电 5min 至单格电池电压降至 1.5V 时输出的电量。5min 放电率的电流数值约为其额定容量的 3 倍。

2）低温起动容量。低温起动容量为电解液温度为 -18℃ 时，以 5min 放电率的电流放电，放电 2.5min 至单格电压降至 1V 时输出的电量。

3. 蓄电池的充、放电特性

（1）蓄电池的充电特性　蓄电池的充电特性指在恒流充电过程中，蓄电池的端电压 U、电动势 E 和电解液的密度 ρ 随时间变化的规律。

在充电过程中，由于电流恒定，所以单位时间内生成的硫酸的量是一定的，电解液密

度、静止电动势与充电时间成直线关系增长，端电压也不断上升，并总大于电动势。

充电开始阶段，电动势和端电压迅速上升，然后缓慢上升到 2.3~2.4V，开始产生气泡，接着电压急剧上升到 2.7V 并不再上升，电解液呈现"沸腾"状态，这就是充电终了。如果此时切断电流，电压将迅速降低到静止电动势的数值。

端电压如此变化的原因是：刚开始充电时，在极板孔隙表层中，首先形成硫酸，使孔隙中电解液的密度增大，所以电动势和端电压迅速上升。当继续充电至孔隙中产生硫酸的速度和向外扩散速度达到平衡时，端电压和电动势随着整个容器内电解液密度增大而缓慢上升。当端电压达到 2.3~2.4V 时，极板上可能参加变化的活性物质大多恢复为 PbO_2 和 Pb，若继续通电，便使电解液中的水分解，产生 H_2 和 O_2，以气泡形式放出，形成"沸腾"现象。因为氢离子在极板处与电子的结合不是瞬时的而是缓慢的，于是在靠近负极板处就积存了大量的正氢离子 H^+，使溶液和极板产生附加电位差（0.33V），因而端电压急剧上升到 2.7V 左右，此时应切断电路，停止充电，否则不但不能增加蓄电池的电量，反而会损坏极板。

由此可知，蓄电池的充电终了特征是：

1) 蓄电池内产生大量气泡，形成"沸腾"现象。
2) 电解液密度和端电压上升到最大值，且 2~3h 内不再增加。

图 9-2 所示为 3-QA-75 型蓄电池以 9.5A 电流充电时的特性曲线。

（2）蓄电池的放电特性　蓄电池的放电特性指恒流放电时，蓄电池的端电压 U、电动势 E 和电解液密度 ρ 随时间变化的规律。

放电过程中，电流恒定，单位时间内所消耗的硫酸的量是一定的，所以电解液的相对密度 $\rho_{25℃}$ 沿直线下降，一般 $\rho_{25℃}$ 每下降 0.028~0.030，蓄电池放电约 25%。因静止电动势 E_0 与 $\rho_{25℃}$ 成正比，所以 E 也是沿直线下降。

在放电过程中，由于蓄电池内阻 R 的影响，蓄电池的端电压总低于其电动势。在放电开始时，蓄电池的端电压从 2.1V 迅速下降，这是因为放电之初极板孔隙内的 H_2SO_4 迅速消耗，密度迅速下降的缘故。随着极板孔隙外的电解液向极板孔隙内渗透的速度加快，当其渗透的速度与化学反应速度达到相对平衡时，极板孔隙内的电解液密度的变化速率趋于一致，端电压将随整个容器内的电解液密度降低而缓慢下降到 1.85V。随后端电压迅速降低到 1.75V，此时应立即停止放电，并称此电压值为单格电池的终止电压。若继续放电，端电压会急剧下降，这是因为放电终了时，化学反应深入到极板的内层，并且放电过程中生成的 $PbSO_4$ 较原来的活性物质体积大且积聚在孔隙内，从而使孔隙变小，电解液渗透困难，由此造成极板孔隙内电解液密度迅速下降，端电压随之急剧下降。继续放电则为过放电。过度放电对蓄电池极为有害，极板孔隙中生成粗结晶硫酸铅，充电时不易还原，即造成极板硫化，严重影响蓄电池的使用寿命，并导致蓄电池的使用寿命下降。

放电停止后，由于电解液渗透的结果，使孔隙内、外的电解液密度趋于一致，蓄电池单格电池电动势回升到 1.95V。蓄电池放电终了的特征是：

1) 单格电池电压下降致放电终止电压，以 20h 放电率放电，单格电池电压降至 1.75V。
2) 电解液密度下降至最小的许可值，大约为 $1.11g/cm^3$。

允许的放电终止电压与放电电流强度有关，放电电流强度越大，则放完电的时间越短，而允许的放电终止电压越低。

3-QA-75 型蓄电池以 5.25A 电流放电时的放电特性如图 9-3 所示。

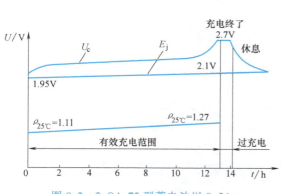

图9-2 3-QA-75型蓄电池以9.5A
电流充电时的充电特性

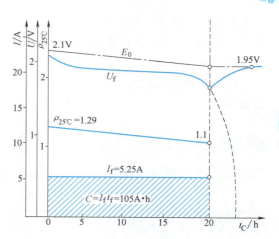

图9-3 3-QA-75型蓄电池以5.25A
电流放电时的放电特性

第二节 发 电 机

一、交流发电机的结构与类型

1. 交流发电机的功用

发电机是汽车电源系统的主电源，在汽车正常运行时，它除了向起动机之外的全部用电设备供电外，还可为蓄电池充电。

由于现代汽车的各种功能越来越完善，自动化程度越来越高，导致用电设备的数量越来越多。因此，要求发电机有较大的输出功率。传统的换向器换向式的直流发电机因发电量较小等众多原因，近年来已基本被交流发电机取代。

汽车上所用的交流发电机大多为三相交流发电机，主要由三相同步交流发电机和6只硅二极管组成，所以又称为硅整流交流发电机，简称交流发电机。因其具有体积小、重量轻、比功率大、低速充电性能好、维修方便等优点，所以在汽车上被广泛应用。

2. 交流发电机的类型与型号

按照交流发电机总体结构，交流发电机可分为普通型交流发电机、整体式交流发电机、带泵交流发电机、无刷交流发电机和永磁交流发电机等类型。

根据我国汽车行业标准QC/T 73—1993《汽车电气设备产品型号编制方法》的规定，汽车硅整流发电机的型号组成如下：

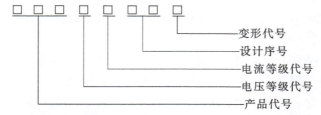

（1）产品代号　硅整流发电机的产品代号有JF、JFZ、JFB和JFW四种，分别表示硅整

流发电机、整体式硅整流发电机、带泵硅整流发电机和无刷硅整流发电机（字母"J""F""Z""B"和"W"分别为汉字"交""发""整""泵"和"无"的汉语拼音第一个大写字母）。

（2）电压等级代号和电流等级代号　分别用1位阿拉伯数字表示，其含义分别见表9-3和表9-4。

表9-3　电压等级代号

电压等级代号	1	2	3	4	5	6
电压/V	12	24	—	—	—	6

表9-4　电流等级代号

电流等级代号	1	2	3	4	5	6	7	8	9
电流/A	≤19	20~29	30~39	40~49	50~59	60~69	70~79	80~89	≥90

（3）设计序号　按产品设计先后顺序，由1~2位阿拉伯数字组成。

（4）变形代号　硅整流发电机以调整臂位置作为变形代号。从驱动端看，在中间时不加标记；在右边时用Y表示；在左边时用Z表示。

例如：桑塔纳、奥迪100型轿车用JFZ1913Z型硅整流发电机，含义是电压等级为12V、电流等级为≥90A，第13次设计，调整臂在左边的整体式硅整流发电机。

3. 交流发电机的结构

汽车用交流发电机主要由转子、定子、整流器及前、后端盖等组成。JFL32型交流发电机的组成部件如图9-4所示。

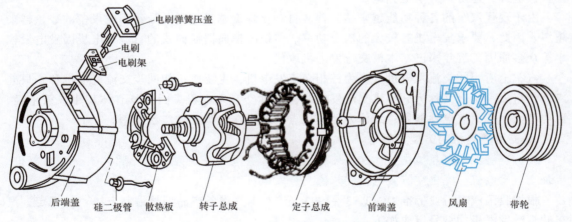

图9-4　JFL32型交流发电机的组成部件

（1）转子　转子是交流发电机的磁场部分，主要由爪极、磁场绕组、集电环等组成，其结构如图9-5所示。

两爪极压装在转子轴上，内腔装有磁轭，磁轭上绕有磁场绕组，绕组两端的引线分别焊在与转子轴绝缘的两个集电环上。两个电刷装在与端盖绝缘的电刷架内，通过弹簧使电刷与集电环保持接触。当发电机工作时，两电刷与直流电源连通，为磁场绕组提供定向电流并产生轴向磁通，使两块爪极分别磁化为N极和S极，从而形成犬牙交错的磁极对并沿圆周方

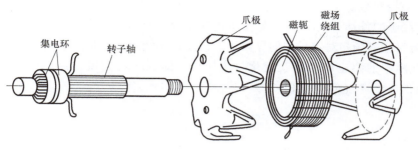

图 9-5 交流发电机的转子

向均匀分布。磁极对数可为 4 对、5 对和 6 对，我国设计的交流发电机的磁极对数多为 6 对。爪极凸缘的外形呈鸟嘴形，当发电机工作时，可在定子铁心内部形成近似正弦变化的交变磁场。

（2）定子　定子又称电枢，由定子铁心和定子绕组组成。定子铁心由一组相互绝缘且内圆带有嵌线槽的环状硅钢片叠制而成，定子槽内嵌有三相对称绕组。

三相绕组的连接方法有星形接法（又称丫接法）和三角形接法（又称△接法）两种。丫接法是将三相绕组的 3 个末端 X、Y、Z 接在一起，将三相绕组的首端 A、B、C 作为交流发电机的交流输出端，如图 9-6a 所示。而△接法则是将每相绕组的首端和另一相绕组的末端依次相连接，因而有 3 个接点，这 3 个接点即为交流发电机的交流输出端，如图 9-6b 所示。汽车用交流发电机

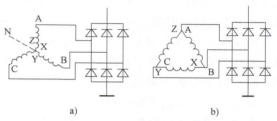

图 9-6　交流发电机定子及定子绕组的连接方法
a）丫形接法　b）△形接法

大多采用丫形接法，美国通用汽车公司等的交流发电机采用△接法。

为了在三相绕组中产生大小相等、频率相同且相位相差 120°的对称电动势，三相绕组的绕法应遵循以下原则：

1）每相绕组的线圈个数及每个线圈的匝数须完全相等。

以 JF11 交流发电机为例，定子总槽数 Z 为 36，每相绕组占用的槽数应为 12。因采用单层集中绕法，即每个槽内放置 1 个有效边，每 1 个线圈放置在两个槽中，故每相绕组是由 6 组线圈串联而成的，若每个线圈有 13 匝，则每相绕组共有 78 匝。

2）每个线圈的齿距须相等。

齿距 y_1 和极距 y_p 是两个重要的结构参数。y_1 在数据上等于线圈的两个有效边之间的定子槽数，而相邻异性磁极中心线之间的定子槽数称为极距 y_p。

要使线圈内能产生最大的感应电动势，线圈的两个有效边应分别置于异性磁极下面，当每个线圈的节距 y_1 相等并等于极距 y_p 时，便可满足上述条件获得最大感应电动势。极距 y_p 可通过公式计算，即

$$y_1 = y_p = \frac{Z}{2P}$$

式中　Z——定子铁心的总槽数；

P——磁极对数。

3）三相绕组的首端 A、B、C 在定子槽内的排列须间隔 120°电角度。

转子旋转时，磁场相对定子中的导体运动，在定子绕组中产生感应电动势，且每转过一对磁极时，线圈中的感应电动势就变化一个周期，即 360°电角度，由此计算（$P = 6$，$Z = 36$），每个槽的电角度（θ）为 60°：

$$\theta = \frac{360° \times P}{Z} = \frac{360° \times 6}{36} = 60°$$

（3）整流器　整流器的作用是将定子绕组产生的三相交流电转换为直流电，并可阻止蓄电池电流向发电机倒流。

6 只硅整流二极管的安装和电路符号如图 9-7 所示，硅整流二极管通常直接压装在散热板或发电机后端盖上。其中压装在散热板上的 3 只硅整流二极管，引线为正极，外壳为负极，称为"正极管"，引线端一般涂有红色标记；压装在后端盖上的 3 只硅整流二极管，引线为负极，外壳为正极，称为"负极管"，引线端一般涂有黑色标记。新型的交流发电机将 6 只硅整流二极管分别压装在不同的散热板上。

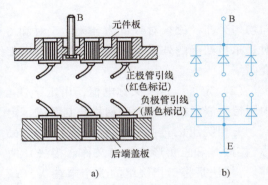

图 9-7　6 只硅整流二极管的安装和电路符号
a）硅整流二极管的安装　b）硅整流二极管的电路符号

为便于散热，散热板通常用铝合金制成，它与后端盖用绝缘材料垫片隔开，固定在后端盖上，用螺栓引至后端盖外部作为发电机的电源输出端，并在后端盖上铸有标记"B"或"+""A""电枢"。

（4）端盖与电刷总成　前、后端盖均由铝合金压铸或用砂模铸造而成。铝合金为非导磁材料，可减少漏磁并具有轻便、散热性能良好等优点。为了提高轴承孔的机械强度，增加其耐磨性，有的发电机端盖的轴承座内镶有钢套。

后端盖上装有电刷架，它用酚醛塑料或玻璃纤维增强尼龙制成。两个电刷分别装在电刷架的孔内，借弹簧压力与集电环保持接触。国产交流发电机的电刷架有两种结构形式：一种是电刷架可直接从电动机外部进行拆装的，如图 9-8a 所示；另一种不能直接在电动机外部进行拆装，如图 9-8b 所示，若需更换电刷，必须将发电机拆开，故这种结构的电刷将逐渐被淘汰。

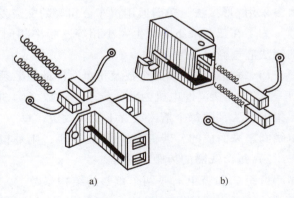

图 9-8　电刷架的结构
a）能从外部拆除的电刷架　b）不能从外部拆除的电刷架

发电机的前端装有带轮，其后面装有叶片式风扇，前、后端盖上分别有出风口和进风口。当发动机的曲轴驱动带轮旋转时，可使空气高速流经发电机内部进行冷却。

二、交流发电机的工作原理及特性

1. 交流发电机的工作原理

(1) 发电原理 交流发电机的工作原理如图9-9所示。三相定子绕组按一定规律分布在发电机的定子槽中,彼此相差120°电角度。三相绕组的末端连在一起,成星形联结。

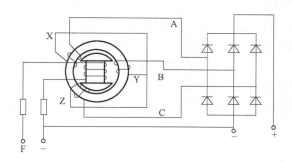

图 9-9 交流发电机的工作原理

当转子旋转时,定子绕组与磁力线之间产生相对运动,在三相绕组中产生频率相同、幅值相等、相位相差120°电角度的三相正弦交流电动势,其波形如图9-10所示。

每相电动势的有效值为

$$E_\phi = 4.44 K f N \phi$$

式中 E_ϕ——每相电动势的有效值(V);
  K——定子绕组系数,一般小于1;
  f——感应电动势的频率(Hz),$f = Pn/60$(P为磁极对数,n为转速);
  N——每相绕组的匝数;
  ϕ——每极磁通(Wb)。

(2) 整流原理 交流发电机定子绕组产生的交流电,通过硅整流二极管组成的整流电路转变为直流电。二极管具有单向导电性,当二极管加上正向电压时,二极管导通,呈现低阻状态;当二极管加上反向电压时,二极管截止,呈现高阻状态。利用二极管的单向导电性,即可把交流电转变成直流电。

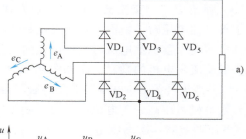

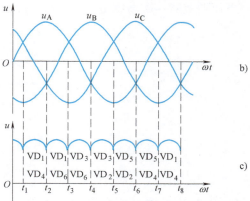

图 9-10 三相桥式整流电路中的电压、电流波形
a) 电路 b) 三相交流电动势
c) 整流后的交流发电机输出电压波形

交流发电机的整流装置实际上是一个由6只硅整流二极管组成的三相桥式整流电路。由硅二极管单向导电特性,可推出以下两点结论:

1) 当二极管的外加电压为正向电压时,二极管呈低阻抗,处于"导通"状态。

2) 当外加电压为反向电压时，二极管呈高阻抗，处于"截止"状态。

由此得出，在某一时刻，总是正极电位最高和负极电位最低的一对二极管导通。其整流过程如下：

当 $t=0$ 时，C 相电位最高、B 相电位最低，所对应的二极管 VD_5、VD_4 均处于正向导通。电流从绕组 C 出发，经 $VD_5 \rightarrow$ 负载 RL $\rightarrow VD_4 \rightarrow$ 绕组 B 构成回路。由于二极管的内阻很小，所以此时发电机的输出电压可视为绕组 B、C 之间的线电压。

在 $t_1 \sim t_2$ 时间内，A 相的电位最高，而 B 相电位最低，故对应 VD_1、VD_4 处于正向导通。同理，交流发电机的输出电压可视为绕组 A、B 之间的线电压。

在 $t_2 \sim t_3$ 时间内，A 相电压最高、C 相电压最低，VD_1、VD_6 获得正向电压而导通，A、C 相之间的线电压加在负载 RL 上，形成电流回路。

依此类推，周而复始，在负载上便可获得一个比较平稳的直流脉动电压。交流发电机输出电压的平均值为

$$U_{av} = 2.34 U_\phi$$

式中　U_{av}——输出直流电压平均值（V）；

　　　U_ϕ——发电机相电压有效值（V）。

（3）励磁方式　交流发电机的励磁方式是先他励、后自励。当发电机转速较低、其电压低于蓄电池电压时，由蓄电池向发电机磁场绕组供电输出，为他励方式；当发电机转速升高、其电压高于蓄电池电压时，发电机向自身的磁场绕组供电，为自励方式。

一般交流发电机的励磁电路如图 9-11 所示。当点火开关 S 接通时，励磁电路是：蓄电池"+"→点火开关 S→电压调节器→磁场绕组→蓄电池"-"。

当发电机电压高于蓄电池电压时，励磁电路是：发电机定子绕组→正极二极管→点火开关 S→电压调节器→磁场绕组→发电机"E"端→负极二极管→定子绕组。

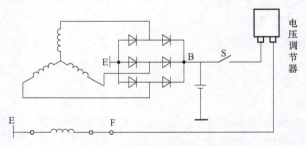

图 9-11　交流发电机的励磁电路

（4）带中性点输出的交流发电机整流原理

1) 中性点抽头。在星形接法的交流发电机中，将三相绕组的中性点用导线引出，称为中性点抽头，如图 9-12 所示。其接线柱的标记为"N"，输出电压用 U_N 表示。由于 U_N 是通过 3 个搭铁的负极管子整流后得

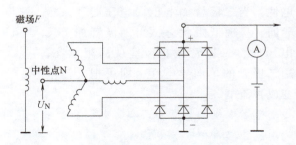

图 9-12　带中性点抽头的交流发电机电路

到的直流电压,即三相半波整流电压,所以其大小为 $U_N = U/2$。该电压一般用来控制各种用途的继电器,如磁场继电器、充电指示灯继电器等。

2) 中性点整流输出。在星形接法的交流发电机中,其中性点 N 不仅具有直流电压(等于发电机直流输出电压的一半),而且还包含有交流电压成分。中性点瞬时电压为三相基波电压整流得到的直流分量和三次谐波交流分量的叠加,三次谐波交流分量与发电机转速有关,转速越高,三次谐波交流分量的瞬时最高值越大,如图 9-13 所示。

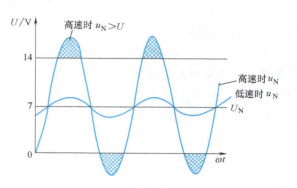

图 9-13　不同转速时中性点电压波形

当发电机转速升高到一定程度时(超过 2000r/min),交流分量的最高瞬时值有可能超过发电机的直流输出电压 U_B(14V),最低瞬时值可能低于搭铁电压(0V)。交流分量中高于发电机直流输出电压 U_B 和低于 0V 时便有可能对外输出。因此,可在中性点和发电机的"B+"端以及与搭铁端"E"之间分别增加一只整流二极管,这两只二极管称为中性点整流二极管。中性点二极管 VD_7 和 VD_8 的连接如图 9-14 所示,其工作原理如下:

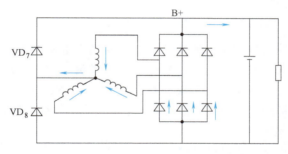

图 9-14　中性点整流输出的基本电路

① 当中性点的瞬时电压高于发电机的输出电压 U_B 时,二极管 VD_7 导通,电流经 VD_7→负载→3 只负极管子中的 1 只后经某一相绕组形成回路。

② 当中性点的瞬时电压低于 0V 时,二极管 VD_8 导通,电流从某一相流出,经该相的正极管→负载→搭铁→VD_8,回到中性点而形成回路。

增加中性点整流输出后,发电机在高速状态下的输出电流和功率可增加 10%~15%。

(5) 带励磁二极管的交流发电机整流原理　为进一步提高发电机的电流输出,增加发电机的输出功率,在交流发电机中增加 3 只正整流管作为励磁二极管。带励磁二极管的交流发电机的基本电路如图 9-15 所示。

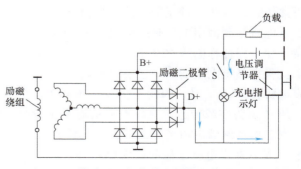

图 9-15　带励磁二极管的交流发电机的基本电路

当发电机处于自励状态时，三相绕组的电流分两路输出，一路作为输出电流通过6支二极管组成的三相全波桥式整流电路通过接线端子"B+"对外输出；另一路通过3支励磁二极管（正二极管）和3支整流负二极管组成的励磁整流电路，作为励磁电流通过接线端子"D+"→电压调节器→磁场绕组，向磁场绕组提供励磁电流。

接线端子"D+"同时接充电指示灯。发动机起动时，点火开关闭合，发电机为他励方式工作，励磁电流经电压调节器至磁场绕组，充电指示灯亮；发动机正常运转时，接线端子"D+"输出14V电压，充电指示灯熄灭。若发电机不工作或工作不良，充电指示灯经电压调节器、磁场绕组形成闭合回路，充电指示灯亮，表明发电机存在故障。

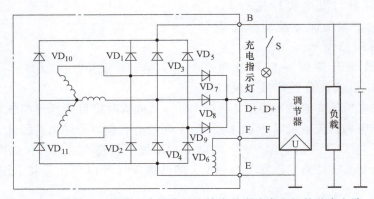

图9-16 带励磁二极管和中性点整流输出的交流发电机的基本电路

带励磁二极管和中性点整流输出的交流发电机的基本电路如图9-16所示。VD_1、VD_2、VD_3、VD_4、VD_5、VD_6 6只整流二极管组成全波桥式整流电路，VD_{10}、VD_{11}组成中性点整流输出电路，VD_2、VD_4、VD_6 3只负二极管和VD_1、VD_3、VD_5 3只正二极管组成励磁整流电路。该种形式的发电机广泛应用在一汽大众、上海大众生产的各种轿车上。

2．交流发电机的工作特性

交流发电机的工作特性指发电机经整流后输出的直流电压U、电流I和转速n之间的关系，包括空载特性、输出特性和外特性。

（1）空载特性　当发电机空载运行时，发电机端电压U和转速n之间的关系，即负载电流$I=0$时，$U=f(n)$的函数关系，称为发电机的空载特性，如图9-17a所示。通过空载特性可以判断发电机低速充电性能的好坏。

（2）输出特性　当发电机输出电压一定时，输出电流I与发电机转速n之间的关系，即U为常数时，$I=f(n)$的函数关系，称为发电机的输出特性，如图9-17b所示。

发电机达到额定电压时的转速称为空载转速n_1。发电机的输出特性曲线表明，端电压保持不变，即标称电压12V电源系统，发电机保持额定电压14V；标称电压24V电源系统，发电机保持额定电压28V。当发电机转速$n>n_1$时，其输出电流随着转速增加而逐渐增大；当发电机转速$n<n_1$时，因发电机端电压低于额定值，不能向外输送电流，只能由蓄电池供电，故称n_1为空载转速。空载转速n_1通常作为选择发电机与发动机传动比的依据。

发电机达到额定功率时的转速称为额定转速n_2，这时发电机的负载电流为额定电流I_N。转速n_2是判断发电机性能的重要指标。

当发电机转速达到一定值后，发电机的输出电流几乎不再继续增加，这说明硅整流发机具有限制最大输出电流的作用。这是由于随着定子绕组中感应电动势的增加,定子绕组的阻抗也随转速的升高而增加;同时定子电流增加时,电枢反应的增强也使感应电动势下降。由于上述原因,使发电机转速达到一定值后,其输出电流几乎不变,即具有限定输出电流的作用,故交流发电机不需设置限流器。

(3) **外特性** 当发电机转速一定时,发电机端电压 U 与输出电流 I 之间的关系,即 n 为常数时,$U=f(I)$ 的函数关系,称为发电机外特性,如图 9-17c 所示。

外特性曲线表明,在一定的转速下,输出电流增加时,发电机端电压有较大幅度的下降,因此,要使输出电压稳定,必须配备电压调节器。另外,在发电机高速运转时,如果突然失去负载,端电压会急剧升高,电气设备中的电子元件将有被击穿的危险。

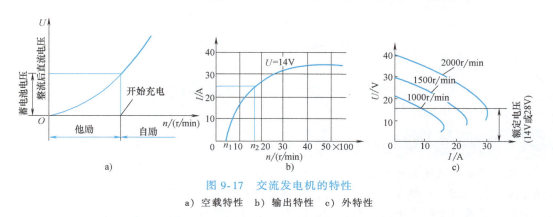

图 9-17 交流发电机的特性
a) 空载特性 b) 输出特性 c) 外特性

三、交流发电机集成电路电压调节器的工作原理

集成电路又称 IC 电路,可根据使用要求,将电路中的若干元件集成在同一基片上,制成一个独立的电子芯片。由于集成电路具有体积小、可靠性高、成本低、适应性强等优点,因而被广泛应用于汽车电子工业。

用集成电路开发的电压调节器体积很小,可方便地安装在发电机内部与发电机组成一个整体,故装有集成电路调节器的交流发电机又称为整体式交流发电机。

集成电路调节器根据发电机的电压信号,利用晶体管的开关特性来控制发电机的磁场电流,达到稳定发电机输出电压的目的。

根据输入电压信号检测点的不同,集成电路调节器的基本电路可分为发电机电压检测法和蓄电池电压检测法。图 9-18a 所示的电路采用发电机电压检测法,图 9-18b 所示的电路采用蓄电池电压检测法。

发电机电压检测法与蓄电池电压检测法的区别在于:前者控制电路所取信号直接来自于发电机的输出端,后者则来自于蓄电池端。

相比而言,采用发电机电压检测法,可省去信号输入线,缺点是当发电机至蓄电池电路上的压降损失较大时,可导致蓄电池的端电压偏低而引起蓄电池充电不足。因此,一般大功率发电机多采用蓄电池电压检测法,使蓄电池的端电压得到保证。但采用蓄电池电压检测法后,当发电机的电压输出线或信号输入线断路时,由于无法检测发电机的工作情况,会造成发电机失控。故在大多数实用电路的设计中,对具体电路做了相应的改进。

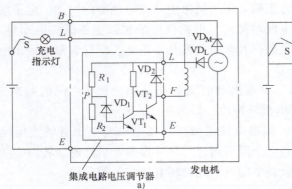
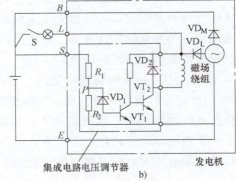

图 9-18 集成电路电压调节器的基本电路
a）发电机电压检测法　b）蓄电池电压检测法

第三节　汽车电源管理系统

一、汽车电源管理系统的简介

汽车电源管理系统对整车的电源系统状态进行监控，对蓄电池、发电机的供电和负载的不同工况进行管理。当整车负载较大时，控制发电机输出功率增大，当发电机功能输出超出负载的需求及蓄电池的充电需求时，控制减少发电机的功率输出。当发电机不工作时，蓄电池电压降低到一定值，限制或禁止某些较大负载的功能，从而降低电流消耗，保证汽车的起动性能。汽车电源管理系统的功用是保证整车静态存放时间，防止蓄电池出现过充电或过放电，从而延长蓄电池的使用寿命，提高车辆的起动性能。

二、汽车电源管理系统的组成

汽车电源管理系统的组成如图 9-19 所示。汽车电源管理系统主要对蓄电池管理、整车静态电流管理和整车动态电源管理 3 方面进行管控。某些中高端车型配备独立电源管理系统，由蓄电池状态监测传感器和电源管理模块组成，两者之间通过 LIN 总线连接。电源管理模块通过 CAN 总线和总线上其他节点进行通信。

图 9-19 汽车电源管理系统

宁德时代——民族品牌

宁德时代新能源科技股份有限公司成立于 2011 年，是国内率先具备国际竞争力的动力蓄电池制造商之一，专注于新能源汽车动力蓄电池系统、储能系统的研发、生产和销售，致力于为全球新能源应用提供一流解决方案。2021 年，公司锂离子蓄电池全球销量第一，市场份额全球第一。

小　　结

发动机起动时,蓄电池向汽车供电;发动机停止运转或怠速时,汽车由蓄电池供电;当汽车出现供电需求超过发电机输出电量时,蓄电池也参与供电。

蓄电池的构造主要包括极板、隔板、电解液和外壳等。蓄电池正极板上的活性物质是二氧化铅,负极板上的活性物质是海绵状纯铅。蓄电池在放电过程中,正、负极板上的活性物质都转变为硫酸铅。

交流发电机由转子、定子、整流器、端盖与电刷总成等部分组成。

交流发电机的特性有空载特性、输出特性和外特性,其中以输出特性最为重要。

同步测试

一、填空题

1. 蓄电池每个单格的电压为_____。汽油发动机汽车起动电压一般为_____V,柴油发动机汽车起动电压一般为_____V。

2. 汽车蓄电池是一种储存电能的装置,一旦连接外部负载或接通充电电路,便开始了它的能量转换过程。在放电过程中,蓄电池中的_____能转变成_____能;在充电过程中,_____能被转变成_____能。

3. 极板是蓄电池的核心部分,它分为_____和_____。

4. 蓄电池是否放电终了,可通过测量其_____和_____来判断。

5. 三相同步发电机主要由_____、_____、_____、_____、风扇与带轮等组成。

6. 定子总成的作用是_____,它由_____和_____组成。

7. 转子总成的作用是_____,它由转子轴、磁轭、_____和_____组成。

8. 压装在散热板上的3只硅整流二极管,引线为正极,外壳为负极,称为_____,引线端一般涂有_____标记;压装在后端盖上的3只硅整流二极管,引线为负极,外壳为正极,称为_____,引线端一般涂有_____标记。

二、判断题

1. 在单格电池中,正极板的数量总比负极板多一片。　　　　　　　　　　(　　)
2. 在放电过程中,正、负极板上的活性物质都转变为硫酸铅。　　　　　　(　　)
3. 蓄电池在放电过程中,电解液相对密度是逐渐升高的。　　　　　　　　(　　)
4. 电解液密度越大,则蓄电池的容量越大。　　　　　　　　　　　　　　(　　)
5. 交流发电机的中性点电压等于发电机直流输出电压的一半。　　　　　　(　　)
6. 交流发电机在正常工作时自励发电。　　　　　　　　　　　　　　　　(　　)
7. 9管整流器比6管整流器增加的3个二极管控制磁场电流。　　　　　　(　　)

8. 汽车用交流发电机在任何转速下都能发电。   (   )
9. 汽车用交流发电机是由一台三相异步交流发电机和一套硅整流器组成的。 (   )
10. 汽车上蓄电池与发电机串联使用。   (   )
11. 蓄电池向发电机供电时，必须通过调节器。   (   )

三、选择题

1. 将同极性极板并联在一起形成极板组的目的是（   ）。
   A. 提高端电压   B. 增大容量   C. 提高电动势
2. 安装隔板时，隔板带沟槽的一面应向着（   ）。
   A. 负极板   B. 正极板   C. 无要求
3. 在充电过程中电解液的密度（   ）。
   A. 加大   B. 减小   C. 不变
4. 铅蓄电池在放电过程中，端电压（   ）。
   A. 上升   B. 不变   C. 下降
5. 随放电电流的加大，蓄电池的容量（   ）。
   A. 加大   B. 不变   C. 减小
6. 无须维护蓄电池是指使用中（   ）。
   A. 根本不需维护   B. 3~4年不必加蒸馏水 C. 3~4个月不必加蒸馏水

四、简答题

1. 蓄电池主要由哪些部分组成？
2. 什么是蓄电池的额定容量？其影响因素有哪些？
3. 交流发电机的工作原理是什么？有何特点？
4. 交流发电机主要组成部件有哪些？其作用如何？

同步训练

项目：交流发电机的检测与维护

实训目的：
- 掌握交流发电机的就车检测及解体后的检测。
- 掌握交流发电机的拆卸与安装。

实训器材：
汽车专用万用表4只、台架发动机4台、工具箱2套。

实训指导：

1. 交流发电机的就车检测

1) 检测发电机充电指示灯。当发电机正常运转时，充电指示灯应熄灭。打开点火开关不起动发动机时，如果仪表板上的充电指示灯没有亮，说明充电存在故障，例如充电指示灯熔丝可能已熔断、指示灯灯泡已损坏。

2) 检查传动带的外观。查看传动带有无裂纹、传动带的磨损状况、带与带轮的啮合状况。

3) 检查传动带的挠度。用 30~50N 的力按下传动带，挠度应为 10~15mm。

4) 检查有无噪声。

5) 检查导线连接情况。"B"接线柱必须加装弹簧垫圈。

6) 检查发电机外部励磁电路。检查有无电压输入。拔出发电机励磁电路的连接插头，用万用表检查针孔有无电压信号。

7) 检查发电机内部励磁电路。检查发电机转子轴有无磁性。用铁质金属体靠近发电机转子轴，如果转子轴将铁质金属体吸引，则说明发电机励磁电路正常工作；若无吸引力，则需分解发电机后进行检测。

8) 发电机电压测试（汽车装有催化式排气净化装置，发动机运转时间不超过 5min）：

① 在发动机停转时，测基准电压（蓄电池电压）。

② 起动发动机，保持在 2000r/min，在不使用电气设备的情况下，测蓄电池电压，应比参考电压略高，不超过 2V。

2. 交流发电机零部件的检测

（1）转子的检测

1) 转子绕组短路与断路的检查：用数字万用表的低电阻档检测两集电环之间的电阻，应符合技术标准。若阻值为∞，则说明断路；若阻值过小，则说明短路。一般阻值为 3.5~6Ω。

2) 转子绕组搭铁检查：即检查转子绕组与铁心（或转子轴）之间的绝缘情况。用万用表导通档检测两个集电环与铁心（或转子轴）之间的导通情况，若为零且万用表发出响声，则说明有搭铁故障，正常应为∞。

3) 集电环的检查：集电环表面应平整光滑，无明显烧损，否则用 0 号砂纸打磨。两个集电环间隙处应无积物。集电环圆度误差应不超过 0.025mm，厚度应不小于 1.5mm。

4) 转子轴检查：用百分表检查轴的弯曲，弯曲度应不超过 0.05mm（径向圆跳动公差不超过 0.1mm），否则应予以校正。爪形磁极在转子轴上应固定牢靠、间距相等。转子轴受径向力较小，弯曲度一般不会超过规定值。

（2）定子的检测

1) 定子绕组短路与断路的检查：用数字万用表的低电阻档位检测定子绕组 3 个接线端，两两相测。正常时，阻值小于 1Ω 且相等。阻值为∞，说明断路；阻值为零，说明短路。

2) 定子绕组搭铁检查：即检查定子绕组与定子铁心间的绝缘情况。用数字万用表导通档检测定子绕组接线端与铁心间的电阻，若电阻过小（表内发出响声），则说明有绝缘不良故障，正常应指示∞。

（3）整流器的检查（主要是整流二极管）

1)检测正极管子:使用数字万用表的导通档位,黑表笔接整流器输出端子,红表笔分别接整流器各接柱,万用表均应导通,否则说明该二极管断路,应更换整流器总成;调换两表笔进行测试,此时万用表均应不导通,否则说明二极管短路,也应更换整流器总成。

2)检测负极管子:使用数字万用表的导通档位,红表笔接整流器负极管的外壳,黑表笔分别接整流器各接柱,万用表均应导通,否则说明该二极管断路,应更换整流器总成;调换两表笔进行测试,此时万用表均应不导通,否则说明二极管短路,也应更换整流器总成。

3)电刷组件的检查:电刷表面不得有油污,且应在电刷架中活动自如,电刷磨损不得超过原长度的 1/2(标准长度为 9.5 mm);当电刷从电刷架中露出 2 mm 时,电刷弹簧力一般为 2~3 N;电刷架应无烧损、破裂或变形。

模块十 起动系统

知识目标

- 掌握起动机的组成。
- 掌握起动机的工作原理。

能力目标

- 能够对起动机进行正确拆装及检修。
- 熟练掌握起动机在发动机上的安装方法。

素养目标

- 学习汽车起动系统,加强对发动机起动系统多样性的认识,了解中国起动机发展现状,树立自强意识。

重点与难点

- 起动系统的组成。
- 起动机的工作原理。

第一节 起动机

一、起动系统的组成和作用

起动系统的基本组成如图10-1所示,主要由蓄电池、点火开关、起动继电器、起动机等组成。起动系统的作用是通过起动机将蓄电池的电能转换为机械能,起动发动机。

二、起动机的结构与工作原理

1. 起动机的组成

电磁啮合式起动机的结构如图10-2所示。起动机一般由直流电动机、传动机构和电磁操纵机构三部分组成,各部分的功用如下:

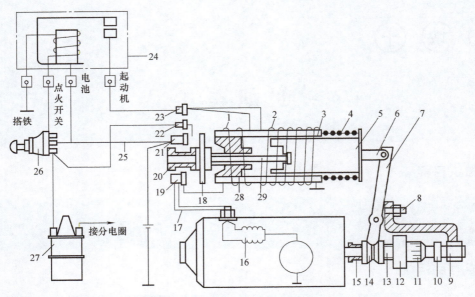

图 10-1 起动系统的基本组成

1—吸引线圈 2—保持线圈 3—套筒 4—引铁复位弹簧 5—引铁 6—耳环 7—拨叉
8—拨叉限位螺钉 9—止动垫圈 10—限位螺母 11—驱动齿轮 12—单向离合器 13—缓冲弹簧
14—集电环 15—定位弹簧 16—磁场绕组 17—导电片 18—接触盘 19、21—电动机开关接柱
20—接触盘复位弹簧 22—附加电阻短路开关接柱 23—电磁开关接柱 24—起动继电器
25—附加电阻线 26—点火开关 27—点火线圈 28—固定铁心 29—触盘顶杆

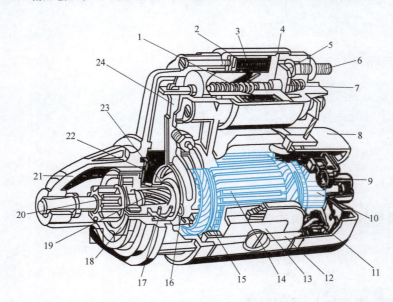

图 10-2 电磁啮合式起动机的结构

1—回位弹簧 2—保持线圈 3—吸引线圈 4—起动开关外壳 5—接触盘 6—接线柱
7—接触盘回位弹簧 8—后端盖 9—电刷弹簧 10—换向器 11—电刷 12—磁极 13—磁极铁心
14—电枢 15—磁场绕组 16—移动衬套 17—缓冲弹簧 18—单向离合器 19—电枢轴花键
20—驱动齿轮 21—罩盖 22—制动盘 23—传动套筒 24—拨叉

1）直流电动机的作用是产生电磁转矩。

2）传动机构的作用是起动时使起动机小齿轮与飞轮齿圈啮合，并将起动机转矩传给发动机曲轴；起动后，使起动机小齿轮与飞轮齿圈脱开啮合。

3）电磁操纵机构的作用是接通或切断起动机与蓄电池间的主电路，并产生驱动拨叉的电磁力。

2. 直流电动机的结构

汽车用起动电动机一般为串励式直流电动机，主要由电枢（转子）、换向器、磁极（定子）及机壳等部件组成。

（1）电枢与换向器　电枢由电枢轴、电枢铁心和电枢绕组等组成。电枢的结构如图10-3所示。

铁心由外圆带槽的硅钢片叠制而成，压装在电枢轴上，电枢绕组嵌装在铁心的槽内。为了得到较大的转矩，流经电枢绕组的电流很大，一般为200～600A，故电枢绕组采用较粗的矩形裸铜线绕制。

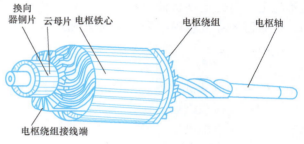

图10-3　电枢的结构

为了防止裸铜线绕组间短路，在铜线与铜线之间、铜线与铁心之间，用绝缘纸隔开。裸铜线在高速运转时易在离心力的作用下甩出，因此在铁心槽口两侧用轧线将铁心拧紧。电枢绕组各线圈的端头均焊接在换向器上。换向器由铜片和云母片相间叠压而成，压装在电枢轴上。

（2）磁极　磁极由固定在机壳上的铁心和缠绕在铁心上的磁场绕组组成。磁极的作用是建立磁场，一般多为4个磁极，功率超过7.35kW的起动机也有用6个磁极的。磁场绕组与电枢绕组串联，用矩形裸铜线绕制。4个磁场绕组的连接方式有两种，如图10-4所示。不管采用哪一种连接方式，4个磁场绕组所产生的磁极应该是相互交错的。

（3）电刷与电刷架　电刷与电刷架的作用是将电流引入电动机。电刷一般用铜粉和石墨粉压制而成，以减小电阻，增强耐磨性。电刷装在电刷架中，借弹簧压力紧压在换向器上。电动机内装有4个电刷架，其中两个电刷架与机壳直接相连而搭铁，称为搭铁电刷架，如图10-5所示。

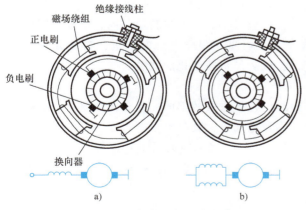

图10-4　磁场绕组的连接方式
a）4个绕组相互串联　b）两个绕组串联后并联

图10-5　电刷与电刷架实物图

3. 直流电动机的工作原理

直流电动机将电能转变为机械能，其工作原理如图 10-6 所示。由于换向器的作用，在 N 极和 S 极间的导体电流方向保持不变，电磁力形成的转矩方向保持不变，使电枢始终按同一方向转动。

由于一个线圈产生的转矩不够大，且转速不稳定，因此电动机的电枢上绕有多组线圈，换向器的片数也随线圈的增加而相应增加，电动机转矩为

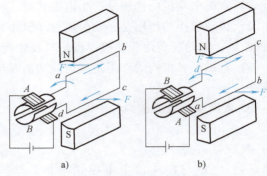

图 10-6 直流电动机的工作原理

$$M = C_m \phi I_S \tag{10-1}$$

式中　C_m——电动机常数，与电动机的结构有关；
　　　ϕ——磁极磁通；
　　　I_S——电枢电流。

当直流电动机接入电源时，产生的电磁转矩使电枢旋转，而电枢旋转时其绕组切割磁力线产生感应电动势，其方向按右手定则判断，恰与电枢电流的方向相反，称为反电动势，其大小为

$$E_f = C_m \phi n \tag{10-2}$$

式中　E_f——反电动势；
　　　n——电动机的转速。

这样，外加电压 U 一部分降落在电枢绕组 R_S 和励磁绕组的电阻 R_L 上，另一部分则用来平衡电动机的反电动势 E_f，即

$$U = E_f + I_S R_S + I_S R_L \tag{10-3}$$

式（10-3）称为电动机的电压平衡方程式，由此可得

$$I_S = \frac{U - E_f}{R_S + R_L} = \frac{U - C_m \phi n}{R_S + R_L} \tag{10-4}$$

当电动机轴上的阻力矩增大时，电枢转速就会降低，分别由式（10-2）、式（10-4）、式（10-1）可知 E_f 减小、电枢电流增大，电磁转矩也随之增大，直到电动机产生的电磁转矩与阻力矩达到新的平衡为止。反之，电动机负载减小时，电枢转速升高，电枢转矩随之减小，直到电磁转矩与阻力矩达到新的平衡为止。可见，串励直流电动机，当负载发生变化时，其转速、电流和转矩将会自动发生变化，以满足负载变化的需要。

4. 串励直流电动机的特性

在直流电动机中，按磁场绕组与电枢绕组的连接方式的不同，可分为串励式、并励式和复激式三种。汽车用的起动机大多为串励式直流电动机，其具有如下特性：

（1）转矩特性　电动机电磁转矩 M 随电枢电流 I_S 变化的关系 $M = f(I_S)$ 称为转矩特性。

串励直流电动机电枢电流与励磁电流是相等的，故 ϕ 在磁路未饱和时，磁通与电流成正比，即 $\phi = C_1 I_S$，则电磁转矩为

$$M = C_m \phi I_S = C_m C_1 I_S^2 = C I_S^2 \tag{10-5}$$

即在磁路未饱和时，电磁转矩随电流的平方成正比；在磁路饱和后，电流增大，磁通保

持不变，电磁转矩与电枢电流呈线性关系，串励直流电动机的转矩特性曲线如图 10-7 所示。

（2）机械特性　电动机的转速随电磁转矩 M 而变化的关系 $M = f(n)$ 称为机械特性。由电压平衡方程式可得

$$n = \frac{U - I_S(R_S + R_L)}{C_m \phi} \tag{10-6}$$

在磁路未饱和时，I_S 增大时，ϕ 也增大，其转速 n 将迅速下降，如图 10-7 中曲线所示。由于 $M \propto I_S^2$，所以串励直流电动机的转速随转矩的增加而迅速下降，即具有软的机械特性，如图 10-8 所示。

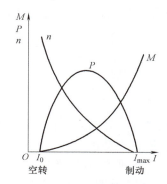

图 10-7　串励直流电动机的转矩特性曲线

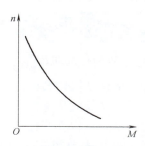

图 10-8　串励直流电动机的机械特性曲线

（3）起动机的功率及其影响因素

1）起动机的功率。

起动机的功率 P 可由下式确定：

$$P = \frac{Mn}{9550} \tag{10-7}$$

式中　P——起动机的功率（kW）；

M——起动机输出转矩（N·m）；

n——起动机的转速（r/min）。

起动机在全制动（$n=0$）和空载（$M=0$）时，其输出功率均为零，而在接近全制动电流的一半时其输出功率最大。由于起动机工作时间短，允许在最大功率状态下工作。通常将起动机的最大功率作为它的额定功率。

2）影响起动机功率的因素。起动机工作过程中电流很大，所以其输出功率受起动机内部的电阻影响较大，除此之外，还受以下几方面因素的影响。

① 接触电阻和导线电阻。接触电阻包括导线与蓄电池极桩、起动机接线柱以及起动机内电刷与换向器等的接触电阻。接触电阻大、导线截面面积过小或过长，都会造成较大的电压降，而使起动机功率下降。

② 蓄电池的容量。蓄电池的容量越小，其内阻越大，起动时电动机的端电压就越低，此时会引起起动机的输出功率减小。

③ 温度。温度降低时，蓄电池的容量下降，其内阻变大，导致起动机输出功率下降。

5. 起动机的型号与分类

根据 QC/T 73—1993《汽车电气设备产品型号编制方法》规定，起动机的规格型号如下：

第1部分表示产品代号,起动机的产品代号 QD、QDJ、QDY 分别表示起动机、减速起动机及永磁起动机。

第2部分表示分类代号,以电压等级表示,1代表12V,2代表24V,6代表6V。

第3部分表示分组代号,以功率等级表示:1代表0~1kW,2代表1~2kW,…,9代表大于8kW。

第4部分表示设计序号。

第5部分表示变形代号。

例如:QD124 表示额定电压为 12V、功率为 1~2kW、第 4 次设计的起动机;QD27E 表示额定电压为 24V、功率为 6~7kW、第 5 次设计的起动机。

三、起动机的传动机构和电磁操纵机构

1. 起动机的传动机构

起动机的传动机构又称为啮合机构或啮合器,其主要组成部分是单向离合器。单向离合器的作用是在起动时将电枢的电磁转矩传递给发动机飞轮,而在发动机起动后,发动机带动起动机时,啮合机构立即打滑,即具有单向传递动力的作用。常见的单向离合器有滚柱式、摩擦片式、扭簧式和棘轮式等形式。下面以滚柱式单向离合器为例,介绍其结构及工作原理。

滚柱式单向离合器的结构如图 10-9 所示。驱动齿轮与外壳连接成一体,外壳内装有十字块,十字块与花键套筒固定连接,在外壳与十字块形成的 4 个楔形槽内分别装有一套滚柱、压帽与弹簧,外壳与护盖相互扣合密封,在花键套筒外面套有移动衬套及缓冲弹簧。整个单向离合器总成利用花键套筒套在电枢轴的花键上,离合器总成在传动拨叉作用下,可以在电枢轴上轴向移动,也可以随电枢轴转动。

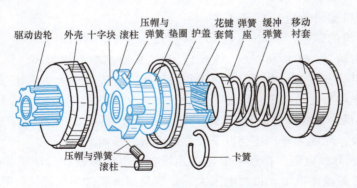

图 10-9 滚柱式单向离合器的结构

滚柱式单向离合器的工作原理如图 10-10 所示。发动机起动时,电枢轴通过花键套筒带动十字块旋转,这时滚柱在摩擦力作用下滚入楔形槽的窄端,将十字块与外壳楔成一体,于是将转矩传给了驱动齿轮,带动飞轮齿圈转动,起动发动机。发动机起动后,随着曲轴转速升高,飞轮齿圈将带动驱动齿轮高速旋转,当其转速大于十字块的转速时,在摩擦力作用下,滚柱滚入楔形槽的宽端而打滑,这样转矩不能从驱动齿轮传给电枢轴,从而防止了电枢

超速飞散。滚柱式单向离合器结构简单，工作可靠，但不能传递大的转矩。

2. 起动机的电磁操纵机构

起动机的操纵机构按工作方式不同可分为机械操纵式和电磁控制式两类。现代汽车均采用电磁操纵机构，它是由电磁开关控制的。

富康轿车起动机电磁开关的组成如图10-11所示。接通起动开关后，吸引线圈和保持线圈通电，在吸引线圈和保持线圈电磁力的共同作用下，活动铁心克服弹簧力右移，活动铁心带动拨叉移动，将驱动齿轮推向飞轮。当驱动齿轮与飞轮啮合时，接触盘被活动铁心推至与触点接触位置，使起动机通入起动电流，产生电磁转矩起动发动机。接触盘接通触点后，吸引线圈被短路，活动铁心靠保持线圈的电磁力保持其啮合位置。

发动机起动后，断开起动开关，此时电磁开关线圈电流为：蓄电池正极→接线柱→接触盘→接线柱→吸引线圈→保持线圈→搭铁→蓄电池负极。由于吸引线圈产生了与保持线圈相反方向的磁通，两线圈电磁力相互抵消，活动铁心在弹簧力的作用下回位，使驱动齿轮退出啮合状态；接触盘同时回位，切断起动机电路，起动机便停止工作。

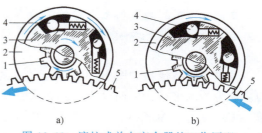

图10-10 滚柱式单向离合器的工作原理
a) 发动机起动时　b) 发动机起动后
1—驱动齿轮　2—外壳　3—十字块
4—滚柱　5—飞轮齿圈

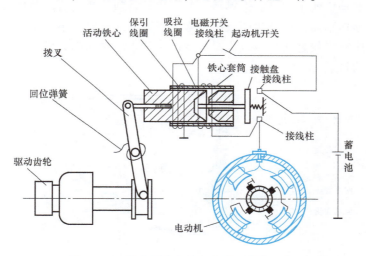

图10-11 富康轿车起动机电磁开关的组成

四、减速起动机和永磁起动机

1. 减速起动机

在起动机电动机轴与驱动齿轮之间装有减速器的起动机称为减速起动机。减速起动机可以解决直流电动机转速高与汽车发动机要求起动转矩大的矛盾。增加减速器，直流电动机的允许转速可达2000r/min，这样可以减小电动机的体积和质量，特别是高转速低转矩的直流电动机，其工作电流较小，可大大减轻蓄电池的负担，延长其使用寿命。常用减速起动机的减速器转速比约为4∶1。

减速起动机的减速器按齿轮的啮合方式不同，可分为外啮合式减速器、内啮合式减速器和行星齿轮减速器3种，如图10-12所示。

外啮合式减速器如图10-12a所示，它的主动齿轮轴与从动齿轮轴平行，但两轴中心距较大，优点是结构简单、工作可靠、噪声小、便于维修，缺点是增加了起动机的径向尺寸。内啮合式减速器如图10-12b所示，其特点是两轴中心距离较小，工作可靠，但噪声较大。行星齿轮减速器如图10-12c所示，两轴中心线重合，有利于起动机的安装；因为扭力负载平均分布在几个行星齿轮上，故可采用塑料内齿圈和粉末冶金的行星齿轮，既减小了起动机质量又抑制了噪声，是应用较广泛的一种。

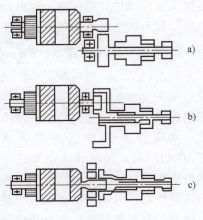

图10-12 减速起动机减速器
a）外啮合式减速器　b）内啮合式减速器
c）行星齿轮减速器

2. 永磁起动机

用永磁材料制成起动机的磁极，以取代原有的磁场绕组和磁极铁心的起动机称为永磁起动机。

奥迪100型轿车使用的永磁起动机控制原理如图10-13所示。由于取消了磁场绕组和磁极铁心，起动机的体积和质量大大减小，机械特性和换向性能得到改善，使换向火花造成的高频干扰减小，起动机的工作可靠性提高；但永磁材料随着使用时间的加长，会产生退磁现象，这样就使起动功率随使用期的延长而下降，所以目前仅限于小功率起动机应用。在永磁起动机电枢轴与驱动齿轮之间加装减速器，就产生了永磁减速起动机，它同时具有永磁起动机和减速起动机的特点。

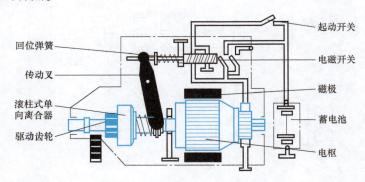

图10-13 永磁起动机控制原理

第二节　起动预热

冬季，由于低温发动机起动困难，尤其是柴油发动机，为保证低温条件下发动机能迅速可靠地起动，多数柴油机和少量汽油机设有低温起动预热装置，对进入气缸的空气进行预热。

柴油机和汽油机广泛使用封闭型电热塞预热，其结构如图10-14所示。由铁镍铝合金制成电阻丝，不锈钢或镍铬铁耐热合金制成发热钢套，螺杆与外壳之间用瓷质绝缘体隔开，电阻丝的周围填充了具有一定绝缘性、传热性好、耐高温的氧化镁或氧化铝。内装密闭式电阻丝电热塞具有耐热、耐腐蚀、发热量大、使用寿命长等优点，并得到了广泛的应用。

图10-15所示为一般柴油机电热塞控制电路。发动机起动前，先将开关置于"1"位置，一般预热时间为30s。然后将开关置于"2"位置，使起动机和电热塞同时通电。发动机起动后应立即切断起动机和电热塞的电路，即将开关置于"0"位置。预热指示灯用来监视电热塞的工作，接通预热开关，若指示灯在20~30s内达到红热状态，说明预热电路工作正常；若指示灯不红热，则说明电路中有断路处或指示灯电阻断路；若指示灯达到红热的时间过短，则表明电路中有短路或个别电热塞短路。发动机起动后，驾驶人必须立即断开预热塞电路。

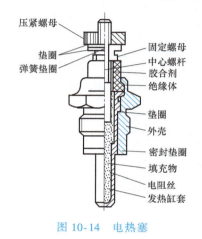

图10-14　电热塞

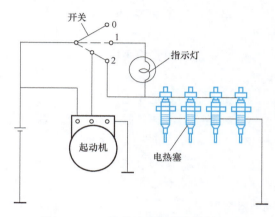

图10-15　一般柴油机电热塞控制电路

小　　结

　　起动机由串励直流电动机、传动机构和电磁操纵机构组成。

　　现在广泛使用电磁操纵式起动机。减速式起动机分为外啮合式、内啮合式和行星齿轮啮合式三种类型。

　　串励直流电动机由电枢（转子）、换向器、磁极（定子）及机壳等主要部件构成。

　　串励直流电动机的特点是起动转矩大，具有软机械特性。

　　起动机由于其轻载或空载时转速很高，容易造成零部件"飞散"事故，对于功率较大的串励直流电动机，不允许轻载或空载长时间运行。

　　电枢电流接近制动电流的一半时，电动机输出功率最大。最大功率作为额定功率。

　　起动机的传动机构由单向离合器和减速机构（减速起动机）组成。单向离合器具有防止起动机被飞轮反拖的作用，可分为滚柱式、摩擦片式、弹簧式几种。

　　起动机的电路可归纳为三条回路，即主回路、开关回路和控制回路。其控制关系是：控制回路控制开关回路，开关回路控制主回路。

　　多数柴油机和少量汽油机设有低温起动预热装置，由电热塞和控制电路组成。

同步测试

一、填空题

1. 起动机一般由 _____、_____ 和 _____ 组成。
2. 起动系统的作用就是将蓄电池的 _____ 能转变为 _____ 能,产生转矩,起动发动机。
3. 串励式直流电动机主要由 _____、_____、_____、电刷与电刷架等组成。
4. 电枢的功用是用来产生 _____,它由 _____、_____ 和 _____ 等组成。
5. 磁极的功用是建立 _____,它由 _____ 和 _____ 组成。
6. 励磁绕组的连接方式有 _____ 联和 _____ 联。采用 _____ 联连接时,电动机的总电阻较小,工作时可获得更大的 _____,提高输出功率。
7. 起动机的传动机构主要由 _____ 和 _____ 等部件组成。
8. 单向离合器的作用是在发动机起动时,将电动机的 _____ 传给发动机,而在发动机起动后能 _____,保护起动机不致 _____ 损坏。
9. 目前起动机常用的单向离合器主要有 _____ 式、_____ 式和 _____ 式3种。
10. 起动机电磁开关内有 _____ 线圈和 _____ 线圈两个线圈,推杆上装有铜质 _____,刚接通点火开关电路时,推杆是由 _____ 推动运动的。
11. 起动继电器用来控制起动机电磁开关中 _____ 线圈和 _____ 线圈中电流的 _____,以保护 _____。
12. 电磁开关强制啮合式起动机起动中 _____ 线圈被短路,起动后两线圈电流方向 _____。
13. 多数柴油机和少量汽油机设有低温起动 _____ 装置,由 _____ 和 _____ 组成。

二、判断题

1. 常规起动机的吸引线圈、励磁绕组及电枢绕组是串联连接。( )
2. 在起动机起动的过程中,吸引线圈和保持线圈中一直有电流通过。( )
3. 换向器的作用是使直流电动机维持定向旋转。( )
4. 串励式直流电动机在磁路饱和、磁通基本不变时,电磁转矩与励磁电流的平方成正比。( )
5. 在负载较轻的情况下,串励式直流电动机的转速较低。( )
6. 串励式直流电动机在制动状态下转矩最大,这时输出功率也最大。( )
7. 串励式直流电动机空载时,输出功率为零。( )
8. 起动机投入工作时,应先接通主电路,然后使齿轮啮合。( )

9. 电磁开关将起动机主电路接通后，活动铁心靠吸引线圈产生的电磁力保持在吸合位置上。（　　）

10. 功率较小的起动机上广泛使用的离合器是单向滚柱式离合器。（　　）

11. 从车上拆下起动机前应先切断点火开关，拆下蓄电池搭铁电缆。（　　）

三、选择题

1. 电磁开关将起动机主电路接通后，活动铁心靠（　　）线圈产生的电磁力保持在吸合位置上。

   A. 吸引　　　　B. 保持　　　　C. 吸引和保持　　　　D. 以上均不对

2. 为了减小电阻，起动机内导电开关及绕组均用（　　）制成。

   A. 纯铜　　　　B. 黄铜　　　　C. 青铜

3. 起动机主电路接通后，电动机正常运转，曲轴不转动，则故障原因是（　　）。

   A. 起动机电磁开关故障　　B. 电动机故障　　C. 单向啮合器打滑

4. QD124 型起动机电路中的起动继电器的作用是（　　）。

   A. 接通和切断起动机主电路　　B. 接通和切断吸引线圈
   C. 接通和切断保持线圈　　D. 接通和切断吸引线圈及保持线圈

5. 电动机开关闭合过早会引起（　　）。

   A. 起动机运转无力　　B. 起动机空转
   C. 驱动齿轮不能进入啮合且有撞击声　　D. 起动机不转

四、名词解释

1. 减速起动机
2. 永磁起动机

五、简答题

1. 常规起动机由哪几个部分组成？各起什么作用？
2. 直流串励式电动机中磁极、电枢、电刷及换向器的作用分别是什么？

同步训练

项目：起动机的性能测试试验

实训目的：
- 学会对起动系统进行检查与性能测试。
- 对起动系统的常见故障进行分析和诊断。

实训器材：

汽车电气万能试验台、起动机、万用表、发动机台架、台虎钳等。

实训指导：

起动机由电磁开关控制，而电磁开关受点火开关控制。接通点火开关起动档，电磁开关内的吸引线圈和保持线圈通电，产生电磁力，使得触点闭合，蓄电池直接向起动机提供大电流。点火开关退出起动档，电磁开关断电，触点断开，起动机停止工作。

起动机的性能直接影响汽车能否正常起动，因此有必要对起动机进行一系列的性能测试，测试项目主要包括空转试验和全制动试验。

1. 空转试验

空转试验的目的是检查起动机内部是否有电路故障和机械故障，如图10-16所示。

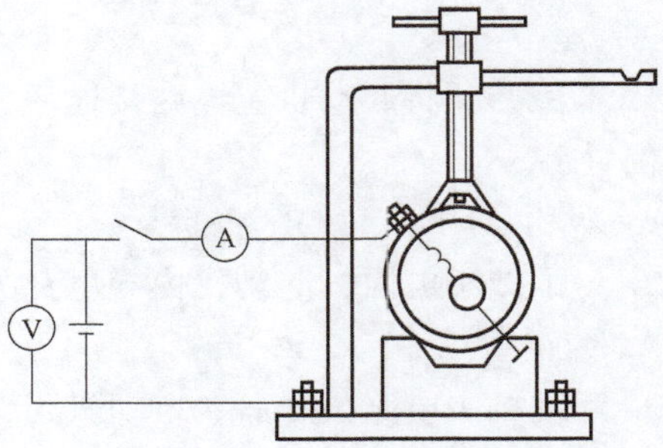

1) 将起动机固定在万能试验台上，连接好工作电路和测试电路。

2) 接通开关，起动机转动应均匀、无抖动，电刷与换向器之间应无火花。

3) 记录试验台上电流表和电压表的读数，并测量转速值，试验时间不得超过1min。

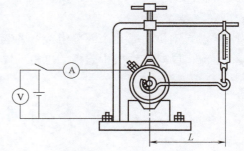

图10-16 起动机空转试验

4) 将记录的数值与起动机铭牌上的标准数据进行比较。

5) 如果电流大、转速低，则说明存在装配过紧等机械故障，或电枢、磁场绕组搭铁、短路等电路故障。

6) 如果电流和转速都很小，则说明电路中有接触不良的故障存在。

2. 全制动试验

全制动试验的目的是检查起动机主电路是否正常，单向离合器是否打滑，如图10-17所示。

1) 将起动机夹紧在试验架上，在驱动齿轮一侧装好扭力杠杆和弹簧秤，连接好工作电路和测试电路。

2) 接通开关，在5s内观察起动机单向离合器是否打滑，并立即记录电流表、电压表和弹簧秤的读数，与起动机铭牌上的标准数据进行比较。

3) 如果转矩小、电流大，说明电枢、磁场绕组搭铁、短路。

图10-17 起动机全制动试验

4) 如果转矩和电流都小，说明电路中有接触不良的故障存在。

5) 如果驱动齿轮锁止而电枢轴有缓慢转动，说明单向离合器打滑。

除了以上性能测试之外，还可利用下列试验测试电磁开关的性能。

3. 吸引动作试验

1) 将起动机固定到台虎钳上。

2) 拆下起动机端子C上的导电铜片，用电缆将起动机端子C和电磁开关壳体分别与蓄电池负极连接。

3) 用电缆将起动机端子50与蓄电池正极连接，此时，驱动齿轮应向外移出。

4）如果驱动齿轮不动，则说明电磁开关故障，应予以修理或更换。

4．保持动作试验

1）在吸引动作试验的基础上，当驱动齿轮在伸出位置时，拆下电磁开关端子C上的电缆。此时，驱动齿轮应保持在伸出位置不动。

2）如果驱动齿轮复位，则说明保持线圈断路，应予以检修或更换电磁开关。

5．复位动作试验

1）在保持动作试验的基础上，拆下起动机壳体上的电缆。此时，驱动齿轮应迅速复位。

2）如果驱动齿轮不能复位，则说明复位弹簧失效，应更换弹簧或电磁开关总成。

注意事项：

1）起动机零部件较笨重，拆装过程中要防止打滑跌落。

2）在用万用表、卡尺的检测过程中要认真仔细。

3）试验过程中要保证记录时间的准确性。

4）要认真观察电流表及电压表数值，保证试验记录准确。

5）每次空载试验不要超过1min，以免起动机过热。

6）起动机每次起动时间不能超过5s，相邻两次起动应间隔15s以上。

7）在低温下起动发动机时，应先预热发动机再起动。

8）起动机电路的导线连接要牢固，导线的截面面积不应太小。

9）使用不具备自动保护功能的起动机时，应在发动机起动后迅速松开起动开关。在发动机正常工作时，切勿随便接通起动开关。

10）应尽可能使蓄电池处于充足电的状态，以保证起动机工作时的电压和电流，减少起动机重复工作的次数。

11）应定期对起动机进行全面的维护和检修。

模块十一

点火系统

知识目标
- 掌握微机控制点火系统的结构。
- 掌握微机控制点火系统的工作过程和控制原理。

能力目标
- 能对发动机微机控制点火系统的元件进行检测维修。

素养目标
- 学习汽车点火系统，搜集资料，树立用电安全意识。

重点与难点
- 微机控制点火系统的结构。
- 微机控制点火系统的检测维修。

第一节　微机控制点火系统的组成

汽油机点火系统是发动机的重要组成部分，电控发动机一般采用微机控制的点火系统，其主要作用如下：

1）将电源的低电压变成高电压，再按照发动机点火顺序轮流送至各气缸，点燃压缩混合气。

2）适应发动机工况和使用条件的变化，自动调节点火时刻，实现可靠而准确的点火。

微机控制点火系统由蓄电池或发电机向点火系统提供电能，集成电路控制点火电路的通断及点火时刻，从而使发动机在各种工况下最佳地调整点火时刻，使点火提前到发动机刚好不发生爆燃的范围。

微机控制的点火系统主要由火花塞、点火线圈、传感器、功率控制模块（Power Control Module，PCM）和点火控制装置等部分组成，如图11-1所示。

点火系统的传感器主要有空气流量计、发动机转速传感器、节气门位置传感器、冷却液温度传感器及爆燃传感器等。

PCM接收各种传感器送来的信号，经过数据处理后输出点火控制信号（缸序信号和点

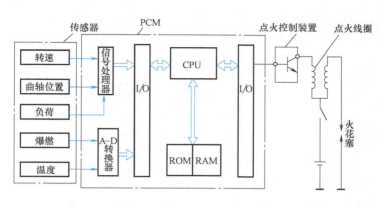

图 11-1 微机控制点火系统的组成

火信号），并通过电能输出极传到点火控制装置。

点火控制装置具有缸序判别、闭合角控制、恒流控制、安全信号等电路，其主要功能是接收 PCM 发出的缸序判别信号 IGdA、IGdB 和点火控制信号 IGt，驱动点火线圈工作，并向 PCM 输出点火反馈信号（IGf）。

一、火花塞

火花塞的工作条件极其恶劣，它要承受高压、高温以及燃烧产物的强烈腐蚀。火花塞必须具有足够的机械强度、良好的热特性，以及能够承受冲击性高压电、剧烈的温度变化，火花塞的材料应能抵抗燃气的腐蚀。

火花塞的发火部位吸热并传递给发动机的性能，称为火花塞的热特性。实践证明，当火花塞绝缘体裙部的温度保持在 500~600℃ 时，落在绝缘体上的油滴能立即烧去，不形成积炭，这个温度称为火花塞的自洁温度。低于这个温度时，火花塞常因产生积炭而漏电，导致不点火；高于这个温度时，则当混合气体与炽热的绝缘体接触时，可能早燃而引起爆燃，甚至在进气行程中燃烧，产生回火现象。

火花塞的热特性主要取决于绝缘体裙部的长度。绝缘体裙部长的火花塞，受热面积大，传热距离长，散热困难，裙部温度高，称为热型火花塞，适用于低速、低压缩比、小功率发动机；反之，裙部短的火花塞，受热面积小，传热距离短，容易散热，裙部温度低，称为冷型火花塞，适用于高速、高压缩比、大功率发动机。

（1）火花塞的结构 火花塞的结构如图 11-2 所示。在钢制壳体的内部固定着高氧化铝陶瓷绝缘体，使中心电极与侧电极之间保持足够的绝缘强度。绝缘体内的上部装有导电金属杆，通过接线螺母与高压导线相连，下部装有中心电极。导电金属杆与中心电极之间用导电玻璃密封。中心电极用镍锰合金制成，具有良好的耐高温、耐腐蚀和导电性能。壳体下部的螺纹与气缸盖螺纹端面接合处配有密封垫圈，以保证壳体与缸盖之间密封良好。

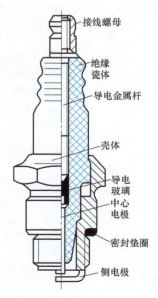

图 11-2 火花塞的结构

（2）火花塞产品型号编制方法　根据国家专业标准 QC/T 430—2014《道路车辆　火花塞产品型号编制方法》，火花塞产品型号编制方法如图 11-3 所示。

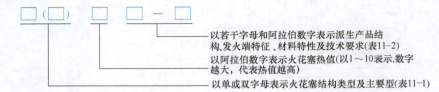

图 11-3　火花塞产品型号编制方法

型号示例：

示例 1："A7T"型火花塞，表示螺纹旋合长度为 12.7mm，壳体六角对边长 16mm，热值代号为 7，螺纹规格为 M10×1，标准突出型平座火花塞。

示例 2："K6RF-11"型火花塞，表示螺纹旋合长度为 19mm，壳体六角对边长 16mm，热值代号为 6，螺纹规格为 M14×1.25，带电阻，中心电极开 V 形槽，跳火间隙为 1.1，标准突出型平座火花塞。

示例 3："K8RTPP-G"型火花塞，表示螺纹旋合长度为 19mm，壳体六角对边长 16mm，热值代号为 8，螺纹规格为 M14×1.25，带电阻，中心电极、侧电极焊铂金，标准突出型平座火花塞。

表 11-1　火花塞结构类型及主要形式尺寸　　　　　　　　（单位：mm）

代表字母	螺纹规格	安装座形式	螺纹旋合长度	六角对边长
J	M8×1	平座	19	16
A	M10×1	平座	12.7	16
AC	M10×1	矮型平座	12.7	16
AM	M10×1	矮型平座	9.5	16
B	M10×1	平座	19	16
BS	M10×1	平座	20.5	16
BH	M10×1	平座	26.5	16
BL	M10×1	平座	28	16
BM	M10×1	平座	19	14
BN	M10×1	平座	26.5	14
W	M10×1	平座	19	12 双六角
WH	M10×1	平座	26.5	12 双六角
CZ	M12×1.25	平座	11.2	16
DZ	M12×1.25	锥座	17.5	16
C	M12×1.25	锥座	12.7	17.5
D	M12×1.25	平座	19	17.5
DS	M12×1.25	平座	20.5	17.5
DH	M12×1.25	平座	26.5	17.5
DL	M12×1.25	平座	28	17.5
DE	M12×1.25	平座	12.7	16

（续）

代表字母	螺纹规格	安装座形式	螺纹旋合长度	六角对边长
DK	M12×1.25	平座	19	16
XS			20.5	16
XH			26.5	16
XL			28	16
V			19	14
VS			20.5	14
VH			26.5	14
VL			28	14
U			19	14 双六角
US			20.5	14 双六角
UH			26.5	14 双六角
UL			28	14 双六角
E	M14×1.25		12.7	20.8
F			19	20.8
FH			26.5	20.8
H			11	20.8
KE			12.7	16
K			19	16
KS			20.5	16
KH			26.5	16
KL			28	16
G			9.5	20.8
GL		矮型平座	9.5	20.8
L		矮型平座	9.5	19
Z		平座	11	19
M		矮型平座	11	19
N		矮型平座	7.8	19
P		锥座	11.2	16
PS		锥座	12.3	16
Q		锥座	17.5	16
QS		锥座	20.5	16
QH		锥座	25	16
R	M18×1.5	平座	12	26
RF		平座	19	26
RH		平座	26.5	26
SE		平座	12.7	20.8

（续）

代表字母	螺纹规格	安装座形式	螺纹旋合长度	六角对边长
S	M18×1.5	平座	19	20.8
SH		平座	26.5	20.8
T		锥座	10.9	20.8
TF		锥座	17.5	20.8
TH		锥座	25	20.8

表 11-2　火花塞特征及其代表字母或数字

字母或数字	代表特征	字母或数字	代表特征
R	电阻型	J	三侧电极
L	电感型	Q	四侧电极
B	半导体型	C	Ni-Cu 复合电极
V	环状电极	P	铂金电极
Y	沿面放电型	I	铱金电极
F	V 形槽中心电极	E	钇金电极
H	半螺纹	S	银电极
T	绝缘体突出型,<3mm	U	U 形槽侧电极
K	绝缘体突出型,≥3mm	-11a	点火间隙 1.1mm
D	双侧电极	-G	燃气火花塞

二、点火线圈

点火线圈由初级线圈、次级线圈和铁心等组成，按磁路的结构形式不同，可分为开磁路式点火线圈和闭磁路式点火线圈。

（1）开磁路式点火线圈　图 11-4 所示是一种常见的开磁路式点火线圈，有两接柱式

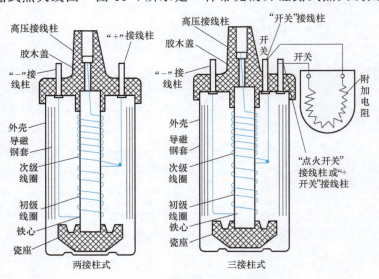

图 11-4　开磁路式点火线圈

（不带附加电阻）和三接柱式之分。

点火线圈的中心是用硅钢片叠成的铁心，在铁心外面套有绝缘的纸板套管，纸质套管上绕有11000～23000匝直径为0.06～0.10mm的次级绕组；初级绕组直径为0.5～1.0mm、230～370匝的高强漆包线，绕在次级绕组的外面，以利于散热，如图11-5所示。

绕组和外壳之间装有导磁钢套，底部有瓷质绝缘支座，上部有绝缘盖，外壳内充满沥青或变压器油等绝缘物，加强绝缘并防止潮气侵入。

三接线柱式与两接柱式点火线圈的区别在于三接柱式带附加电阻，而两接柱式不带附加电阻。三接柱式点火线圈的绝缘盖上有"-""开关""+开关"3个接线柱，分别接断电器、起动机附加电阻短路接线柱、点火开关"IG"接线柱或15接线柱。附加电阻接在标有"开关"和"+开关"的两个接线柱上，与点火线圈的初级绕组串联。

（2）闭磁路式点火线圈　闭磁路式点火线圈的结构如图11-6所示，有"口"字形和"日"字形之分。与开磁路式点火线圈不同的是铁心内绕有初级绕组，而次级绕组绕在初级绕组外面。绕组通电在铁心中产生磁通，通过铁心形成闭合磁路，故称为闭磁路式点火线圈。

此外，与开磁路式点火线圈相比，闭磁路式点火线圈具有漏磁少、转换效率高、体积小、质量小、铁心裸露易于散热等优点，目前已在电子点火系统中被广泛采用。

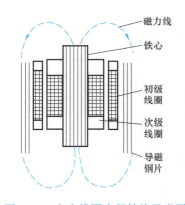

图11-5　点火线圈内部结构示意图

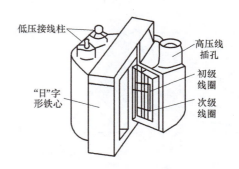

图11-6　闭磁路式点火线圈的结构

（3）附加电阻　附加电阻是一种正温度系数的热敏电阻，一般用低碳钢丝、镍铬丝或纯镍丝制成，具有受热时电阻值迅速增大、冷却时电阻值迅速减小的特性。因此，常用在点火系统的一次电路中，来稳定一次电流，改善高速时的点火特性。

第二节　微机控制点火系统的工作原理

一、点火提前角（点火正时）控制

为使发动机更有效地将热能转换为机械能，希望最高燃烧压力出现在上止点之后某一位置。图11-7所示为发动机点火正时与气缸压力的关系。图中A线表示无燃烧的压力线，以上止点为中心左右对称，B、C、D线分别表示点火正时改变时的各燃烧压力波形。当点火时刻为②点时，最高燃烧压力正好出现在稍迟后于上止点的位置，且由阴影部分表示的燃烧压力所做的功最大。当点火时刻为①点时，虽然最高燃烧压力很高，但易产生爆燃现象。

从点火开始到出现最高压力点为止，经过滞燃期和火焰传播期等阶段，此阶段随着压缩比、汽油种类、空燃比、发动机负荷和转速状态等变化而变化，因此要根据发动机的运转状态控制点火提前角。

点火提前角（即点火正时）的控制，不同的厂家采取的控制方法各不相同。下面以一些车型上的发动机所采用的 ESA（electronic spark advance，电子点火提前）系统为例，介绍点火提前角的控制。

1. 初始点火提前角

为了确定点火提前角，PCM 要根据发动机气缸压缩行程上止点的位置来确定点火时刻。有的发动机（如丰田汽车公司的发动机）将曲轴位置传感器感应的 G（G_1 或 G_2）信号后的第 1 个 Ne 转速信号过零点的位置，设定为气缸压缩行程上止点前 10°曲轴转角，如图 11-8 所示。这一角度可由传感器的结构与安装的相对位置来保证。PCM 在计算、控制点火提前角时，就把这一点作为参考点（或称作基准点），这个角度称作初始点火提前角。不同公司、不同型号的发动机，初始点火提前角的设定不同。

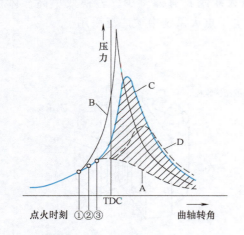

图 11-7 发动机点火正时与气缸压力的关系

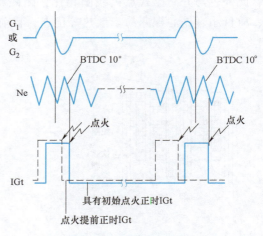

图 11-8 初始点火提前角

对同一型号的发动机来说，初始点火提前角为一个固定值，发动机在生产时便已固定，在任何工况下该角度都保持恒定不变。一般发动机在以下情况下运转时，其实际点火提前角采用固定的初始点火提前角：

1）在发动机起动期间，转速变化大，无法正确计算点火提前角。

2）发动机转速较低（如在 400r/min 以下）。

3）PCM 出现故障而起用备用系统功能。

有的发动机，PCM 的检查插接器中设有端子 T 或 TE1，也称为检验端子，以便在调整发动机的基本运行参数时，确认初始点火提前角。即在关闭全车附属用电设备、变速器置于规定的档位、发动机以正常温度在规定的怠速运行（IDL 怠速触点闭合）时，短接端子 T 或 TE1 与端子 E1（搭铁），实际点火提前角应固定在初始点火提前角（如丰田车为 BTDC 10°曲轴转角）。

2. 点火提前角的计算

在 PCM 的 ROM 中，存储有发动机在各种工况点的基本点火提前角。它是根据发动机转速和进气量选择并经试验确定的最佳角度。发动机起动后正常运行时，PCM 根据当前的转速和负荷（进气流量或进气管压力，有的也用基本喷油时间），查寻内存的数据或插值计算，确定各工况的基本点火提前角，再按传感器送来的各种修正信号和内存中的修正控制程序加以修正计算，得出实际的点火提前角，如图 11-9 所示。

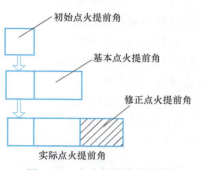

图 11-9 点火提前角的计算

实际点火提前角＝初始点火提前角+基本点火提前角+修正点火提前角。

计算的实际点火提前角是发动机在各种工况状态下的最佳点火提前角。PCM 每秒钟要对点火提前角进行数百次的调整，以使火花塞始终在最佳点火时刻点燃混合气。

需要说明的是，PCM 内存中的基本点火提前角是经试验确定的与发动机特定转速与负荷相对应的最佳值，对于其值以外的其他工况的基本点火提前角，则由 PCM 根据周围特定点的基本点火提前角的数据，用插值法经计算得出。

3. 点火提前角的控制

点火提前角的控制包括两种基本情况，即起动期间的点火提前角控制和起动后发动机正常运行期间的点火提前角控制。发动机正常运行期间的点火提前角控制包括基本点火提前角控制和修正点火提前角控制，如图 11-10 所示。对点火提前角进行控制的项目，随发动机型号的不同而异，并依发动机各自的修正特性进行控制。

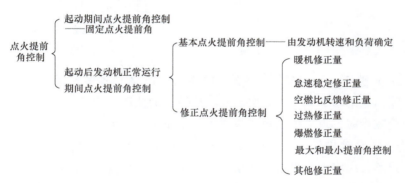

图 11-10 点火提前角的控制

（1）起动期间的点火提前角控制　在起动期间，发动机转速不稳定且较低（通常在 400 r/min 以下），进气管压力信号或进气流量信号不稳定，将实际点火时间固定在初始点火提前角。

（2）起动后的点火提前角控制　发动机在起动后正常运行时，由微机根据传感器信号来控制点火提前角。

1）基本点火提前角。发动机在怠速工况运行时，节气门位置传感器的怠速触点 IDL 闭合，PCM 根据发动机转速和空调开关是否接通来确定基本点火提前角，如图 11-11 所示。此时的主要控制信号有：节气门位置信号、发动机转速信号、空调开关信号。

当节气门位置传感器的怠速触点 IDL 断开，发动机处于正常运行工况时，PCM 根据发动机的转速和负荷，通过查找 ROM 中的数据来计算确定该工况下的基本点火提前角。

有的发动机，按汽油辛烷值的不同，在 ROM 中存放有两张基本点火提前角数据表格（即点火正时图），驾驶人可根据实际使用燃油的辛烷值，通过燃油品种选择开关（或插头）来选择点火提前角。

2）点火提前角的修正。

① 暖机修正：发动机冷机起动后，冷却液温度较低时，应增大点火提前角。在暖机过程中，随冷却液温度升高。修正特性曲线随发动机不同而异。

② 稳定怠速修正：发动机怠速运行，当负荷发生变化使怠速改变时，PCM 可以通过调整点火提前角修正怠速，使发动机在规定的目标怠速下稳定运转，从而有效地防止发动机怠速波动。在怠速工况，PCM 不断地检测发动机的实际转速，当实际转速低于目标怠速时，PCM 相应增大点火提前角；反之，则减小点火提前角。修正量随实际转速与目标怠速的差值的增大而增大，如图 11-12 所示。当空调工作时，怠速的点火提前角要小些。

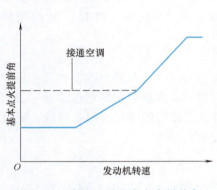

图 11-11　怠速工况基本点火提前角

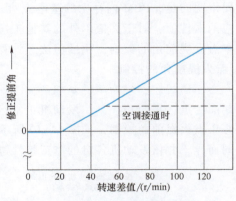

图 11-12　稳定怠速修正曲线

③ 空燃比反馈修正：装有氧传感器的 EFI 系统，PCM 根据氧传感器反馈的信号对空燃比进行修正。喷油量的增加或减少会引起发动机转速的波动，为了提高转速的稳定性，在反馈修正的喷油量减少时，点火提前角相应增大，如图 11-13 所示。

④ 过热修正：发动机处于正常运行工况（IDL 触点断开）时，若冷却液温度度过高，为了避免产生爆燃，应将点火提前角减小；当处于怠速工况（IDL 触点闭合）时，若冷却液温度度过高，为了避免发动机长时间过热，应将点火提前角增大。过热修正曲线如图 11-14 所示。

⑤ 爆燃修正：具有爆燃控制功能的 ESA 系统，PCM 根据爆燃传感器送来的爆燃信号修正点火时间，以防止爆燃的发生。

⑥ 最大和最小提前角控制：如果点火时刻过于提前或推迟，则发动机很难正常运转。PCM 规定了点火提前角的极限值，有的发动机规定点火提前角最大为 37°曲轴转角，最小为 -10°曲轴转角。

⑦ 大气压力修正：PCM 根据大气压力传感器输入的大气压力信号，对点火提前角做进一步修正。通常大气压力越低，点火提前角越大，以保证汽车在高原条件下行驶时发动机能

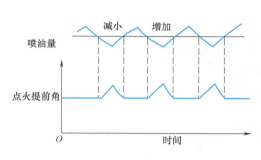

图 11-13 空燃比反馈修正

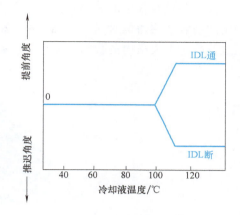

图 11-14 过热修正曲线

稳定运转。

二、初级线圈通电时间的控制

对于常用的电感储能式电子点火系统来说，初级电路断开瞬间其电流所能达到的值（即初级断开电流）与初级电路的通电时间有关。只有通电时间达到一定值时，才能使初级电流上升到足够高，并在初级电路断路时使次级线圈产生足够高的点火电压。

对通电时间进行控制就是对点火闭合角进行控制，在产生足够的次级高压的同时，还要防止因通电时间过长使点火线圈过热而烧坏。点火闭合角的大小决定了点火线圈初级电路的通电时间和储存的能量。为了使点火系统在发动机高速时有足够的点火电压，防止低速时点火线圈过热和减少电能消耗，就必须对点火闭合角进行控制。

初级线圈通电时间的长短取决于发动机转速和电源供电电压的大小。在不同的转速、不同的供电电压下，都应保证有一定的初级断开电流。随着发动机转速的升高，应适当延长通电时间，以防止初级断开电流减小、点火线圈储能下降，造成次级高压降低而点火困难。理想的点火闭合角与发动机转速的关系如图 11-15 所示。当电源供电电压变化时，会影响初级断开电流的大小。当电压下降时，在相同的通电时间内初级电流所能达到的值会减小，此时应延长通电时间（点火闭合角）。理想的初级线圈通电时间与电源电压的关系，如图 11-16 所示。

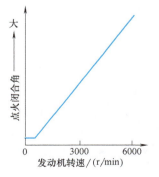

图 11-15 理想的点火闭合角与转速的关系

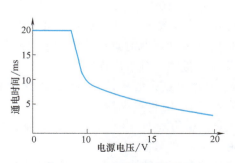

图 11-16 理想的初级线圈通电时间与电源电压的关系

ESA 系统对通电时间进行控制时，主 PCM 的内存中存储了根据电源电压和发动机转速确定的初级线圈通电时间的三维数据表格，如图 11-17 所示。在发动机的实际工况中，PCM 通过查找这个表格内的数据，就可计算确定最佳的点火闭合角。

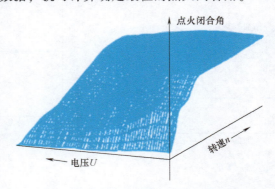

图 11-17　典型的初级线圈通电时间脉谱

三、点火基准信号及点火提前角控制方式

发动机的点火提前角要求按 1°曲轴转角级精度进行控制。在发动机转速为 6000r/min 时，1°曲轴转角换算成时间约为 30μs。为了精确控制点火提前角，需要精确地检测曲轴转角位置。不同系统采用的点火基准信号及点火提前角控制方式多种多样，常见的有 3 种：计数器延时计数法、脉冲计数和延时计数综合法、1°曲轴转角计数法。下面以 4 缸汽油机为例分别说明它们的测量过程。

1. 计数器延时计数法

这种方式 PCM 要输入一个与发火间隔角（对 4 缸机为 180°曲轴转角）相等的曲轴位置基准脉冲信号（基准信号 G）。以该基准信号发生时刻为基准，根据事先编程设定的通电时间和点火时刻，计算出通电开始时刻和断电时刻，并用微机内的快速定时计数器进行控制。该基准信号也常作为转速信号使用。

假定该基准信号发生时刻位于发动机压缩上止点（TDC）前 90°曲轴转角。由于相邻两个脉冲之间的时间等于计数器的时钟周期与计数值的乘积，前者是由 PCM 决定的常数，所以在工作中只需不断记录计数器的计数值（设定为 N）即可。若此时 PCM 计算出的点火提前角为 30°曲轴转角，那么当 G 信号出现后只要再过 60°曲轴转角就该点火，这一角度称为点火延迟角 A_d。PCM 根据简单的比例运算关系就可计算得到 A_d 所对应的计数器的计数值 N_d：$N_d = A_d N / 180°$。

另外，由于转速一定时点火周期是一定的，控制断电时间就控制了通电时间。为此 PCM 同时还要计算此时点火线圈的断电时间 D_n。

当 G 信号的下跳沿出现时，PCM 首先起动计数器工作，进行延迟计数。当延迟计数值等于 N_d 时输出点火信号时，将初级电路切断。接着 PCM 起动计数器进行断电时间控制，当计数值等于 D_n 时将点火信号取消，使初级电路接通。定时波形如图 11-18 所示，TDC 为压缩上止点，G 为基准信号，IGt 为点火控制信号，FIRE 为火花塞跳火时刻。可以利用分电器或曲轴产生 G 信号。

这种控制方式结构最简单，易于实现，但在过渡工况时转速是变化的，控制精度略差一些，现已较少采用。

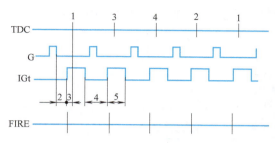

图 11-18　计数器延时计数法定时波形图（只有 G 信号）

1—G 信号触发沿　2—延迟时间 N_d　3—点火提前角对应的时间　4—通电时间　5—断电时间

2. 脉冲计数和延时计数综合法

这种方法中 PCM 接收与发火间隔角（对 4 缸机为 180°曲轴转角）相同的基准信号 G 和某一曲轴转角信号 Ne，并以 G 信号为基准，计算确定点火线圈通电的开始时刻和点火时刻，以每个 Ne 信号对应的曲轴转角（如曲轴每转 18 个脉冲，脉冲间隔 20°曲轴转角）为计数单元，对这两个时刻进行计数确定，以此对通电时间和点火时刻进行控制，向点火器输出点火提前角信号 IGt。

如图 11-19 所示，若 G 信号在压缩行程上止点前 80°曲轴转角出现，Ne 信号的脉冲间隔为 20°曲轴转角，点火提前角为 35°曲轴转角，那么延迟角为 45°曲轴转角。当基准位置信号 G 的上跳沿出现后，PCM 计数器先数两个 Ne 信号，这时对应的曲轴转角为 40°，剩下的 5°曲轴转角则采用定时计数法控制，若两个 Ne 信号间对应的定时计数值为 N（即 20°曲轴转角对应时间），那么 5°曲轴转角对应的定时计数值为 $N/4$。当 $N/4$ 定时时间结束时，则 PCM 输出点火信号，使一次回路断路。

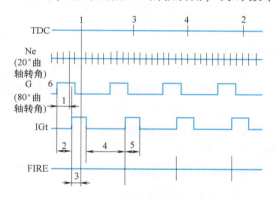

图 11-19　脉冲计数和延时计数综合法时序图

1—两个 Ne 信号对应的时间　2—45°曲轴转角对应的时间
3—点火提前角对应的时间　4—通电时间
5—断电时间　6—G 信号有效沿

这种方式在发动机过渡工况时的控制精度较高，但传感器的结构复杂。

3. 1°曲轴转角计数法

这种方式采用曲轴位置传感器产生 180°曲轴转角的 G 信号和间隔 1°曲轴转角的 Ne 信号，PCM 同时接收这两个信号，并以 G 信号为基准，计算确定点火线圈通电的开始时刻和点火时刻，以 1°曲轴转角的高分辨率对这两个时刻进行精确的计数确定，以此对通电时间和点火时刻进行控制，向点火器输出点火提前角信号 IGt。

如图 11-20 所示，当基准信号 G 出现后，PCM 就起动计数器工作，对 1°曲轴转角信号 Ne 计数，数过与延迟角度相等的数值后，PCM 向点火器输出点火提前角信号 IGt，将一次电路切断。同时起动计数器重新对 1°曲轴转角信号 Ne 计数，数到与断开角度相等的数值后，将点火信号取消，使一次回路闭合，让点火线圈以磁场形式积蓄能量为下一次点火做准备。

这种方法以 1°曲轴转角信号为背景对延迟角度和断开角度进行控制，所以转速波动不影响测量精度，过渡工况控制性能好；但是产生 1°曲轴转角的信号有时比较困难。

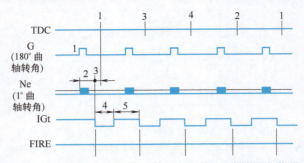

图 11-20　1°曲轴转角计数法（有 G 信号和 1°曲轴转角信号 Ne）
1—G 信号有效沿　2—点火延迟角　3—点火提前角　4—通电时间　5—断电时间

四、无分电器式微机控制点火系统（DLI 或 DIS）

无分电器式微机控制点火系统（Distributorless Ignition，DLI）是将在点火线圈中产生的次级高电压，直接分配给各缸的火花塞的系统。它与普通的分电器系统相比，具有以下优点：

1）安装容易。取消了分电器，使得安装在发动机上的部件小型化。

2）可靠性高。取消了运动件，无机械摩擦，没有分火头部的放电现象。

3）点火性能高。点火提前角调节幅度及耐压性提高，没有由分火头转动半径引起的点火提前角幅度及耐压性的限制。

根据其点火线圈的组成不同，无分电器式微机控制点火系统的点火方式分为同时点火方式和独立点火方式两种，如图 11-21 所示。

（1）同时点火方式　同时点火方式指两个气缸同时进行点火，其中一个气缸在压缩行程点火，而另一个气缸在排气行程点火。在排气行程中点火对发动机没有任何影响，所以构成整个系统的点火线圈可以为气缸数的一半。

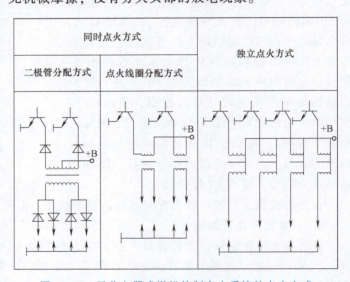

图 11-21　无分电器式微机控制点火系统的点火方式

这种方式点火高压的分配分为两种：二极管分配方式和点火线圈分配方式。

1）二极管分配方式。二极管分配方式即用高压二极管来分配点火高压的同时点火方式。点火线圈采用一个次级电路、两个初级电路的结构，次级电路的两端通过 4 个高压二极管与火花塞构成回路。电子点火器中两个功率晶体管各控制一个初级电路，它们由 PCM（图中未画出）按点火顺序输出的点火正时控制信号，交替控制导通或截止。

2）点火线圈分配方式：用点火线圈来直接分配点火高压的同时点火方式。点火线圈组件有两个独立的点火线圈，每个点火线圈同时向同组两个气缸的火花塞供给点火高压，也就是使同组内各自处在排气行程与压缩行程的两个气缸同时点火。

（2）独立点火方式 这种方式也称为单独点火方式。采用这种方式的 DLI 系统取消了公共的点火线圈，每一个气缸的火花塞均配一个独立的点火线圈来提供点火高压，因而需要判别点火顺序的气缸数目比同时点火方式多了一倍。除此之外，其组成和工作原理与同时点火方式基本相同。

小　　结

点火系统的作用是在发动机活塞压缩行程终了前的某一时刻，及时地用电火花点燃可燃混合气，并满足可燃混合气充分地燃烧及发动机工作稳定的性能要求。

影响点火系统次级电压的因素有发动机气缸数、火花塞积炭及点火线圈温度。

热型火花塞适用于低速、低压缩比、小功率发动机。冷型火花塞适用于高速、高压缩比、大功率发动机。

点火线圈由初级绕组、次级绕组和铁心等组成，按磁路的结构形式不同，可分为开磁路式点火线圈和闭磁路式点火线圈。

微机控制的点火系统主要由传感器、PCM 和点火控制装置等部分组成。点火系统的传感器主要有空气流量计、发动机转速传感器、节气门位置传感器、冷却液温度传感器及爆燃传感器等。

微机控制点火系统的优点主要表现在点火提前角、点火线圈通电时间及爆燃控制 3 个方面。

根据其点火线圈的组成不同，无分电器式微机控制点火系统的点火方式分为同时点火方式和独立点火方式两种。

同 步 测 试

一、填空题

1. 火花塞的 ＿＿＿＿＿ 与 ＿＿＿＿＿ 侧电极之间应该保持足够的绝缘强度。
2. 火花塞的自洁温度为 ＿＿＿＿ ℃。
3. 火花塞的发火部位吸热并传递给发动机的性能，称为火花塞的 ＿＿＿＿＿，主要取决于绝缘体 ＿＿＿＿ 的长度。
4. 点火线圈由 ＿＿＿＿、＿＿＿＿ 和 ＿＿＿＿ 等组成。
5. 点火提前装置包括 ＿＿＿＿ 提前机构和 ＿＿＿＿ 提前机构。
6. 微机控制的点火系统主要由 ＿＿＿＿、＿＿＿＿、＿＿＿＿ 和 ＿＿＿＿ 组成。

二、判断题

1. 点火系统的电源就是蓄电池和发电机。（　　）
2. 高压电路的负载是点火线圈次级绕组。（　　）
3. 发动机气缸数增加，点火线圈次级电压上升。（　　）
4. 点火线圈初级绕组绕在里面，次级绕组绕在外面。（　　）
5. 随着温度的升高，附加电阻阻值减小。（　　）
6. 一般轿车因转速高、功率大都使用热型火花塞。（　　）

三、名词解释

1. 闭磁路式点火线圈
2. 点火提前角

四、简答题

1. 简要说明点火线圈的结构和工作原理。
2. 简述微机控制的点火系统的主要组成部分及其作用。
3. 简述微机控制点火提前角的修正内容。
4. 简述微机控制的点火系统对初级线圈通电时间控制的重要性。

同步训练

项目：帕萨特 B5 型轿车微机控制点火系统的故障诊断与维修

实训目的：
- 加深对点火系统工作原理的理解。
- 基本掌握微机控制点火系统的故障诊断与维修。

实训器材：
帕萨特 B5 型轿车发动机拆装实训台、万用表、常用工具、专用工具。

实训指导：

1. 帕萨特 B5 型轿车发动机点火系统概述

帕萨特 B5 型轿车发动机点火系统是电子控制燃油喷射系统的一个子系统，由一个电控单元 ECU 控制。

帕萨特 B5 型轿车发动机点火系统主要由点火线圈、火花塞、爆燃传感器、霍尔传感器等组成，其结构如图 11-22 所示。

（1）点火系统主要技术数据　帕萨特 B5 型轿车发动机点火系统主要技术数据见表 11-3。

（2）点火系统维修时的注意事项　发动机在运行中或在起动时，点火系统的导线不能碰触或拔下。燃料供给系统和点火系统的导线仅在点火开关关闭时才能连接或拔下。

如果发动机只是运转，但不需要发动，例如在压缩检查中，应将点火线圈的功率终端极的插头拔下，如图 11-23 所示。

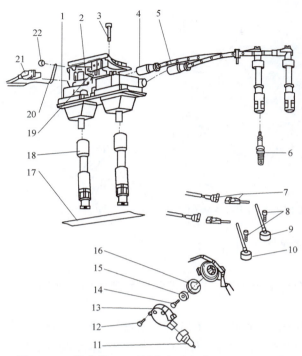

图 11-22 帕萨特 B5 型轿车发动机点火系统的结构

1—点火线圈（N128） 2—锁紧装置 3—螺栓 4—1 缸火花塞插头 5—2 缸火花塞插头
6—火花塞（30N·m） 7—3 针插接头 8—螺栓（20N·m） 9—爆燃传感器 1（G61）
10—爆燃传感器 2（G66） 11—3 针连接插头 12—螺栓（10N·m） 13—凸轮轴霍尔传感器（G40）
14—螺栓（25N·m） 15—垫片 16—罩壳 17—密封垫 18—3、4 缸火花塞插头
19—连接螺栓 20—接地线 21—5 针连接插头 22—螺母（6N·m）

表 11-3 帕萨特 B5 型轿车发动机点火系统主要技术数据

发动机标识字母	ANQ
点火顺序	1—3—4—2
火花塞 VW/Audi 制造商标记	101 000 051 AA F 7 LTCR
VW/Audi 制造商标记	101 000 033 AA BKUR 6 ET—10
VW/Audi 制造商标记	101 000 041 AC 14 FGH—7 DTURX
火花塞间隙	0.9~1.1mm
旋紧力矩	30N·m

2. 帕萨特 B5 型轿车点火系统主要零部件的检查

（1）霍尔传感器的检修　检查条件为蓄电池电压至少为 11.5V。

1）拔下霍尔传感器的 3 针插头，如图 11-24 所示。

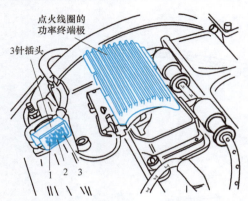

图 11-23 拔下点火线圈的功率终端极的插头

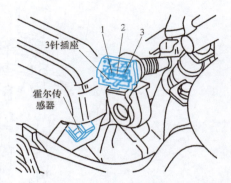

图 11-24 拔下霍尔传感器的 3 针插头

2) 用万用表连接插座的端子 1 和 3，打开点火开关，测量其电压，允许值至少为 4.5V。

3) 如果不在允许值范围内，检查控制单元到插座之间的导通性及导线之间是否相互短接。

4) 如在导线中未发现故障，且在 3 针插座端子 1 和 3 之间有电压，则更换霍尔传感器 G40；如果在导线中未发现故障，且在端子 1 和 3 之间无电压，则更换发动机 ECU。

(2) 带功率终端极的点火线圈的检修　检查条件为蓄电池电压为 11.5V，霍尔传感器正常，发动机转速传感器正常。

1) 将点火线圈的功率终端极和 3 针插头拔下，用导线将万用表连接到中间的端子和接地点，打开点火开关，测量供电电压，其允许值至少为 11.5V。如果无电压，检查控制单元和 3 针插座之间的导线是否导通及 3 针插座端子 2 和继电器板间是否导通。

2) 拔下喷油器插头及点火线圈终端级的 3 针插座，用辅助导线连接二极管灯 V.A.G1527 于端子 1 与接地点之间。起动发动机，检查发动机控制单元的点火信号。二极管灯应当闪烁，如果不闪烁，检查相应的导线。如未找到导线的故障，而在端子 2 和接地点间有电压，更换发动机控制单元。

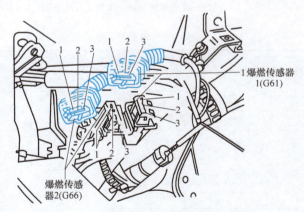

图 11-25 拔下爆燃传感器的 3 针插头

如果电压和动作控制正常，更换带功率终端极的点火线圈。

(3) 爆燃传感器的检修　检查条件为自诊断系统能识别一个或两个爆燃传感器上的故障。

1) 拔下爆燃传感器 1（G61）或爆燃传感器 2（G66）的 3 针插头，如图 11-25 所示。

2）在爆燃传感器插头上测量端子 1 和 2 间、1 和 3 间、2 和 3 间的电阻，其阻值应为无穷大。

3）检查控制单元至 3 针插座之间的导线的导通性及导线之间是否有短接。如果导线中无故障，松开爆燃传感器，并重新以 20N·m 旋紧。进行一次试车行驶后，查询故障存储器中是否有故障码，若仍有故障，更换爆燃传感器。

传动系统

知识目标

- 了解汽车传动系统的组成及各部分的功用。
- 掌握传动系统总体布置类型及特点。
- 了解汽车行驶原理。
- 掌握离合器的总体结构以及其零部件的结构特点。
- 掌握变速器的总体结构以及其零部件的结构特点。
- 了解变速器的工作原理。
- 掌握汽车驱动桥的组成及各部分的功用。
- 熟悉主减速器、差速器的结构及特点。

能力目标

- 掌握离合器的拆卸与装配顺序。
- 了解变速器的拆装顺序。
- 了解主减速器的调整顺序及要求。

素养目标

- 学习汽车传动系统,通过了解传递方式和传递效率,增强效益观念。

重点与难点

- 变速器的结构。
- 差速器的工作原理。

第一节 概 述

汽车传动系统指从发动机到驱动车轮之间所有的动力传递装置,其功用是将发动机的动力传给驱动车轮。

传动系统的首要任务是与发动机协同工作,保证汽车在不同使用条件下正常行驶,并具有良好的动力性和燃料经济性。

一、传动系统的组成及其各部分的作用

不同的汽车，其传动系统的组成稍有不同；如载货汽车及部分轿车，其传动系统一般由离合器、手动变速器、万向传动装置（万向节和传动轴）、驱动桥（主减速器、差速器、半轴、桥壳）等组成，如图 12-1 所示；而现代轿车中采用自动变速器的越来越多，其底盘包括自动变速器、万向传动装置、驱动桥等，即用自动变速器取代了离合器和手动变速器；如果是越野汽车（包括 SUV，即运动型多功能车），还应包括分动器。

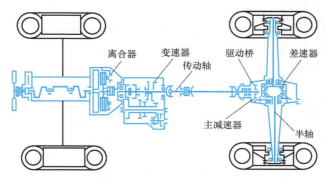

图 12-1 汽车传动系统的组成示意图

传动系统各组成部分的功用如下：
1) 离合器：保证换档平顺，必要时中断动力传动。
2) 变速器：变速、变矩、变向、中断动力传动。
3) 万向传动装置：实现有夹角和相对位置经常发生变化的两轴之间的动力传动。
4) 主减速器：将动力传给差速器，并实现降速增矩、改变传动方向。
5) 差速器：将动力传给半轴，并允许左、右半轴以不同的转速旋转。
6) 半轴：将差速器的动力传给驱动车轮。

二、汽车传动系统的布置形式

汽车底盘的总体布置与发动机的位置及汽车的驱动方式有关，按发动机相对于各总成的位置，汽车传动系统一般有下列几种布置形式：发动机前置后轮驱动、发动机前置前轮驱动、发动机后置后轮驱动、发动机前置全轮驱动等。

1. 发动机前置后轮驱动

发动机前置后轮驱动简称前置后驱动（FR）。如图 12-1 所示，发动机布置在汽车前部，动力经过离合器、变速器、万向传动装置、后驱动桥，最后传到后驱动车轮，使汽车行驶。

这是一种传统的布置形式，应用广泛，适用于除越野汽车外的各类型汽车，如大多数的货车、部分轿车和部分客车都采用这种形式。

2. 发动机前置前轮驱动

发动机前置前轮驱动简称前置前驱动（FF）。发动机布置在汽车前部，动力经过离合器、变速器、前驱动桥，最后传到前驱动车轮，这种布置形式在变速器与驱动桥之间省去了万向传动装置，使结构简单紧凑，整车质量小，高速时操纵稳定性好。大多数轿车采用这种布置形式，但这种布置形式的爬坡性能差，豪华轿车一般不采用，而是采用传统的发动机前置后轮驱动。

根据发动机布置的方向不同，FF 可以分为发动机前横置前轮驱动（图 12-2）和发动机前纵置前轮驱动（图 12-3）两种形式。

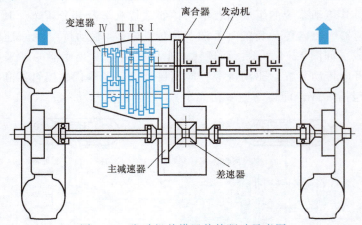

图 12-2　发动机前横置前轮驱动示意图

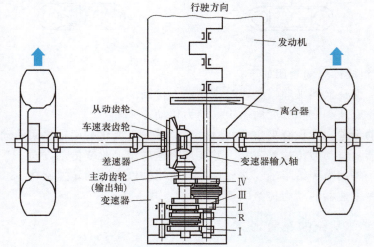

图 12-3　发动机前纵置前轮驱动示意图

3. 发动机后置后轮驱动

发动机后置后轮驱动简称后置后驱动（RR）。发动机布置在汽车后部，动力经过离合器、变速器、角传动装置、万向传动装置、后驱动桥，最后传到后驱动车轮，使汽车行驶。这种布置形式便于车身内部的布置，减小室内发动机的噪声，一般用于大型客车。

4. 发动机前置全轮驱动

发动机前置全轮驱动简称全轮驱动（XWD）。如图 12-4 所示，发动机布置在汽车前部，动力经过离合器、变速器、分动器、万向传动装置分别到达前、后驱动桥，最后传到前、后驱动车轮，使汽车行驶。由于所有的车轮都是驱动车轮，提高了汽车的越野通过性能，这是越野汽车采用的布置形式。

三、汽车行驶的基本原理

要使汽车行驶，必须对其施加一个驱动力以克服各种阻力，驱动力产生的原理如图 12-5

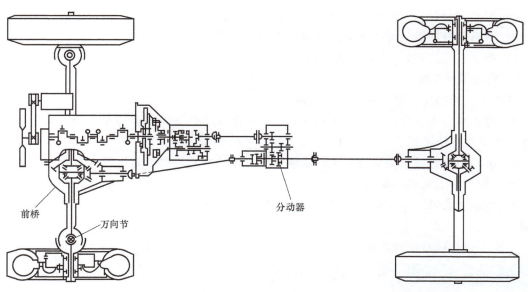

图 12-4 发动机前置全轮驱动示意图

所示。发动机经传动系统在驱动车轮上施加了一个驱动力矩 T_t，力图使驱动车轮旋转。在 T_t 的作用下，驱动车轮对地面施加一个与汽车行驶方向相反的圆周力 F_0。根据作用与反作用原理，地面对驱动车轮施加一个与 F_0 大小相等、方向相反的反作用力 F_t，F_t 就是使汽车行驶的驱动力，或称牵引力。驱动力作用在驱动轮上，再通过车桥、悬架、车架等传到车身上，使汽车行驶。

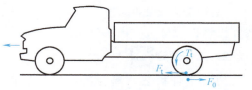

图 12-5 汽车行驶的基本原理示意图

第二节 离 合 器

一、离合器的概述

1. 离合器的功用

离合器位于发动机与变速器之间，离合器的具体功用有以下 3 个方面：
1) 使发动机与传动系统逐渐接合，保证汽车平稳起步。
2) 暂时切断发动机的动力传动，保证变速器换档平顺。
3) 限制所传递的转矩，防止传动系统过载。

2. 对离合器的要求

根据离合器的功用，它应满足下列主要要求：
1) 保证可靠地传递发动机的最大转矩，又能防止传动系统过载。
2) 接合时应平顺柔和，保证汽车平稳起步，减小冲击。
3) 分离时应迅速彻底，保证变速器换档平顺和发动机起动顺利。

4）旋转部分的平衡性好，且从动部分的转动惯量小。

5）具有良好的通风散热能力，可防止离合器温度过高。

6）操纵轻便，以减轻驾驶人的疲劳。

3. 离合器的分类

汽车上应用的离合器主要有以下三种形式：

1）摩擦离合器。摩擦离合器指利用主、从动部分的摩擦作用来传递转矩的离合器，目前在汽车上被广泛采用。

2）液力偶合器。液力偶合器指利用液体作为传动介质的离合器，原来多用于自动变速器，目前在汽车上几乎不采用。

3）电磁离合器。电磁离合器指利用磁力传动的离合器，如在空调中应用的就是这种离合器。

下面介绍在汽车传动系统中应用最广泛的摩擦离合器。

二、摩擦离合器的基本组成和工作原理

1. 摩擦离合器的组成

当前汽车采用的摩擦离合器为干摩擦式离合器。它主要由主动部分、从动部分、压紧机构和操纵机构组成，其结构如图12-6所示。

2. 工作原理

（1）接合状态　离合器在接合状态下，操纵机构各部件在回位弹簧的作用下回到图12-6所示的各自位置，分离杠杆内端与分离轴承之间保持有一定的间隙，压紧弹簧将飞轮、从动盘和压盘三者压紧在一起，发动机的转矩经过飞轮及压盘通过从动盘两摩擦面的摩擦作用传给从动盘，再由从动轴输入变速器。

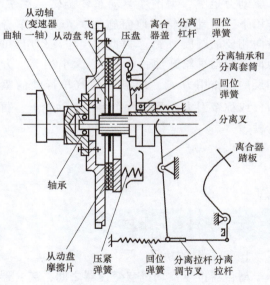

图 12-6　摩擦离合器的结构

（2）分离过程　分离离合器时，驾驶人踩下离合器踏板，分离套筒和分离轴承在分离叉的推动下，先消除分离轴承与分离杠杆内端之间的间隙，然后推动分离杠杆内端前移，使分离杠杆外端带动压盘克服压紧弹簧作用力后移，摩擦作用消失，离合器的主、从动部分分离，中断动力传动。

（3）接合过程　接合离合器时，驾驶人缓慢抬起离合器踏板，在压紧弹簧的作用下，压盘向前移动并逐渐压紧从动盘，使接触面间的压力逐渐增加，摩擦力矩也逐渐增加；当飞轮、压盘和从动盘之间接合还不紧密时，所能传动的摩擦力矩较小，离合器的主、从动部分有转速差，离合器处于打滑状态；随着离合器踏板的逐渐抬起，飞轮、压盘和从动盘之间的压紧程度逐渐紧密，主、从动部分的转速也渐趋相等，直到离合器完全接合而停止打滑，接合过程结束。

模块十二 传动系统

3. 摩擦离合器的种类及特点

摩擦离合器按压紧弹簧的形式可以分为周布弹簧离合器、中央弹簧离合器和膜片弹簧离合器。周布弹簧离合器和中央弹簧离合器采用螺旋弹簧，分别沿压盘的圆周和中央布置；膜片弹簧离合器采用膜片弹簧，目前应用最广泛。

膜片弹簧离合器目前在各种类型的汽车上都广泛应用。膜片弹簧离合器由主动部分、从动部分、压紧机构和操纵机构组成，其结构如图 12-7 所示。

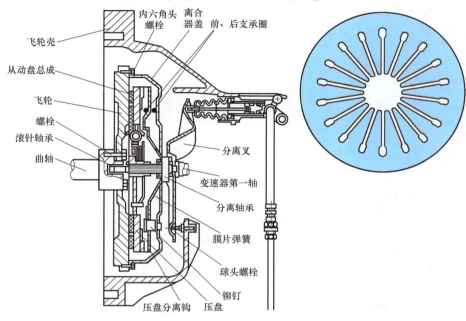

图 12-7 膜片弹簧离合器的结构

膜片弹簧中心部分开有若干个径向切口，形成弹性杠杆，它既是压紧弹簧又是分离杠杆，具有双重作用，使结构简化了。另外，膜片弹簧的弹簧特性优于圆柱螺旋弹簧，所以膜片弹簧离合器的应用越来越广泛，在各种车型上都有应用。

4. 离合器的操纵机构

离合器的操纵机构是驾驶人借以使离合器分离、又使之柔和接合的一套机构，它起始于离合器踏板，终止于分离杠杆。

按照分离离合器时所需操纵能源的不同，离合器操纵机构分为人力式和助力式两种。人力式离合器操纵机构可以分为机械式和液压式两种；助力式离合器操纵机构可以分为气压助力式和弹簧助力式两种。其中液压操纵机构应用最多。

（1）机械式操纵机构　机械式操纵机构有杆系传动和绳索传动两种形式。

杆系传动机构如图 12-8 所示，其结构简单，工作可靠，广泛应用于各型汽车上；但杆系传动中杆件间铰接多，摩擦损失大，车架或车身变形

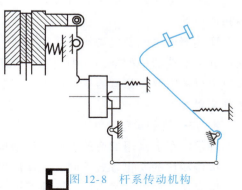

图 12-8 杆系传动机构

以及发动机产生位移时会影响其正常工作。

绳索传动机构如图12-9所示，可消除杆系传动机构的一些缺点，并能采用便于驾驶人操纵的吊挂式踏板；但绳索使用寿命较短，拉伸刚度较小，故只适用于轻型、微型汽车和轿车。例如：捷达轿车、早期的桑塔纳轿车离合器的操纵机构中就采用了绳索传动机构。

（2）液压式操纵机构　液压式操纵机构如图12-10所示，由离合器踏板、储液罐、主缸、工作缸、分离叉、分离轴承等组成。踩动踏板时，主缸产生的高压油液由管路送至工作缸，由工作缸转化成机械推力加在分离叉上，以此产生助力，减轻操作强度。目前液压式操纵机构在各类型车上应用广泛。

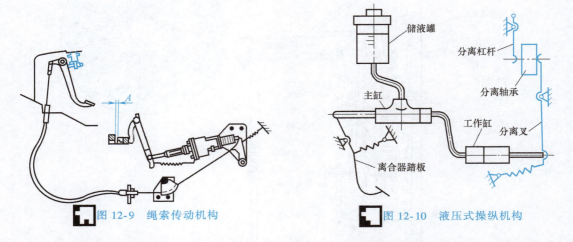

图12-9　绳索传动机构　　　　图12-10　液压式操纵机构

（3）弹簧助力式操纵机构　为了尽可能减小作用于离合器踏板上的力，减轻驾驶人的劳动强度，在有的离合器操纵机构中采用了弹簧助力式操纵机构。

第三节　变速器与分动器

一、变速器概述

1. 变速器的功用

汽车上应用的发动机具有转矩变化范围小、转速高的特点，这与汽车实际的行驶状况是不相适应的。

变速器通过改变传动比，实现变速、变矩；利用变速器的倒档，可以实现汽车的倒向行驶；利用变速器中的空档，中断动力传递，使发动机能够起动和怠速运转，满足汽车暂时停车或滑行的需要；如有需要，可将变速器作为动力输出器，驱动其他机构，如自卸车的液压举升装置等。

2. 变速器的类型

现代汽车上采用的变速器有多种结构形式，一般按照传动比和操纵方式进行分类。

按传动比的变化方式不同，变速器可分为有级式、无级式和综合式3种。

按变速器操纵方式不同，变速器可分为手动变速器、自动变速器和手动自动一体变速器

3种。

这里介绍手动、有级式、齿轮变速器,一般简称为手动变速器。

3. 普通齿轮传动的基本原理

普通齿轮变速器是利用不同齿数的齿轮啮合传动来实现转矩和转速的改变的。

齿轮传动的基本原理如图 12-11 所示,一对齿数不同的齿轮啮合传动时可以实现变速,而且两个齿轮的转速比与其齿数成反比。设主动齿轮转速为 n_1、齿数为 z_1,从动齿轮转速为 n_2、齿数为 z_2。主动齿轮(即输入轴)转速与从动齿轮(即输出轴)转速之比值称为传动比,用 i_{12} 表示,即由主动齿轮 1 传到从动齿轮 2 的传动比 $i_{12}=n_1/n_2=z_2/z_1$。当改变 z_1 或 z_2 数值时,即可得到不同的传动比,这就是齿轮传动的变速原理。汽车变速器就是根据这一原理利用若干大小不同的齿轮副传动而实现变速的。

图 12-12 所示为两级齿轮传动示意图,齿轮 1 为主动齿轮,驱动齿轮 2 转动,齿轮 3 与齿轮 2 固连在一起,再驱动齿轮 4 转动并输出动力,此时由齿轮 1 传到齿轮 4 的传动比为

$$i_{14}=n_1/n_4=z_2z_4/(z_1z_3)=i_{12}i_{34}$$

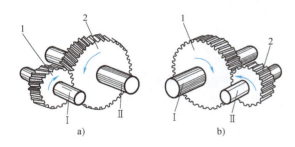

图 12-11 齿轮传动的基本原理
a) 减速传动 b) 增速传动
Ⅰ—输入轴 Ⅱ—输出轴 1—主动齿轮 2—从动齿轮

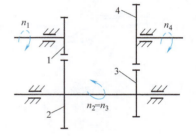

图 12-12 两级齿轮传动示意图

因此,可以总结出多级齿轮传动的传动比为

$i=$ 所有从动齿轮齿数的乘积/所有主动齿轮齿数的乘积 $=$ 各级齿轮传动比的乘积

对于变速器,各档的传动比 i 就是变速器输入轴转速与输出轴转速之比,即

$$i=n_{输入}/n_{输出}=T_{输出}/T_{输入}$$

二、手动变速器的变速传动机构

手动变速器包括变速传动机构和操纵机构两大部分。变速传动机构的主要作用是改变转矩的大小和方向;操纵机构的作用是实现换档。

变速传动机构是变速器的主体,按工作轴的数量(不包括倒档轴)可分为二轴式变速器和三轴式变速器。

1. 二轴式变速器的变速传动机构

二轴式变速器用于发动机前置前轮驱动的汽车,一般与驱动桥(前桥)合称为手动变速驱动桥。目前,我国常见的国产轿车均采用这种变速器。

前置发动机有纵向布置和横向布置两种形式,与其配用的二轴式变速器也有两种不同的结构形式。发动机纵置时,主减速器采用一对锥齿轮;发动机横置时,主减速器采用一对圆

柱齿轮。

（1）发动机纵向布置的二轴式变速器　图 12-13 所示为桑塔纳轿车二轴式变速器传动机构的结构。

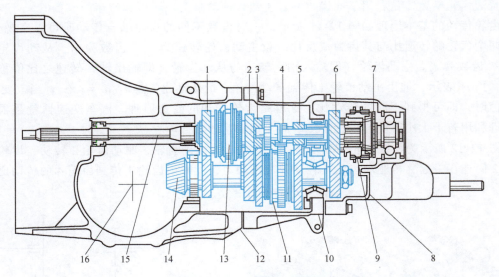

图 12-13　桑塔纳轿车二轴式变速器传动机构的结构

1—4 档齿轮　2—3 档齿轮　3—2 档齿轮　4—倒档齿轮　5—1 档齿轮　6—5 档齿轮
7—5 档运行齿环　8—换档机构壳体　9—5 档同步器　10—齿轮箱体　11—1/2 档同步器
12—变速器壳体　13—3/4 档同步器　14—输出轴　15—输入轴　16—差速器

该变速器的变速传动机构有输入轴和输出轴，两根轴平行布置，输入轴也是离合器的从动轴，输出轴也是主减速器的主动锥齿轮轴。该变速器具有 5 个前进档和 1 个倒档，全部采用锁环式惯性同步器换档。输入轴上有 1~5 档主动齿轮，其中 1、2 档主动齿轮与轴制成一体，3~5 档主动齿轮通过滚针轴承空套在轴上。输入轴上还有倒档主动齿轮，它与轴制成一体。3/4 档同步器和 5 档同步器也装在输入轴上。输出轴上有 1~5 档从动齿轮，其中 1、2 档从动齿轮通过滚针轴承空套在轴上，3~5 档齿轮通过花键套装在轴上。1/2 档同步器也装在输出轴上。在变速器壳体的右端装有倒档轴，上面通过滚针轴承套装有倒档中间齿轮。各档动力传递路线见表 12-1。

表 12-1　桑塔纳轿车变速器动力传递路线

档位	动力传递路线
1	变速器操纵杆从空档向左、向前移动,实现:动力→输入轴→输入轴 1 档齿轮→输出轴一档齿轮→输出轴 1/2 档同步器→输出轴→动力输出
2	变速器操纵杆从空档向左、向后移动,实现:动力→输入轴→输入轴 2 档齿轮→输出轴 2 档齿轮→输出轴 1/2 档同步器→输出轴→动力输出
3	变速器操纵杆从空档向前移动,实现:动力→输入轴→输入轴 3/4 档同步器→输入轴 3 档齿轮→输出轴 3 档齿轮→输出轴→动力输出
4	变速器操纵杆从空档向后移动,实现:动力→输入轴→输入轴 3/4 档同步器→输入轴 4 档齿轮→输出轴 4 档齿轮→输出轴→动力输出

(续)

档位	动力传递路线
5	变速器操纵杆从空档向右、向前移动,实现:动力→输入轴→输入轴5档齿轮→输入轴5档齿轮→输出轴5档齿轮→输出轴→动力输出
倒	变速器操纵杆从空档向右、向后移动,实现:动力→输出轴→输出轴倒档齿轮→倒档轴倒档齿轮→输出轴倒档同步器→输出轴→动力反向输出

(2) 发动机横向布置的二轴式变速器

发动机横向布置的二轴式变速器的结构如图12-14所示,所有前进档齿轮和倒档齿轮都采用常啮合斜齿轮,并采用锁环式同步器换档。其动力传动原理和上面的相同。

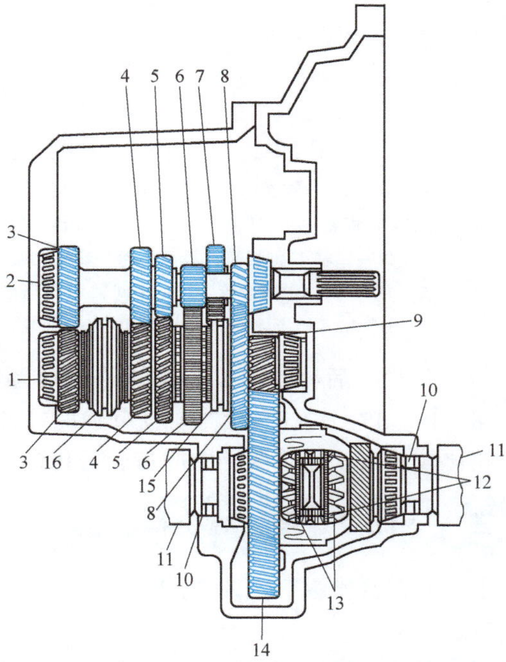

2. 三轴式变速器的变速传动机构

三轴式变速器用于发动机前置后轮驱动的汽车。下面以东风中型货车的变速器为例进行介绍,其结构简图如图12-15所示,有3根主要的传动轴:一轴、二轴和中间轴,所以称为三轴式变速器。另外,还有倒档轴。

该变速器为5档变速器,各档传动情况如下:

(1) 空档 二轴上的各接合套、传动齿轮均处于中间空转的位置,动力不传给二轴。

图12-14 发动机横向布置的二轴式变速器的结构
1—输出轴 2—输入轴 3—4档齿轮 4—3档齿轮 5—2档齿轮 6—倒档齿轮 7—倒档惰轮 8—1档齿轮 9—主减速器主动齿轮 10—差速器油封 11—等速万向节轴 12—差速行星齿轮 13—差速半轴齿轮 14—主减速器从动齿轮 15—1/2档同步器 16—3/4档同步器

(2) 1档 二轴1/倒档直齿滑动齿轮12与中间轴1/倒档齿轮18啮合。动力经一轴常啮合齿轮2,中间轴常啮合齿轮23,中间轴1/倒档齿轮18、二轴1/倒档齿轮12,传到二轴使其顺时针方向旋转(与一轴同向)。

(3) 2档 后移接合套9与二轴2档齿轮11的2档齿轮接合齿圈10啮合。动力经齿轮2、23、20、11、10、9、24,传到二轴使其顺时针方向旋转。

(4) 3档 前移接合套9与二轴3档齿轮7的3档齿轮接合齿圈8啮合。动力经齿轮2、23、21、7、8、9、24,传到二轴使其顺时针方向旋转。

(5) 4档 后移接合套4与二轴4档齿轮6的4档齿轮接合齿圈5啮合。动力经齿轮2、23、22、6、5、4、25,传到二轴使其顺时针方向旋转。

(6) 5档 前移接合套4与一轴常啮合齿轮2的一轴常啮合齿轮接合齿圈3啮合。动力直接由一轴及齿轮2、3、4、25,传到二轴,传动比为1。由于二轴的转速与一轴相同,故此档称为直接档。

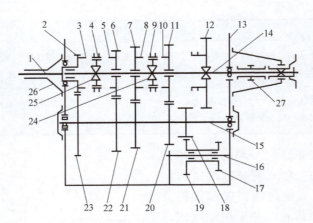

图 12-15　东风中型货车的三轴式变速器

1——轴　2——轴常啮合齿轮　3——轴常啮合齿轮接合齿圈　4、9——接合套　5——4 档齿轮接合齿圈
6——二轴 4 档齿轮　7——二轴 3 档齿轮　8——3 档齿轮接合齿圈　10——2 齿轮接合齿圈　11——二轴 2 档齿轮
12——二轴 1/倒档直齿滑动齿轮　13——变速器壳体　14——二轴　15——中间轴　16——倒档轴
17、19——倒档中间齿轮　18——中间轴 1/倒档齿轮　20——中间轴 2 档齿轮　21——中间轴 3 档齿轮
22——中间轴 4 档齿轮　23——中间轴常啮合齿轮　24、25——花键毂　26——轴轴承盖　27——回油螺纹

（7）倒档　后移二轴 1/倒档直齿滑动齿轮 12 与倒档中间齿轮 17 啮合。动力经齿轮 2、23、18、19、17、12，传给二轴使其逆时针方向旋转，汽车倒向行驶。倒档传动路线与其他档位相比较，由于多了倒档中间齿轮的传动，所以改变了二轴的旋转方向。

三、手动变速器操纵机构

手动变速器操纵机构的功用是保证驾驶人能准确可靠地将变速器挂入所需要的档位，并可随时退至空档。

变速器操纵机构按照变速操纵杆（变速杆）位置的不同，可分为直接操纵式和远距离操纵式两种类型。

1. 直接操纵机构

这种形式的变速器布置在驾驶人座椅附近，变速杆由驾驶室底板伸出，驾驶人可以直接操纵，多用于发动机前置后轮驱动的车辆。图 12-16 所示为解放中型货车六档变速器直接操纵机构。

拨叉轴 7、8、9 和 10 的两端均支承于变速器盖的相应孔中，可以轴向滑动。所有的拨叉和拨块都以弹性销固定于相应的拨叉轴上。3/4 档拨叉 2 的上端具有拨块。拨叉 2 和拨块 3、4、14 的顶部制有凹槽。变速器处于空档时，各凹槽在横向平面内对齐，叉形拨杆 13 下端的球头即伸入这些凹槽中。选档时，可使变速杆绕其中部球形支点横向摆动，则其下端推动叉形拨杆 13 绕换档轴 11 的轴线摆动，从而使叉形拨杆下端球头对准与所选档位对应的拨块凹槽，然后使变速杆纵向摆动，带动拨叉轴及拨叉向前或向后移动，即可实现挂档。例如：横向摆动变速杆使叉形拨杆下端球头深入 1/2 档拨块 3 顶部凹槽中，1/2 档拨块 3 连同 1/2 档拨叉轴 9 和 1/2 档拨叉 5 即沿纵向向前移动一定距离，便可挂入 2 档；若向后移动一段距离，则挂入 1 档。当使叉形拨杆下端球头深入倒档拨块 14 的凹槽中，并使其向前移动

模块十二　传动系统

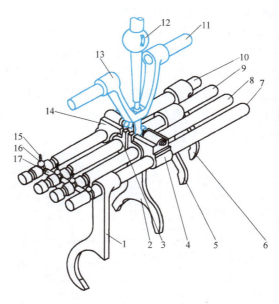

图 12-16　解放中型货车六档变速器直接操纵机构

1—5/6 档拨叉　2—3/4 档拨叉　3—1/2 档拨块　4—5/6 档拨块　5—1/2 档拨叉　6—倒档拨叉
7—5/6 档拨叉轴　8—3/4 档拨叉轴　9—1/2 档拨叉轴　10—倒档拨叉轴　11—换档轴
12—变速杆　13—叉形拨杆　14—倒档拨块　15—自锁弹簧　16—自锁钢球　17—互锁销

一段距离时，便挂入倒档。

2. 远距离操纵机构

　　在有些汽车上，由于变速器离驾驶人座位较远，则需要在变速杆与拨叉之间加装一些辅助杠杆或一套传动机构，构成远距离操纵机构。这种操纵机构多用于发动机前置前轮驱动的轿车，如桑塔纳轿车的 5 档手动变速器，由于其变速器安装在前驱动桥处，远离驾驶人座椅，需要采用这种操纵方式。而在变速器壳体上具有类似于直接操纵式的内换档机构。图 12-17 所示为桑塔纳轿车 5 档手动变速器的远距离操纵机构。

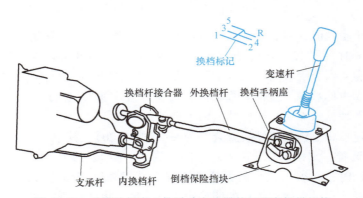

图 12-17　桑塔纳轿车 5 档手动变速器的远距离操纵机构

3. 换档锁装置

　　为了保证变速器在任何情况下都能准确、安全、可靠地工作，变速器操纵机构一般都具有换档锁装置，包括自锁装置、互锁装置和倒档锁装置。

（1）自锁装置　自锁装置用于防止变速器自动脱档或挂档，并保证轮齿以全齿宽啮合。大多数变速器的自锁装置都采用自锁钢球对拨叉轴进行轴向定位锁止。如图 12-18 所示，在变速器盖中钻有 3 个深孔，孔中装入自锁钢球和自锁弹簧，其位置正处于拨叉轴的正上方，每根拨叉轴对着钢球的表面沿轴向设有 3 个凹槽，槽的深度小于钢球的半径。中间的凹槽对正钢球时为空档位置，前边或后边的凹槽对正钢球时则处于某一工作档位置，相邻凹槽之间的距离保证齿轮处于全齿长啮合或完全退出啮合。

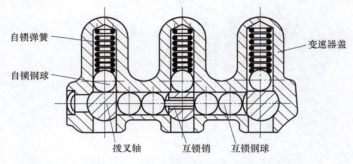

图 12-18　自锁和互锁装置

（2）互锁装置　互锁装置用于防止同时挂上两个档位。如图 12-19 所示，互锁装置由互锁钢球和互锁销组成。

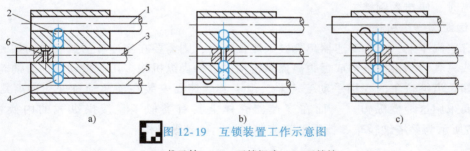

图 12-19　互锁装置工作示意图

1、3、5—拨叉轴　2、4—互锁钢球　6—互锁销

当变速器处于空档时，所有拨叉轴的侧面凹槽同互锁钢球、互锁销都在一条直线上。当移动中间拨叉轴 3 时（图 12-19a），拨叉轴 3 两侧的内互锁钢球从其侧凹槽中被挤出，而两个外互锁钢球 2 和 4 则分别嵌入拨叉轴 1 和 5 的侧面凹槽中，因而将拨叉轴 1 和 5 刚性地锁止在其空档位置。由此可知，互锁装置工作的机理是当驾驶人用变速杆推动某一拨叉轴时，自动锁止其余拨叉轴，从而防止同时挂上两个档位。

有的三档变速器将自锁和互锁装置合二为一（图 12-20），其中 $a=b$。

（3）倒档锁装置　倒档锁装置用于防止误挂倒档。图 12-21 所示为锁销式倒档锁装置。当驾驶人要挂倒档时，必须用较大的力使变速杆下端压缩倒档锁弹簧，将锁销推入锁销孔内，才能使变速杆下端进入倒档拨块的凹槽中进行换档。由此可见，倒档锁的作用是使驾驶人必须对变速杆施加更大的力，才能挂入倒档，起到警示注意作用，以防误挂倒档。

目前汽车上手动、普通齿轮变速器换档的方式有两种，一是采用直齿滑动齿轮换档方式；二是采用同步器换档，这种方式应用最广泛，几乎所有的变速器都是采用同步器进行换档。

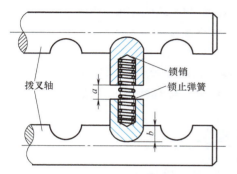

图 12-20 合二为一的自锁和互锁装置

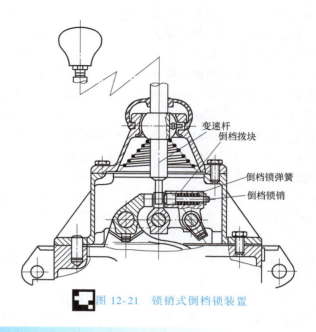

图 12-21 锁销式倒档锁装置

四、同步器

1. 同步器的功用

同步器式换档装置是在接合套式换档装置的基础上加装了同步元件而构成的一种换档装置，可以保证在换档时接合套与待啮合齿圈的圆周速度迅速达到同步，并防止两者同步前进入啮合，从而消除换档时的冲击，并使换档操纵简单，因而得到广泛应用。

2. 同步器的构造及工作原理

目前采用的同步器几乎都是摩擦式惯性同步器，按锁止装置不同，可分为锁环式惯性同步器和锁销式惯性同步器。在轿车上多采用锁环式惯性同步器。

锁环式惯性同步器的结构如图12-22所示，花键毂7用内花键套装在二轴外花键上，用垫圈、卡环轴向定位。花键毂7两端与一轴常啮合齿轮的接合齿圈1和二轴齿轮4之间各有一个用青铜制成的锁环（同步环）5和9。锁环上有短花键齿圈，其花键的尺寸和齿数与花键毂、一轴常啮

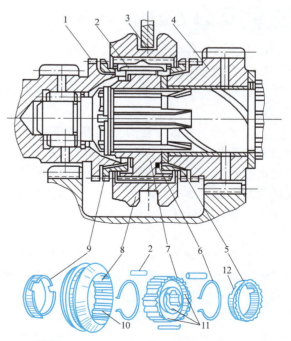

图 12-22 锁环式惯性同步器的结构

1——一轴常啮合齿轮的接合齿圈　2——滑块　3——拨叉
4——二轴齿轮　5,9——锁环（同步环）　6——弹簧圈
7——花键毂　8——接合套　10——环槽　11——轴向槽　12——缺口

合齿轮的接合齿圈 1 和二轴齿轮 4 的外花键齿相同。两个齿轮和锁环上的花键齿，靠近接合套 8 的一端都有倒角（锁止角），与接合套齿端的倒角相同。锁环有内锥面，与一轴常啮合齿轮的接合齿圈 1 和二轴齿轮 4 的外锥面锥角相同。在环锁内锥面上制有细密的螺纹（或直槽），当锥面接触后，它能及时破坏油膜，增加锥面间的摩擦力。锁环内锥面摩擦副称为摩擦件，外沿带倒角的齿圈是锁止件，锁环上还有 3 个均布的缺口 12。3 个滑块 2 分别装在花键毂 7 上 3 个均布的轴向槽 11 内，沿槽可以轴向移动。滑块被两个弹簧圈 6 的径向力压向接合套，滑块中部的凸起部位压嵌在接合套中部的环槽 10 内。滑块和弹簧是推动件。滑块两端伸入锁环 5 的缺口 12 中，滑块窄缺口宽，两者之差等于锁环的花键齿宽。锁环相对滑块顺转和逆转都只能转动半个齿宽，且只有当滑块位于锁环缺口的中央时，接合套与锁环才能接合。

工作时，同步器会先给同步环施加一定的力，同步环利用摩擦力带动齿轮实现预同步，这时同步器和齿轮就处于相对静止状态，这样同步器与齿轮接合时就会很平稳。

第四节　自动变速器

自动变速器简称 AT，目前自动变速器的自动换档等过程都是由自动变速器的电控单元（ECU，俗称电脑）控制的，因此自动变速器又可简称为 EAT、ECAT、ECT 等。

自动变速器按结构和控制方式可以分为液力式自动变速器、无级自动变速器和机械式自动变速器。液力式自动变速器是目前应用最广泛、技术最成熟的自动变速器。

一、自动变速器的基本组成和工作原理

以下所说的自动变速器都是特指液力自动变速器。

1. 自动变速器的基本组成

自动变速器主要由液力变矩器、机械变速器、液压控制系统、电控系统、油冷却器等几个部分组成。

（1）液力变矩器　液力变矩器位于自动变速器的最前端，它安装在发动机的飞轮上。液力变矩器是一个通过自动变速器油（ATF）传递动力的装置，可以在一定范围内自动、连续地改变转矩比，以适应不同行驶阻力的要求，同时具有自动离合器的功用。它利用液力传递的原理，在发动机不熄火、自动变速器位于动力档（D 或 R 位）的情况下，使汽车可以处于停车状态。驾驶人可通过控制节气门开度控制液力变矩器的输出转矩，逐步加大输出转矩，实现动力的柔和传递。

（2）机械变速器　以常见的行星齿轮变速器为例，其由 2~3 排行星齿轮机构组成，不同的运动状态组合可得到 2~5 种速比，可以在液力变矩器的基础上将转矩增大 2~4 倍，以提高汽车的行驶适应性的能力，还可实现倒档传动。

（3）液压控制系统　液压控制系统是由液压泵、各种控制阀及与之相连通的液压换档执行元件，如离合器、制动器液压缸等组成的液压控制回路。汽车行驶中根据驾驶人的要求和行驶条件的需要，利用速控液压阀等元件控制液压油的输出或释放，通过操纵离合器和制动器的动作，控制行星齿轮机构，从而实现自动升降档。

（4）电控系统　电子控制系统将自动变速器的各种控制信号输入电控单元（ECU），经

ECU 处理后发出控制指令控制液压系统中的各种电磁阀实现自动换档,并改善换档性能。

(5) 油冷却器　自动变速器油 (ATF) 在自动变速器工作过程中会因冲击、摩擦产生热量,并且会吸收齿轮传动过程中所产生的热量,油温将会升高。油温升高将导致 ATF 黏度下降,传动效率降低,因此必须对 ATF 进行冷却,保持油温在 80°~90°。ATF 是通过油冷却器与冷却液或空气进行热量交换的。自动变速器工作中各部件磨损产生的机械杂质,由过滤器从油中过滤分离出去,以减小机械的磨损、减少液压油路堵塞和控制阀卡滞。

2. 自动变速器的工作原理

图 12-23 所示为液控自动变速器的组成和工作原理示意图。

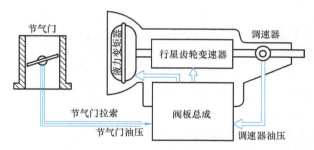

图 12-23　液控自动变速器的组成和工作原理示意图

液控自动变速器通过机械传动方式,将汽车行驶时的车速和节气门开度这两个主控制参数转变为液压控制信号;液压控制系统的阀板总成中的各控制阀根据这些液压控制信号的变化,按照设定的换档规律,操纵换档执行元件的动作实现自动换档。

图 12-24 所示为电控自动变速器的组成和工作原理图。

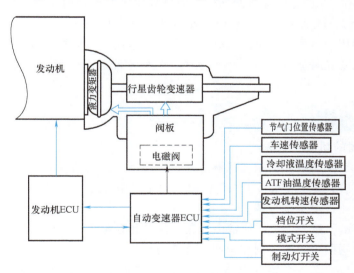

图 12-24　电控自动变速器的组成和工作原理图

电控自动变速器通过各种传感器,将发动机的转速、节气门开度、车速、发动机冷却液温度、自动变速器 ATF 油温等参数信号输入电控单元 (ECU), ECU 根据这些信号,按照设定的换档规律,向换档电磁阀、油压电磁阀等发出动作控制信号,换档电磁阀和油压电磁阀将 ECU 的动作控制信号转变为液压控制信号,阀板中的各控制阀根据这些液压控制信号,控制换档执行元件的动作，从而实现自动换档过程。

二、自动变速器变速杆的使用

轿车自动变速器的变速杆通常有 6 个位置，如图 12-25 所示。其功能如下：

P 位：驻车档。变速杆置于此位置时，驻车锁止机构将自动变速器输出轴锁止。

R 位：倒档。变速杆置于此位置时，液压系统倒档油路被接通，驱动轮反转，实现倒向行驶。

N 位：空档。变速杆置于此位置时，所有机械变速器的齿轮机构空转，不能输出动力。

D 位：前进档。变速杆置于此位置时，液压系统控制装置根据节气门开度信号和车速信号自动接通相应的前进档油路，行星齿轮变速器在换档执行元件的控制下得到相应的传动比。随着行驶条件的变化，在前进档中自动升降档，实现自动变速功能。

图 12-25　自动变速器变速杆位置示意图

2 位：高速发动机制动档。变速杆置于此位置时，液压控制系统只能接通前进档中的 1、2 档油路，自动变速器只能在这两个档位间自动换档，无法升入更高的档位，从而使汽车获得发动机制动效果。

L 位（也称 1 位）：低速发动机制动档。变速杆置于此位置时，汽车被锁定在前进档的 1 档，只能在该档位行驶而无法升入高档，发动机制动效果更好。

这两个档位多用于山区等路况的行驶，可避免频繁换档，提高变速器的使用寿命。

发动机只有在变速杆置于 N 位或 P 位时，汽车才能起动，此功能靠空档起动开关来实现。

三、液力变矩器

1. 液力变矩器的功用和组成

液力变矩器位于发动机和机械变速器之间，以自动变速器油（ATF）为工作介质，传递转矩，实现自动离合，驱动液压泵工作。同时，由于采用 ATF 传递动力，液力变矩器的动力传递柔和，且能防止传动系统过载。

如图 12-26 所示，液力变矩器通常由泵轮、涡轮和导轮 3 个元件组成，称为三元件液力变矩器；也有的采用两个导轮，则称为四元件液力变矩器。

液力变矩器总成封在一个钢制壳体（变矩器壳体）中，内部充满 ATF。液力变矩器壳体通过螺栓与发动机曲轴后端的飞轮连接，与发动机曲轴一起旋转。泵轮位于液力变矩器的后部，与变矩器壳体连在一起。涡轮位于泵轮前，通过带花键的从动轴向后面的机械变速器输出动力。导轮位于泵轮与涡轮之间，通过单向离合器支承在固定套管上，使导轮只能单向旋转（顺时针方向旋转）。泵轮、涡轮和导轮上都带有叶片，液力变矩器装配好后形成环形内腔，其间充满 ATF。

模块十二　传动系统

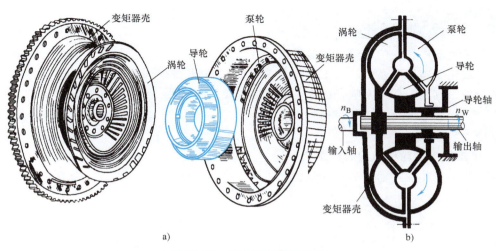

图 12-26　液力变矩器的组成

2. 液力变矩器的工作原理

（1）动力的传递　液力变矩器工作时，壳体内充满 ATF，发动机带动壳体旋转，壳体带动泵轮旋转，泵轮的叶片将 ATF 带动起来，并冲击到涡轮的叶片；如果作用在涡轮叶片上冲击力大于作用在涡轮上的阻力，涡轮将开始转动，并使机械变速器的输入轴一起转动。由涡轮叶片流出的 ATF 经过导轮后流回到泵轮，形成图 12-27 所示的循环流动。

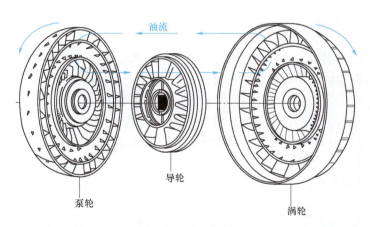

图 12-27　ATF 在液力变矩器中的循环流动

（2）转矩的放大　在泵轮与涡轮的转速差较大的情况下，由涡轮甩出的 ATF 以逆时针方向冲击导轮叶片（图 12-27），此时导轮是固定不动的，因为导轮上装有单向离合器，它可以防止导轮逆时针方向转动。导轮的叶片形状使 ATF 的流向改变为顺时针方向流回泵轮，即与泵轮的旋转方向相同。泵轮将来自发动机和从涡轮回流的能量一起传递给涡轮，使涡轮输出转矩增大。液力变矩器的转矩放大倍数一般为 2.2 左右。

（3）无级变速　从上面的分析可以得出这样的结论：随着涡轮转速的逐渐提高，涡轮输出的转矩会逐渐下降，而且这种变化是连续的。同样，如果涡轮上的负荷增加了，涡轮的转速会下降，而涡轮输出的转矩增加正好适应负荷的增加。

四、行星齿轮传动部分

自动变速器中采用的齿轮机构通常有平行轴式齿轮机构和行星齿轮机构两种。前者较为简单，主要用于本田车系中。其主要特点是在 2~3 个平行排列的齿轮轴上，安装多个不同尺寸的齿轮，其中一些为常啮合齿轮。通过多片湿式离合器，可输出多种传动比和不同转向的动力。行星齿轮机构可分为单排式、辛普森（Simpson）式、拉维娜（Ravigneavx）式、莱佩莱捷（Lepelletier）式。

1. 单排行星齿轮机构的结构组成

单排行星齿轮机构的基本元件是：太阳轮、齿圈、行星轮及行星架，如图 12-28 所示。

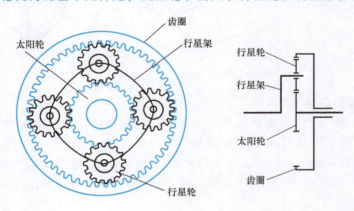

图 12-28 单排行星齿轮机构

单排行星齿轮机构通过固定不同的元件或改变联锁关系，可得出不同的传动状态。

2. 单排行星齿轮机构不同的动力传递方式

通过对不同的元件进行约束和限制，单排行星齿轮机构可以得到不同的动力传动方式。自动变速器中的行星齿轮变速器一般采用 2~3 排行星齿轮机构传动，其各档传动比就是根据上述单排行星齿轮机构传动特点进行合理组合得到的。常见的行星齿轮变速器有辛普森式的和拉威娜式两种。

综上所述，单排行星齿轮传动方案可归纳见表 12-2。

表 12-2 单排行星齿轮传动方案

方案	固定元件	主动件	从动件	速度状态	旋转方向
1	齿圈	太阳轮	行星架	减速	同向
2	齿圈	行星架	太阳轮	增速	同向
3	太阳轮	齿圈	行星架	减速	同向
4	太阳轮	行星架	齿圈	增速	同向
5	行星架	太阳轮	齿圈	减速	反向
6	行星架	齿圈	太阳轮	增速	反向
7	任意两个元件固定在一起			直接档	
8	任意元件无任何约束			空档(不传递动力)	

五、典型行星齿轮变速器的故障检修

1. 辛普森式行星齿轮变速器

辛普森式行星齿轮变速器是在自动变速器中应用最广泛的一种行星齿轮变速器，它是由美国福特公司的工程师 H·W·辛普森发明的，目前多采用的是四档辛普森行星齿轮变速器。

辛普森式行星齿轮机构由 4 个独立的元件组成：前齿圈、前后太阳轮组件、后行星架、前行星架和后齿圈组件，使用双排行星齿轮机构。它由两个内啮合式单排行星齿轮机构组合而成，能提供 3 个前进档和 1 个倒档，前面可以加一排超速行星齿轮机构。

四档辛普森行星齿轮变速器的结构简图如图 12-29 所示。

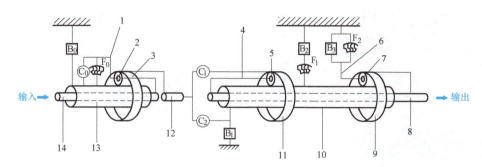

图 12-29 四档辛普森行星齿轮变速器的结构简图

1—超速（OD）行星排行星架 2—超速（OD）行星排行星轮 3—超速（OD）行星排齿圈 4—前行星排行星架
5—前行星排行星轮 6—后行星排行星架 7—后行星排行星轮 8—输出轴 9—后行星排齿圈 10—前后行星排太阳轮
11—前行星排齿圈 12—中间轴 13—超速（OD）行星排太阳轮 14—输入轴 C_0—超速档（OD）离合器
C_1—前进档离合器 C_2—直接档/倒档离合器 B_0—超速档（OD）制动器 B_1—2 档滑行制动器 B_2—2 档制动器
B_3—低/倒档离合器 F_0—超速档（OD）单向离合器 F_1—2 档（1 号）单向离合器 F_2—低档（2 号）单向离合器

四档辛普森行星齿轮变速器由四档辛普森行星齿轮机构和换档执行元件两大部分组成。其中，四档辛普森行星齿轮机构由 3 排行星齿轮机构组成，前面 1 排为超速行星排，中间 1 排为前行星排，后面 1 排为后行星排。这样命名是由于四档辛普森行星齿轮机构是在三档辛普森行星齿轮机构的基础上发展起来的，沿用了三档辛普森行星齿轮机构的命名。输入轴与超速行星排的行星架相连，超速行星排的齿圈与中间轴相连，中间轴通过前进档离合器或直接档、倒档离合器与前、后行星排相连。前、后行星排的结构特点是，共用一个太阳轮，前行星排的行星架与后行星排的齿圈相连并与输出轴相连。

换档执行机构包括 3 个离合器、4 个制动器和 3 个单向离合器共 10 个元件。

2. 拉威娜行星齿轮变速器

拉威娜行星齿轮机构如图 12-30、图 12-31 所示，它由双行星排组成，包括大太阳轮、小太阳轮、长行星轮、短行星轮、齿圈和行星架。大、小太阳轮采用分段式结构，使 3 档到 4 档的转换更加平顺。短行星轮与长行星轮及小太阳轮啮合，长行星轮同时与大太阳轮、短行星轮及齿圈啮合，动力通过齿圈输出。两个行星轮共用一个行星架（图中未画出）。

各档传递路线：

(1) D位1档　一轴→小太阳轮→短行星齿轮→长行星齿轮→齿圈。

(2) D位2档　一轴→小太阳轮→短行星齿轮→长行星齿轮→齿圈。

(3) D位3档　大、小太阳轮被锁成一体，长、短行星齿轮同方向旋转，整个行星齿轮系统被联锁成一体，以直接档传递动力。

(4) R位　大太阳轮→长行星齿轮→齿圈。

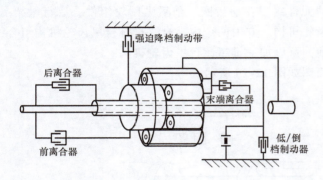
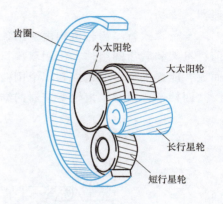

图12-30　3档拉威娜行星齿轮系统示意图　　　图12-31　拉威娜行星齿轮机构

六、液压控制系统

对于全液控自动变速器，液压控制系统将发动机的负荷（节气门开度）和车速信号转换为不同的油压，并由此确定换档时刻，并进行换档的控制。

液压控制系统的基本组成包括动力源、执行机构和控制机构三大部分，换档阀两端作用有节气门阀油压和速控阀油压。换档时，两端油压发生变化，使换档阀产生位移，改变油路，从而实现换档，如图12-32所示。

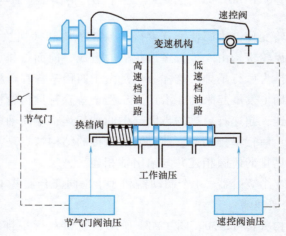

图12-32　换档控制原理

七、电控系统简介

自动变速器的电控系统包括传感器、电控单元（ECU）和执行器三部分。

传感器部分主要包括节气门位置传感器、车速传感器、发动机转速传感器、输入轴转速传感器、冷却液温度传感器、ATF 油温传感器、空档起动开关、强制降档开关、制动灯开关、模式选择开关、OD 开关等。

执行器部分主要包括各种电磁阀和故障指示灯等。

ECU 主要完成换档控制、锁止离合器控制、油压控制、故障诊断和失效保护等功能。

第五节　万向传动装置

一、万向传动装置概述

1. 万向传动装置的功用

万向传动装置在汽车上有很多应用，结构也稍有不同，但其功用都是一样的，即在轴线相交且相互位置经常发生变化的两转轴之间传递动力；常见于变速器与驱动桥之间（4×2 汽车），变速器与分动器之间，分动器与驱动桥之间（越野汽车），转向驱动桥的内、外半轴之间，断开式驱动桥的半轴之间和转向机构的转向轴和转向器之间。

2. 万向传动装置的组成

万向传动装置主要包括万向节和传动轴，对于传动距离较远的分段式传动轴，为了提高传动轴的刚度，还设置有中间支承，如图 12-33 所示。

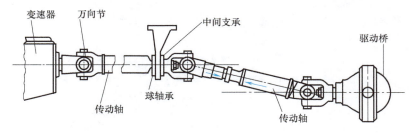

图 12-33　万向传动装置的组成

二、万向节

在汽车上使用的万向节按其刚度大小，可分为刚性万向节和柔性万向节。刚性万向节按其速度特性分为不等速万向节（常用的为十字轴式）、准等速万向节（双联式和三销轴式）和等速万向节（包括球叉式和球笼式）。目前在汽车上应用较多的是十字轴式刚性万向节和等速万向节。十字轴式刚性万向节主要用于发动机前置后轮驱动的变速器与驱动桥之间，等角速万向节主要用于发动机前置前轮驱动的内、外半轴之间。

1. 十字轴式刚性万向节

十字轴式刚性万向节如图 12-34 所示，它允许相邻两轴的最大交角为 20°。

单个十字轴式刚性万向节在主动轴和从动轴之间有夹角的情况下，当主动叉等角速转动时，从动叉是不等角速的，这称为十字轴式刚性万向节的不等速特性；且两转轴之间的夹角越大，不等速性就越强。

2. 等速万向节

等速万向节的基本原理是传力点永远位于两轴交点的平分面上。等速万向节的常见结构形式有球笼式和球叉式。

（1）球笼式等速万向节　如图12-35所示，球笼式等速万向节由6个钢球、星形套、球形壳和保持架等组成。万向节星形套与主动轴用花键固接在一起，星形套外表面有6条弧形凹槽滚道，球形壳的内表面有相应的6条凹槽，6个钢球分别装在各条凹槽中，由球笼使其保持在同一平面内。动力由主动轴、钢球、球形壳输出。

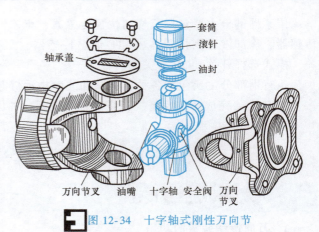

图12-34　十字轴式刚性万向节

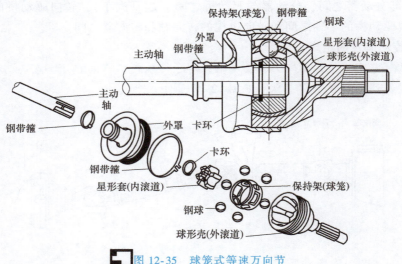

图12-35　球笼式等速万向节

球笼式等速万向节工作时，6个钢球都参与传力，故承载能力强、磨损小、使用寿命长，广泛应用于各种型号的转向驱动桥和独立悬架的驱动桥。

（2）球叉式等速万向节　球叉式等速万向节如图12-36所示，它由主动叉、从动叉、4个传动钢球、中心钢球、定位销、锁止销组成。主动叉与从动叉分别与内、外半轴制成一体。在主、从动叉上，分别有4个曲面凹槽，装配后，则形成两个相交的环形槽，作为钢球滚道。4个传动钢球放在槽中，中心钢球放在两叉中心的凹槽内，以定中心。

球叉式等速万向节在工作时，只有两个钢球传力，磨损快，影响使用寿命，现在应

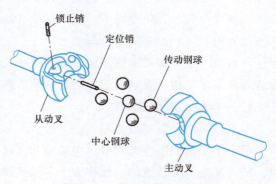

图12-36　球叉式等速万向节

用越来越少。

3. 传动轴及中间支承装置

（1）传动轴　传动轴是万向传动装置中的主要传力部件，通常用来连接变速器（或分动器）和驱动桥，在转向驱动桥和断开式驱动桥中，则用来连接差速器和驱动车轮。

传动轴有实心轴和空心轴之分。为了减小传动轴的质量，节省材料，提高轴的强度、刚度，传动轴多为空心轴，一般用厚度为 1.5~3.0mm 的薄钢板卷焊而成，超重型货车则直接采用无缝钢管。

转向驱动桥、断开式驱动桥或微型汽车的传动轴通常制成实心轴。有些地方因传动轴过长时，自振频率降低，易产生共振，故将其分成两段并加中间支承。中间传动轴前端焊有万向节叉，后端焊有花键轴，其上套装带内花键的凸缘盘；主传动轴前端焊有花键轴，其上套装滑动叉并在花键轴上可轴向滑动，适应变速器与驱动桥相对位置的变化。

传动轴两端的连接件装好后，应进行动平衡试验。在质量小的一侧补焊平衡片，使其不平衡量不超过规定值。

（2）中间支承　传动轴分段时需加中间支承。中间支承通常装在车架横梁上，能补偿传动轴轴向和角度方向的安装误差，以及汽车行驶过程中因发动机窜动或车架变形等引起的位移。

中间支承常用弹性元件来实现上述功用，由支架和轴承等组成，双列锥轴承固定在中间传动轴后部的轴颈上。带油封的支承盖之间装有弹性元件橡胶垫环，用3个螺栓紧固。紧固时，橡胶垫环会径向扩张，其外圆被挤紧于支架的内孔中。

第六节　驱　动　桥

一、驱动桥概述

驱动桥是传动系统的终端总成，发动机的动力传到驱动桥后，首先传到主减速器，在这里将转矩放大并降低转速后，经差速器分配给左、右半轴，最后通过半轴外端的凸缘传到驱动车轮的轮毂。驱动桥的组成如图 12-37 所示，其主要零部件都装在驱动桥的桥壳中。桥壳

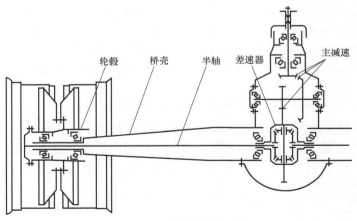

图 12-37　驱动桥的组成

由主减速器壳和半轴套管组成。

二、主减速器

主减速器将万向传动装置传来的发动机转矩传给差速器,在动力的传动过程中将转矩增大并相应降低转速,对于纵置发动机,还要将转矩的旋转方向改变90°。

主减速器按参与传动的齿轮副数目,可分为单级式主减速器和双级式主减速器。有些重型汽车上将双级式主减速器的第二级圆柱齿轮传动设置在两侧驱动车轮附近,称为轮边减速器。

主减速器按主减速器传动比个数,可分为单速式主减速器和双速式主减速器。单速式主减速器的传动比是固定的,而双速式主减速器则有两个传动比供驾驶人选择。

目前,轿车中主要应用的主减速器是单级式主减速器。

对于发动机纵向布置的汽车,由于需要改变动力传递方向,单级式主减速器都采用一对锥齿轮传动;对于发动机横向布置的汽车,单级式主减速器采用一对圆柱齿轮即可。图12-38所示为桑塔纳轿车的单级式主减速器。

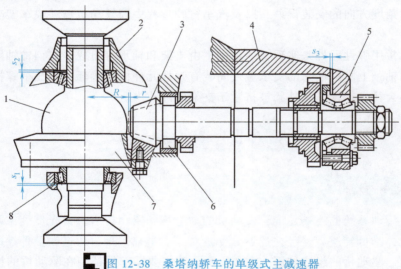

图12-38 桑塔纳轿车的单级式主减速器

1—差速器 2—变速器前壳体 3—主动锥齿轮 4—变速器后壳体 5—双列圆锥滚子轴承
6—圆柱滚子轴承 7—从动锥齿轮 8—圆锥滚子轴承 s_1—调整垫片(从动锥齿轮一侧)
s_2—调整垫片(与从动锥齿轮相对的一侧) s_3—调整垫片 r—与理论上的尺寸R成比例的偏差
(偏差r用0.01mm表示,例如:25表示$r=0.25$mm) R—主动锥齿轮理论上的尺寸($R=50.7$mm)

主减速器由一对准双曲面锥齿轮组成,主动锥齿轮的齿数为9,从动锥齿轮的齿数为40,其传动比为4.444。主动锥齿轮与变速器输出轴制为一体,用双列圆锥滚子轴承和圆柱滚子轴承支承在变速器壳体内,属于悬臂式支承。环状的从动锥齿轮靠凸缘定位,并用螺栓与差速器壳连接。差速器壳由一对圆锥滚子轴承支承在变速器壳体上。

三、差速器

汽车行驶过程中,车轮相对路面有两种运动状态:滚动和滑动。滑动有滑转和滑移两种。差速器的功用是将主减速器传来的动力传给左、右两个半轴，并在必要时允许左、右半轴以不同的转速旋转，使左、右驱动车轮相对地面纯滚动而不是滑动。

差速器按其工作特性可分为普通齿轮式差速器和防滑差速器两大类。应用最广泛的普通齿轮差速器为锥齿轮差速器。

图12-39所示为桑塔纳轿车差速器，由差速器壳、行星齿轮轴、2个行星齿轮、2个半轴齿轮、复合式止动垫片等组成。行星齿轮轴装入差速器壳体后用止动销定位。行星齿轮和半轴齿轮的背面制成球面，与复合式的止动垫片相配合，以减摩、耐磨。螺纹套用于紧固半轴齿轮。差速器通过一对圆锥滚子轴承支承在变速器壳体中。

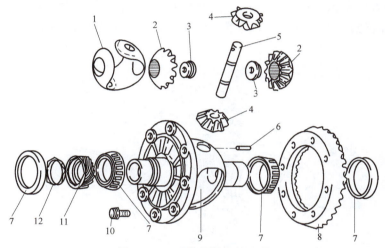

图12-39 桑塔纳轿车差速器

1—复合式止动垫片 2—半轴齿轮 3—螺纹套 4—行星齿轮 5—行星齿轮轴 6—止动销 7—圆锥滚子轴承 8—主减速器从动锥齿轮 9—差速器壳 10—螺栓 11—车速表齿轮 12—车速表齿轮锁紧套筒

差速器的工作原理如图12-40所示。主减速器传来的动力带动差速器壳（转速为n_0）转动，经过行星齿轮轴、行星齿轮、半轴齿轮、半轴（转速分别为n_1和n_2），最后传给两侧驱动车轮。

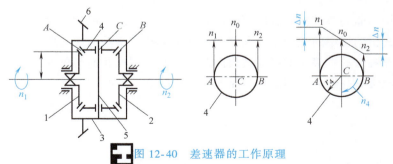

图12-40 差速器的工作原理

1、2—半轴齿轮 3—差速器壳 4—行星齿轮 5—行星齿轮轴 6—主减速器从动齿轮

（1）汽车直线行驶时 此时两侧驱动车轮所受到的地面阻力相同，行星齿轮不自转，只随差速器壳和行星轮轴一起公转，两半轴无转速差，即$n_1=n_2=n_0$，$n_1+n_2=2n_0$。

同样，由于行星轮相当于等臂杠杆，主减速器传动差速器壳体上的转矩M_0等分给两半轴齿轮（半轴），即 $M_1 = M_2 = M_0/2$。

(2) 汽车转向行驶时　此时两侧驱动车轮所受到的地面阻力不同。如果车辆右转，右侧（内侧）驱动车轮所受的阻力大，左侧（外侧）驱动车轮所受的阻力小。这两个阻力差使行星齿轮除了随差速器壳公转外还顺时针方向自转，自转使得左半轴齿轮的转速升高，右半轴齿轮的转速降低，且左半轴齿轮升高的转速等于右半轴齿轮降低的转速。设半轴齿轮的转速变化为 Δn，则 $n_1 = n_0 + \Delta n$，$n_2 = n_0 - \Delta n$，即汽车右转时，左侧（外侧）车轮转得快，右侧（内侧）车轮转得慢，实现纯滚动。此时依然有 $n_1 + n_2 = 2n_0$。

汽车上常用的防滑差速器有多种形式，全轮驱动轿车前、后驱动桥之间采用的是新型托森差速器。"托森"表示"转矩-灵敏"，托森差速器是一种轴间自锁差速器，装在变速器后端。转矩由变速器输出轴传给托森差速器，再由差速器直接分配给前驱动桥和后驱动桥，如图 12-41 所示。

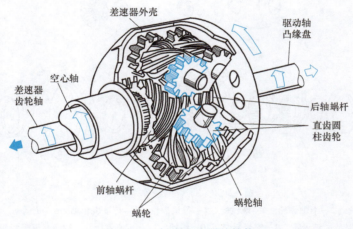

图 12-41　托森差速器的结构

四、半轴

半轴的功用是将差速器传来的动力传给驱动轮。因其传递的转矩较大，常制成实心轴。

半轴的结构因驱动桥结构形式的不同而异。整体式驱动桥中的半轴为刚性整轴，而转向驱动桥和断开式驱动桥中的半轴则分段并用万向节连接。半轴内端一般制有外花键与半轴齿轮连接。半轴外端有的直接在轴端锻造出凸缘盘；有的制成花键与单独制成的凸缘盘滑动配合；还有的制成锥形并通过键和螺母与轮毂固定连接。

小　结

汽车传动系统的由离合器、变速器、万向传动装置、驱动桥组成，离合器传递或切断发动机的动力便于换档。

变速器可实现车辆的变速、变向、变矩。

万向传动装置是连接变速器和驱动桥的装置。

驱动桥由主减速器、差速器、半轴和桥壳组成，完成减速增矩，在汽车转弯时可将驱动桥的速度根据需要进行差分，传到半轴，由半轴驱动轮毂带动车辆向前行驶。在四轮驱动的车辆上装有分动器，将发动机动力分配到前、后驱动桥上。

同 步 测 试

一、填空题

1. 汽车在行驶过程中，发动机的动力经过离合器、_____、_____、_____传给驱动车轮。
2. 手动变速器主要包括_____和_____两大机构。
3. 驱动桥主要由_____、_____、_____和_____四部分组成。
4. 分动器的操纵方法：只有先退出_____，才能摘下_____。
5. 全时四驱车辆在变速器之后安装有_____。

二、选择题

1. 现在轿车传动系统的布置形式一般采用（　　）的方式。
   A. 发动机前置、后轮驱动　　　B. 发动机前置、前轮驱动
   C. 发动机后置、后轮驱动　　　D. 四轮驱动
2. 对于5档变速器而言，传动比最大的前进档是（　　）。
   A. 1档　　　B. 2档　　　C. 4档　　　D. 5档
3. 同步器锁环内锥面磨损严重后打滑主要会引起（　　）。
   A. 自行跳档　　　B. 乱档　　　C. 换档困难
4. 通过泥泞路段的有效办法是（　　）。
   A. 换入低档低速行驶　　　B. 换入高档高速行驶
   C. 换入低档加速行驶　　　D. 换入高档以最低稳定车速行驶
5. 离合器分离轴承与分离杠杆之间的间隙是为了（　　）。
   A. 实现离合器踏板的自由行程　　B. 减轻从动盘磨损
   C. 防止热膨胀失效　　　D. 保证摩擦片正常磨损后离合器不失效

三、简答题

1. 简述驱动桥的组成、各部分的作用及动力传递路线。
2. 对照自动变速器的实物、模型或图片说明自动变速器的基本组成。
3. 自动变速器变速杆有哪些位置？各自完成哪些功能？

同 步 训 练

项目：离合器操纵机构的检查
实训目的：
● 认识离合器及其操纵机构的整体结构。

- 熟悉离合器的装配关系。
- 熟悉离合器的检查和调整。

实训器材：

实训车辆、米尺、常用拆装工具。

实训指导：

1. 踏板的检查

1）踩下离合器踏板，检查是否存在下述故障：

① 踏板回弹无力。

② 异响。

③ 踏板过度松动。

④ 踏板沉重。

2）检查离合器踏板高度。离合器踏板高度的检查如图12-42所示，掀起地毯或地板革，用直尺测量地面到离合器踏板上表面的距离。如果超出标准，应调整踏板高度。

离合器踏板高度可以通过踏板后的限位螺栓进行调整。

2. 离合器踏板自由行程的调整

离合器踏板自由行程及其调整如图12-43所示。用一把钢直尺抵在驾驶室底板上，先测量踏板完全放松时的高度，再用手轻按踏板，当感到压力增大时，表示分离轴承端面已与分离杠杆内端接触，即停止推踏板，再次测量踏板高度。两次测量的高度差，即为踏板的自由行程。

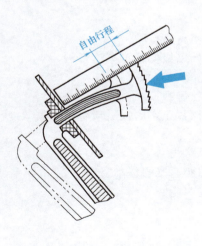
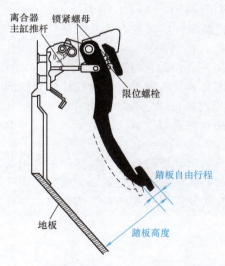

图12-42　离合器踏板高度的检查　　图12-43　离合器踏板自由行程及其调整

根据结构的不同，踏板自由行程的调整方法可分为：

1）机械操纵式离合器踏板自由行程的调整，一般是通过分离叉拉杆调整螺母调整拉杆或钢索长度，如上海桑塔纳轿车离合器踏板的自由行程为15~25mm，总行程为150mm。

2）液压操纵式离合器踏板自由行程一般是主缸活塞与其推杆之间，和分离杠杆内端与分离轴承之间两部分间隙之和在踏板上的反映。因此，踏板自由行程的调整实际上就是这两处间隙的调整。调整时，先调整主缸活塞与推杆间隙，有的通过调整螺母调整推杆长度，有的通过踏板臂与推杆相连的偏心装置调整推杆伸出长度。其间隙有的可直接测量，有的需测量此间隙在踏板上反映的自由行程。

有些车辆的操纵机构具有自调装置，如捷达轿车，可以免除离合器踏板自由行程的调整。

3. 离合器储液罐液面高度检查

检查主缸储液罐内离合器液（制动液）面的高度，如果低于"MAX"的标记，则应补加，并要进一步检查离合器液压操纵机构是否有泄漏的部位。

4. 离合器液压操纵机构泄漏检查

液压操纵机构泄漏检查主要是检查主缸与油管、工作缸与油管及油封等部位是否有离合器液的泄漏。

5. 离合器工作情况检查

将车辆可靠驻停，拉起驻车制动手柄。起动发动机，让发动机怠速运转，踩下离合器踏板，换到1档或倒档，检查是否有噪声及是否换档平稳。如果有噪声或换档不平稳，则说明离合器分离不彻底。

行驶系统

知识目标

- 了解行驶系统的组成及各部分的功用。
- 熟悉车架的类型及特点。
- 了解车桥的功用及种类。
- 掌握转向桥、转向驱动桥的总体结构及特点。

能力目标

- 掌握车轮的检查与调整。
- 掌握车轮的拆装。

素养目标

- 学习行驶系统，了解汽车横向稳定性理论，查阅资料，提高行车安全意识。

重点与难点

- 转向驱动桥的结构。
- 差速器的工作原理。

第一节 概　述

行驶系统的功用是把由传动系统传来的转矩转化为车轮对地面的推力而引起地面相应的反力——牵引力，再将牵引力传递到汽车的各个部分，以保证整车正常行驶。此外，行驶系统还承受外界对汽车的各种作用力（包括重力）以及相应的地面反力。

行驶系统一般由车架、驱动桥、从动桥、车轮及前、后悬架组成（图 13-1）。车轮分别支承在驱动桥和从动桥上。为减小汽车在不平路面上行驶时车身所受到的冲击及车身的振动，车桥通过弹性的后悬架和前悬架与车架连接（在没有整体车桥的情况下，两侧车轮的心轴可分别通过各自的弹性悬架与车架连接，即所谓的独立悬架）。车架是全车的装配基体，它将整个汽车连接成一个整体。

为保证汽车正常行驶，行驶系统还应尽可能缓和不平路面对车身造成的冲击以及减小车

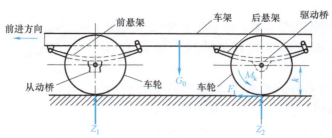

图 13-1　行驶系统的组成及部分受力情况

身的振动（即保证汽车的行驶平顺性），并且与汽车转向系统很好地配合工作，以实现汽车行驶方向的正确控制（即保证汽车的操纵稳定性）。

汽车行驶系统的结构形式除轮式以外，还有半履带式、全履带式、车轮-履带式等几种。

第二节　车　架

车架是整个汽车的基体，发动机、变速器、传动机构、操纵机构、车身等总成和部件都安装在车架上。

一、对车架的要求

车架除承受静载荷外，还要承受汽车行驶时产生的各种动载荷，因此，车架必须满足下列要求：

1) 有足够的强度。车架必须保证在各种复杂受力的情况下不致破坏。

2) 有合适的刚度。车架的变形将改变各总成和部件之间的正确位置，破坏它们的正常工作，故车架必须具有一定的刚度。但是，为了保证汽车对不平路面的适应性，车架的扭转刚度一般不宜过高。

3) 结构简单、质量小。

4) 车架的形状要尽可能地降低汽车的重心和获得较大的前轮转向角，以提高汽车的稳定性和机动性。

二、车架的类型和构造

汽车上装用的车架按其结构形式不同可分为：边梁式车架、中梁式车架、综合式车架和无梁式车架。

1. 边梁式车架

边梁式车架是用铆接法和焊接法将两边的纵梁和若干根横梁牢固连接的刚性构架。边梁式车架便于安装车身和布置总成，有利于车辆的改装变形和发展多种车型的需要，所以目前应用广泛。

纵梁一般用低碳合金钢板冲压而成。纵梁的断面一般为槽形，也有的做成 Z 形、工字形或箱形断面。纵梁上还钻有很多孔，用以安装踏脚板、转向器、燃油箱、储气筒、蓄电池、车身等零部件的支架，有的用于通过管道、电线，还有的是加工定位用孔等。

边梁式车架的横梁一般也是由低碳合金钢板冲压成槽形，以增强车架的抗扭能力。图 13-2 所示为东风 EQ1092 型汽车车架。

2. 中梁式车架

中梁式车架又称脊梁式车架，由一根贯穿汽车纵向的中央纵梁和若干根横向悬伸托架构成，如图13-3所示。

中梁式车架有较高的抗扭刚度和较大的前轮转向角，便于装用独立悬架；车架较轻，整车质量小；质心较低，故行驶稳定性好；车架的强度和刚度较高，不容易产生变形；传动轴密封在中梁内，可防尘土。

图 13-2 东风 EQ1092 型汽车车架

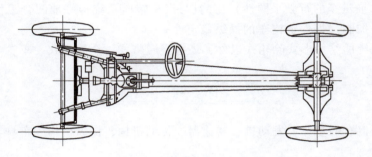

图 13-3 中梁式车架

3. 综合式车架

综合式车架是综合边梁式车架和中梁式车架的结构特点而形成的，如图13-4所示。

车架的前段或后段近似边梁式结构，便于安装发动机或后驱动桥。另一段采用中梁式结构，传动轴从中梁的中间通过，使之密封防尘。

4. 无梁式车架

无梁式车架是以车身兼代车架。车身底板用纵梁和横梁进行加固，所有的零部件都安装在车身上，全部作用力由车身承受，故这种车身又称为承载式车身。这种结构的车身刚度较高，质量较小，但制造要求较高，目前只用于轿车和部分客车上，如图13-5所示。

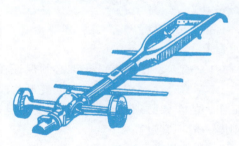

图 13-4 综合式车架

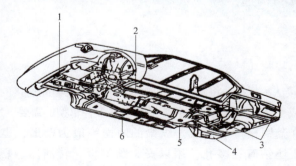

图 13-5 承载式车身结构

1—发动机固定中心梁　2—前底板加强梁　3—后底板横梁
4—后侧底板构架　5—后底板边梁　6—底板边梁

第三节 车 桥

一、车桥的作用及分类

车桥通过悬架与车架（或承载式车身）相连，其两端安装车轮。车架所受的垂直载荷通过悬架和车桥传到车轮，车轮上的滚动阻力、驱动力、制动力和侧向力及其弯矩、转矩通过车桥传递给悬架和车架，即车桥的作用是传递车架与车轮之间的各方向作用力及其产生的弯矩和转矩。

根据悬架结构的不同，车桥分为整体式和断开式两种。整体式车桥是刚性的实心或空心梁，与非独立悬架配用。断开式车桥为活动关节式结构，与独立悬架配用。

根据车桥上车轮的作用不同，车桥可分为转向桥、驱动桥、转向驱动桥和支持桥四种，其中转向桥和支持桥都属于从动桥。一般汽车多以前桥为转向桥，后桥为驱动桥；越野汽车和部分轿车的前桥为转向驱动桥；挂车上的车桥都是支持桥。

二、转向桥

汽车的前桥一般是转向桥。它能使安装在两端的车轮偏转一定的角度，以实现汽车的转向。

汽车转向桥的结构基本相同，由前轴、转向节、主销和轮毂四部分组成。前轴是转向桥的主体，根据断面形状分，有工字梁式和管式两种。转向节是车轮转向的铰节，它是一个叉形件，由上、下两叉和支承轮毂轴承的圆锥轴构成。上、下两叉上各制有安装主销的同轴孔，通过主销与前轴相连，如图 13-6 所示。该桥主要和非独立悬架配合使用。

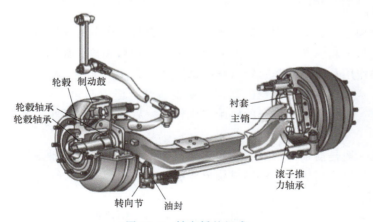

图 13-6 转向桥的组成

三、转向驱动桥

能同时实现车轮转向和驱动功能的车桥称为转向驱动桥，其结构示意图如图 13-7 所示。

转向驱动桥具有一般驱动桥所具有的主减速器、差速器和内半轴，也具有一般转向桥所具有的转向节、主销和轮毂等。它与单功能的驱动桥或转向桥的不同之处是：由于转向的需要半轴被分成两段，分别称为内半轴（与差速器连接）和外半轴（与轮毂连接），两者用等角速万向节连接；主销也因此分成上、下两段，分别固定在万向节的球形支座上；转向节轴做成空心的，以使外半轴从中穿过；转向节的连接叉是球状壳体，套装在万向节球形支座的主销上。上述结构既能满足转向的需要，又实现了转向节传递转矩的功能。转向驱动桥广泛应用于全轴驱动的越野汽车和轿车上。

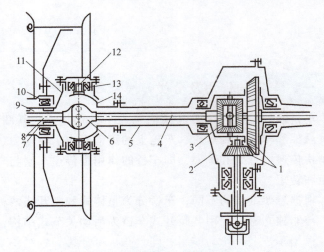

图 13-7 转向驱动桥结构示意图

1—主减速器 2—主减速器壳 3—差速器 4—内半轴 5—半轴套管 6—万向节 7—转向节轴 8—外半轴 9—轮毂 10—轮毂轴承 11—转向节壳体 12—主销 13—主销轴承 14—球形支座

四、转向轮定位

转向轮、转向节和前轴三者之间的相对安装位置称为转向轮定位（车轮定位），它包括主销后倾、主销内倾、车轮外倾和前束4个参数。

转向轮定位的基本作用是：使汽车直线行驶稳定、转向轻便、转向后能自动回正及减小轮胎和转向系统零件的磨损等。

1. 主销后倾

主销装在前轴上后，其上端略向后倾斜，这种安装形式称为主销后倾。在汽车纵向铅垂面内，主销轴线与车轮纵向轴线之间的夹角 γ 称为主销后倾角，如图13-8所示。

主销后倾的作用是保持汽车直线行驶的稳定性，并使汽车转弯后车轮能自动回正。

后倾角越大、车速越高，车轮的稳定效应也越强；但后倾角不宜过大，一般 $\gamma<3°$，否则会使转向沉重。有些轿车和客车的轮胎气压较低，后倾角可以减小，甚至减到负值，即主销前倾。

主销后倾角一般是前轴、钢板弹簧和车架装配在一起时，使前轴主销孔向后倾斜而形成的，或在钢板弹簧底座后部加装楔形垫块形成的。

2. 主销内倾

主销安装到前轴上后，其上端略向内倾斜，称为主销内倾。在汽车横向铅垂面内，主销轴线与铅垂线之间的夹角 β 称为主销内倾角，如图13-9a所示。

主销内倾的作用是使车轮转向后能够自动回正，且转向操纵轻便。

主销内倾角越大或车轮转角越大，则汽车前部抬起越高，车轮的自动回正就越强；但转动转向盘费力，且轮胎磨损增加。反之，内倾角越小或车轮转角越小，车轮的自动回正作用也就越弱。一般内倾角为 $5°\sim14°$。

主销内倾角是制造前轴时使主销孔轴线的上端向内倾斜而获得的。在非独立悬架的转向

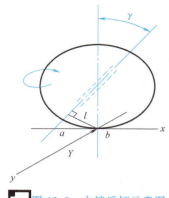

图 13-8 主销后倾示意图

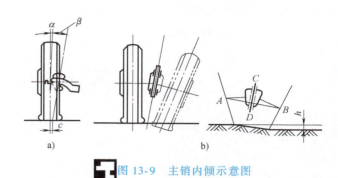

图 13-9 主销内倾示意图

桥上,主销内倾角是不能单独调整的。在使用中,如果主销内倾角发生了变化,则主要是前轴在铅垂面内弯曲变形,或主销与销孔磨损过大等原因所致。

3. 车轮外倾

车轮上方相对汽车纵向铅垂面略向外倾斜,称为车轮外倾;车轮旋转平面与汽车纵向铅垂面之间的夹角 α 称为车轮外倾角。

车轮外倾的作用是提高车轮行驶的安全性和转向操纵轻便性。对于高速车辆,外倾角是负值。车轮外倾角虽然对安全和操纵有利,但是过大的外倾角会使轮胎横向偏磨增加,油耗增多。一般车轮外倾角为 1°左右。

车轮外倾角是由转向节的结构确定的。转向节安装到前轴上后,其轴颈相对于水平面向下倾斜,从而使车轮安装后外倾。车轮外倾和主销内倾一样,一般不能调整,但使用独立悬架的汽车,有的可以调整。

4. 前束

汽车两个前轮的旋转平面不平行,前端略向内收,称为前束。两轮前端距离 B 小于后端距离 A,其差值即为前束值,如图 13-10 所示。

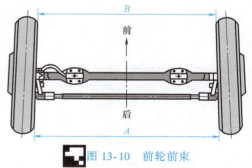

图 13-10 前轮前束

前束的作用是减小或消除汽车前进中因车轮外倾和纵向阻力致使车轮前端向外滚所造成的滑移。

前束可通过改变转向横拉杆的长度来调整。检查或调整时,可根据规定的测量位置和测量方法,使两车轮的前、后距离之差符合要求。

小 结

汽车行驶系统的功用是把由传动系统传来的转矩转化为车轮对地面的推力而引起地面相应的反力——牵引力,再将牵引力传递到汽车的各个部分,以保证整车正常行驶。

> 行驶系统一般由车架、车桥、车轮和悬架组成。
> 车架是整个汽车的基体,是汽车的装配基础。
> 车桥的作用是传递车架与车轮之间的各方向作用力及其所产生的弯矩和转矩。

同步测试

一、填空题

1. 汽车行驶系统的功用是把由_____传来的转矩转化为车轮对地面的_____。
2. 行驶系统一般由_____、_____、_____和_____组成。
3. _____是整个汽车的基体,是汽车的装配基础。
4. 车桥的作用是传递_____与_____之间的各方向作用力及其所产生的弯矩和转矩。
5. 前束可通过改变_____的长度来调整。

二、简答题

1. 行驶系统的功用有哪些?由哪些部分组成?
2. 说明转向桥和转向驱动桥的异同点。
3. 叙述车轮定位的内容和功用。

同步训练

项目:四轮定位

实训目的:
- 熟悉车桥的组成。
- 能够进行车桥的拆装作业。
- 会用四轮定位仪检查车轮定位。
- 会对车轮定位进行调整。

实训器材:
实训车辆,转向驱动桥实训台,四轮定位仪,工具、量具,常用拆装工具,钢直尺。

实训指导:

1. 认知车桥总成及其装配关系
1) 观察实训车辆前转向桥的结构,并指出各部件的名称及功用。
2) 观察转向驱动桥的结构,找出与转向桥的异同点。

2. 转向桥的拆装
1) 拆卸:先固定后轮,举升汽车前端,架好保险凳,拆下轮胎后进行分解。

2)装配:
① 装配前,必须对零部件进行清洗、检验,无误后才可装配。
② 各处的调整垫片应保持平整,不能任意调换,厚度不允许任意变动。
③ 螺栓、螺母应紧固可靠,开口销应齐全、完整,锁止应固定可靠。

3. 车轮定位的检查和调整

车轮定位不仅影响车轮的磨损程度,同时会对操纵稳定性和行车安全产生进一步的影响。因此,除了平时经常检查车轮定位外,在车桥拆装后和轮胎发生异常磨损、车辆的操纵稳定性变差时,必须检查和调整车轮定位。

车轮定位之前,有必要进行路试检查。必须对所有的悬架及转向元件进行检查。

1) 在进行车轮定位之前,磨损的悬架及转向元件必须更换。
2) 更换滑柱、支臂、球头等悬架及转向元件后必须做定位检查。
3) 进行相关检查,如轮胎、悬架高度、减振器、车轮轴承及油耗等。
4) 按照严格的定位程序检测、调试完毕后,要试车。

4. 电脑拉线式四轮定位仪的使用

(1) 仪器的安装

1) 将电子转盘按其标记"L""R"分别放置在举升器左、右支承板凹槽内。
2) 将被测车辆停在举升器上,并将前轮停放在转盘上(车轮与转盘对正)。
3) 将 4 个夹具分别安装在前、后车轮上,同时将测试头分别装在夹具上。
4) 测试仪连线:分别将每侧前、后车轮上的测试头连线;接口的"O"口分别连到控制柜相应接口上;电子转盘分别与对应车轮测试头连接。
5) 分别调整 4 个测试头水平。

(2) 仪器的测试

1) 接通电源,开机。
2) 键入"cd——614G"回车,键入"r——soft"回车,进入操作画面"主菜单",利用〈↑〉〈↓〉〈←〉〈→〉键和回车键进入所需画面。
3) 输入被测车辆数据可得到被测车辆的标准数据(用以与检测数据对照,便于调整)。
4) 轮辋跳动补偿操作:分别将前、后轮利用二次举升机举起,车轮每次转动 90°,按"补偿输入"键(测试头中间键)转动 4 次完成跳动补偿(不执行此程序会导致测量数值误差,有 0.1°~0.5°的误差)。
5) 使用抵压板将制动压板压下,并固定。
6) 拔下电子转盘固定销。
7) 按显示器画面引导进行测试操作,分别将转向盘转至"车轮正直方向""右侧极限位置""右侧测量位置""左侧测量位置""左侧极限位置",每次须出现"绿柱"并待消失后再进行下一程序。测试完毕,显示出测试数据与标准数据。

(3) 车辆的调整

1) 先调后轮,再调前轮。

2）后轮先调外倾角，后调束角。

3）前轮先调主销后倾角，后调车轮外倾角，再调车轮束角。

4）可对照显示数据调整到数字变绿为合格。

(4) 四轮定位正确的调整

1）外倾角调整。各车型不同，调整方法也不同，主要调整方法有调整垫片、车架角的槽孔、凸轮、偏心不同心球头、上控制臂、下控制臂等。

2）后倾角调整。对于后倾角的调整，应根据车型不同，首先进行分析判断，然后进行调整。其调整方法有调整垫片、不同心凸轮轴、偏心球头、大梁槽孔、平衡杆等。

3）前束调整。调整前轮前束时，应先将后轮前束调整好。前轮前束的调整方法：调整可调式拉杆，在调整前先将左、右两边球头锁止螺栓松开，夹紧转向盘正中位置，再根据电脑提供的资料进行同时调整。如果原来的转向盘在正中位置，同时调整前束转向盘可能不会变动。直至调整到标准数值，然后路试看其是否有变动。如果有变动，应将其调正为止。前轮前束调整正确后，转向盘在直行时是正的。利用试车时摘下斜的转向盘再将它装正是不正确的，如果用在有气囊的转向盘的汽车上，将造成转向盘游丝的损坏。

4）后倾角和外倾角调整。以上介绍的都是改变其中一个角度，而另一个角度不会受到影响。如果外倾角和后倾角同时需要调整，要先调整后倾角再调整外倾角。

5）后轮前束和外倾角调整。测试头是由两个带有斜度的尼龙圆垫组合而成的，一个在前后方向呈楔形调整前束，另一个在垂直方向呈楔形调整外倾角。由于它们的斜度在圆周方向上是逐渐变化的，因此它们可以适应前束角和外倾角的调整。

模块十四 车轮与轮胎

知识目标

- 能描述车轮的功用、组成、类型及结构。
- 能叙述轮辋的类型、结构及国产轮辋规格的表示方法。
- 能熟悉轮胎的功用、种类、结构及轮胎规格的表示方法。
- 能掌握车轮与轮胎的维护方法。

能力目标

- 熟悉车轮、轮胎的表示方法。
- 掌握车轮与轮胎的拆装及检查。

素养目标

- 学习车轮与轮胎,查阅与轮胎有关的事故资料,增强行车安全意识。

重点与难点

- 轮胎的分类及特点。
- 轮胎标注的含义。

第一节 车 轮

车轮是汽车行驶系统中的重要部件,位于汽车车身与路面之间。其主要功用是:支承汽车和装载的质量;传递汽车与路面之间的各种力和力矩;缓冲车轮受路面颠簸时所引起的振动;保持汽车的行驶方向等。

一、车轮的作用、组成

1. 车轮的作用

车轮的作用是安装轮胎、连接半轴或转向节,并承受汽车重量和半轴或转向节传来的力矩。

2. 车轮的组成

车轮由轮毂、轮辋和轮盘等组成。

轮毂通过滚柱轴承支承在半轴套管或转向节轴上，轮辋用来安装轮胎，轮盘用来连接轮毂和轮辋。

车轮根据轮盘的不同结构，分为辐板式（盘式）和辐条式（辐式）两种。

（1）辐板式车轮的构造 主要由挡圈、轮辋、轮毂、轮盘和气门嘴伸出孔等组成，如图 14-1 所示。辐板式车轮结构便于轮毂拆装，轮盘上开有几个大孔，以减小质量，也利于拆装、充气和制动鼓散热。辐板式车轮结构简单，维修方便，刚度高，成本低，应用广泛。

（2）辐条式车轮的构造 图 14-2 所示为辐条式车轮，它是用几根辐条将轮辋与轮毂组装在一起，辐条与轮毂可制成一体，也可用螺栓联接。轮毂通过螺栓和特殊形状的衬块与辐条相连。辐条式车轮质量小、造型好，但由于需要装配，生产率低，成本高。辐条式车轮多在赛车及高档轿车上采用。

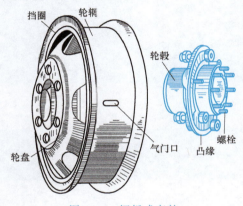

图 14-1 辐板式车轮

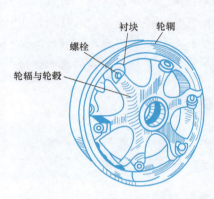

图 14-2 辐条式车轮

二、车轮的主要零部件

1. 轮毂

轮毂与制动鼓、轮盘和半轴凸缘连接，由圆锥滚子轴承支承在转向节轴颈或半轴套管上。

2. 轮辐

辐板式车轮上的轮盘与轮辋通过焊接或铆接固定成一个整体，并通过轮盘上的中心孔和周围的螺栓孔安装在轮毂上。

辐条式车轮上的轮辐是钢丝辐条或者和轮毂铸成一体的铸造辐条。

3. 轮辋及其代号

轮辋也称钢圈，按其结构特点可分为深式轮辋、平式轮辋和可拆式轮辋 3 种。

（1）深式轮辋 代号为 DC，深式轮辋为整体式，如图 14-3a 所示。其结构简单，刚度大，质量较小，对于小尺寸弹性较大的轮胎最适宜，主要用于轿车及轻型越野车上。

（2）平式轮辋 代号为 FB，平式轮辋底面呈平环状，如图 14-3b 所示。它的一边有凸缘，另一边用可拆卸的挡圈做凸缘，具有弹性的开口锁圈用来防止挡圈脱出，适用于大尺寸、较硬的轮胎，一般多用于大中型货车上。

（3）可拆式轮辋 代号为 DT，可拆式轮辋由内、外两部分组成，如图 14-3c 所示。其内、外轮辋的宽度可以相等，也可以不相等，两者用螺栓连成一体，主要用于大、中型越野汽车。

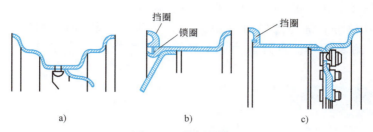

图 14-3 轮辋的类型
a）深式轮辋　b）平式轮辋　c）可拆式轮辋

4. 车轮和轮辋的规格代号

轮辋轮廓类型代号用字母表示：DC—深槽轮辋，WDC—深槽宽轮辋，SDC—半深槽宽轮辋，FB—平底轮辋，WFB—平底宽轮辋，TB—全斜底轮辋，DT—对开式轮辋。

（1）规格代号　车轮和轮辋的规格代号应使用数字和字母按下面优先顺序表示：

1）轮辋名义直径。现型轮辋的名义直径用英制尺寸代号表示。与新型的轮胎一起使用的新型轮辋，其名义直径用毫米表示。

2）轮辋形式（可选）。符号"×"表示一件式轮辋，符号"—"表示多件式轮辋。

3）轮辋名义宽度。现型轮辋的名义宽度用英制尺寸代号表示。与新型的轮胎一起使用的新型轮辋，其名义宽度用毫米表示。

4）轮辋轮廓。用字母表示装胎侧的轮辋轮廓。

通常，轮廓标记位于轮辋名义宽度之后。然而，它也可位于轮辋名义宽度之前或分布于轮辋名义宽度的两侧。

5）轮辋高度。对于非道路车辆用轮辋，英制尺寸代号中符号"/"后的一个或几个数字（英寸）表示轮缘高度。这种表示对于多件式轮辋是可选的。

（2）示例

乘用车：13×4.5B、16×6J。

轻型商用车：15×51/21、15-5.5OF SDC。

中型/重型商用车：20-7.5、22-8.0、22.5×8.25。

第二节　轮　　胎

一、轮胎的作用与分类

1. 轮胎的作用

1）支承汽车的总质量。

2）与汽车悬架共同吸收、缓和汽车行驶时所受到的冲击和振动，以保证良好的乘坐舒适性和行驶平顺性。

3）保证轮胎与路面的良好附着性，以提高汽车的动力性、制动性和通过性。

2. 轮胎的分类

1）按胎体结构分：充气轮胎（广泛采用）、实心轮胎（很少用）。

2）根据工作气压分：高压胎、低压胎、超低压胎。

3）按胎面花纹分：通花纹轮胎（细而浅，适用于比较好的硬路面）、越野花纹轮胎（凹部深粗，附着性好，越野能力强）、混合花纹轮胎（介于普通花纹和越野花纹之间）。

二、充气轮胎的结构

充气轮胎分为有内胎充气轮胎和无内胎充气轮胎两种。

1. 有内胎充气轮胎

有内胎充气轮胎由内胎、外胎和垫带组成，如图14-4和图14-5所示。

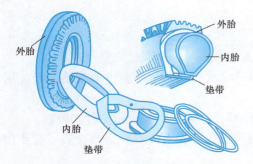

图14-4　有内胎充气轮胎组成

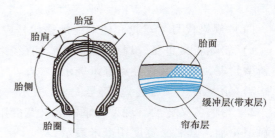

图14-5　有内胎充气轮胎的结构

外胎是用耐磨橡胶制成的强度高而又有弹性的外壳，直接与地面接触，用以保护内胎使其不受损伤。它由胎圈、带束层、胎面和帘布层组成。

帘布层是外胎的骨架，其主要作用是承担载荷，保护轮胎外缘尺寸和形状，通常由多层橡胶化的棉线或其他纤维组织组成。帘布层的帘线按一定的角度交叉排列，帘布的层次越多强度越高，但弹性越低。按外胎帘布层结构的不同，可分为普通斜交轮胎和子午线轮胎。

1）普通斜交轮胎。如图14-6所示，帘布层与带束层各相邻层帘线交叉，且与胎面中心线成小于90°角排列。普通斜交轮胎噪声小，外胎面柔软，价格便宜。

2）子午线轮胎。如图14-7所示，胎体帘布层帘线与胎面中心线呈90°角或接近90°角排列。胎体较柔软，而带束层层数较多，胎面的刚度和强度高。

图14-6　普通斜交轮胎

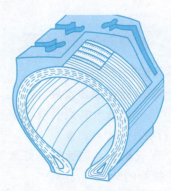

图14-7　子午线轮胎

与斜交轮胎相比，子午线轮胎具有以下优点：使用寿命长；滚动阻力小、节省燃料；承载能力大；附着性能好；减振性能好；胎温低，散热快；胎面不易被穿刺，不易爆胎。

子午线轮胎的缺点是胎面与胎侧过渡区及胎圈附近易产生裂口，对材料及制造技术要求很高，制造成本较高。

2. 无内胎充气轮胎

无内胎充气轮胎没有充气内胎，但在外胎内壁有一层很薄的专门用来封气的橡胶密封层，胎缘部位留有余量，密封层被固定在轮辋上，空气直接压入外胎中。

无内胎充气轮胎的特点是只在轮胎爆破时才会失效，且轮胎爆破后可从外部紧急处理；钉子刺破轮胎后，内部空气不会立即泄掉，仍能安全地继续行驶。

三、轮胎规格的表示方法

我国与大多数国家一样，轮胎的标注采用英制表示法。

斜交轮胎的规格（图14-8）：

1）高压轮胎规格一般用 $D×B$ 表示，D 为轮胎的名义直径，B 为轮胎的断面宽度，单位均为 in（1in=25.4mm），"×"表示高压胎。

2）低压轮胎规格一般用 $B—d$ 表示，B 是轮胎的断面宽度，d 为轮辋的直径，单位均为 in，"—"表示低压胎。

3）胎体帘线材料以汉语拼音表示。如 M—棉帘布，R—人造丝帘布，N—尼龙帘布，G—钢丝帘布，ZG—钢丝子午线帘布轮胎。

轮胎侧面注有"△""—""□"等符号或注有"W""D"等文字，表示轮胎最轻的部分。例如：上海桑塔纳汽车装用子午线无内胎轮胎，规格为185/70SR1484S，其中185表示轮胎宽度为185mm，70表示高宽比为70%，SR表示用于车速小于180km/h的子午线轮胎，14表示轮辋直径为14in。

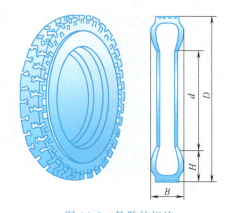

图14-8 轮胎的标注

另外，P 表示轿车轮胎；REINFORCED 表示经强化处理；RADIAL 表示子午线胎；TUBELESS（或 TL）表示无内胎；M+S（Mud and Snow）表示适用于泥地和雪地；→表示轮胎旋向，不可装反。

小 结

车轮和轮胎的组成、结构种类及特点。
轮胎维护和检查的方法及要求。
轮胎的标注方法。

同步测试

一、选择题

1. 充气轮胎分为有内胎式和无内胎式两种,气压在(　　)属于高压胎。
   A. 0.5~0.7MPa　　B. 0.2~0.5MPa　　C. 0.2MPa以下　　D. 0.3MPa以上
2. 在货车子午线胎的规格BRD中表示的9.00R20的含义是(　　)。
   A. 子午线轮胎,轮胎断面宽为9in,轮辋直径为20in
   B. 子午线轮胎,断面高为9in,轮辋直径为20in
   C. 子午线轮胎,轮辋直径为9in,轮胎外径为20in
   D. 子午线轮胎,断面高为9in,轮胎外径为20in
3. 汽车车轮由(　　)和轮辋以及这两个元件之间的连接部分组成。
   A. 轮胎　　　　B. 辐条　　　　C. 辐板　　　　D. 轮毂

二、简答题

1. 车轮由哪几部分组成?各部分有何作用?
2. 子午线轮胎有哪些优缺点?
3. 如何正确拆装车轮?

同步训练

项目:车轮的拆装

实训目的:
- 熟悉车轮、轮胎的组成。
- 熟悉车轮的组成及安装。
- 掌握做车轮的拆装、检查方法。

实训器材:
实训车辆、轮胎拆装机、举升机、充气机、常用拆装工具、气压表、钢直尺。

实训指导:

1. 认知车轮总成及胎侧标注

1)观察实训车辆的车轮,熟悉各自的结构;指出轮胎、轮毂、轮辋及轮辐,识别该车轮的种类。

2)识读胎侧标注,了解数字、字母的含义。

2. 车轮拆卸

1)停稳车辆,用三角木固定各车轮,如图14-9所示。

2)取下车轮上的装饰罩,弄清汽车左、右侧车轮与轮毂联接螺栓的螺旋方向,使用车轮螺母拆装机或用套筒扳手初步拧松各联接螺母。

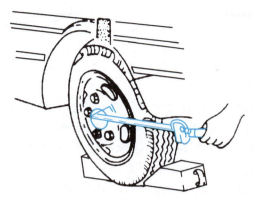

图 14-9　车轮的拆卸

3）用千斤顶顶在指定的位置，使被拆车轮稍离地面。也可将车辆停在举升架上，升起车辆，使车轮稍离开地面。

4）拧下车轮与轮毂联接的全部螺母，取下垫圈，并摆放整齐。

5）边向外拉边左右晃动车轮，从车轴上取下车轮总成。

3. 轮胎的拆装及检查

（1）轮胎的分解　先举升车体，并在车轮上标明记号，如"左前""右内"等，拆下车轮。具体如下：

1）清洁各处泥土，然后放出胎内空气。

2）用轮胎撬棒尖端插入缺口，并在缺口对面挡圈上轻轻敲击，将挡圈撬出。

3）把气阀推进外胎内部，取下轮盘。轮胎分解图如图 14-10 所示。

拆卸轮胎必须使用专用工具，如轮胎撬棒、锤子、拆胎机等，不允许用大锤重击或用其他尖锐的工具。

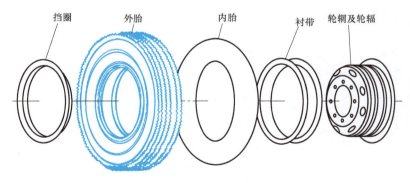

图 14-10　轮胎分解图

（2）轮胎的装复　轮胎的装复按与拆卸相反的顺序操作，并应注意下列注意事项：

1）外胎、内胎、垫带、轮辋必须符合规格要求，才能进行组装。要特别注意子午线轮胎胎圈部分是否完好。

2）装合内、外轮胎时应先擦拭干净，紧固气门嘴，并在外胎内部和垫带上涂上滑石粉。

3）外胎上如有"△""□""○""×""↑"等标志，表示轮胎较轻的部位，内胎气门嘴安装在该处。

4）胎侧有平衡标记（彩色胶片）的，标记应在与气门嘴相对的位置上，以便于平衡。轮辋上有平衡块的，应用动平衡机进行平衡调整。

5）人字形花纹的轮胎和在轮胎外侧标有旋转方向的轮胎，应按规定方向装用（在驱动轴上要顺方向，在从动轴上要反方向）。

6）装无内胎轮胎时，每次均需换上新的O形圈，O形圈要完好，并经植物油浸泡。无内胎轮胎胎冠有钢带时，应先把轮胎装在轮辋上，并充入150kPa的气压，再小心地把钢带剪断取下。

7）新装配好的无内胎轮胎，充气前应用皂水检查轮辋与胎圈接触的O形圈、气门嘴垫、气门芯等处是否漏气。

悬架系统

知识目标

- 了解汽车悬架的组成及各部分的功用。
- 了解悬架的类型及特点。
- 熟悉减振器的结构及工作原理。

能力目标

- 掌握减振器的检查方法。
- 掌握减振器的拆装方法。

素养目标

- 学习悬架系统,提高专业素养,培养团队协作观念,学会灵活处理团队问题。

重点与难点

- 减振器的结构及工作原理。
- 电控悬架的结构及工作原理。

第一节 悬架的功用、组成和分类

一、悬架的功用

悬架将路面作用于车轮上的各种力及其力矩传递到车架(或承载式车身)上,以保证汽车正常行驶。

二、悬架的组成

悬架主要由弹性元件、导向装置、减振器组成,如图15-1所示。

1) 弹性元件的作用是缓冲,承受并传递垂直载荷,缓和不平路面引起的冲击,使车架(或车身)与车桥(或车轮)之间保持弹性连接。

2) 减振器的作用是减振,使弹性系统因受冲击而产生的振动迅速衰减。

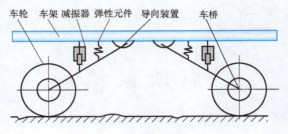

图 15-1 悬架的组成

3) 导向装置的作用是导向,传递除垂直力以外的各种力和力矩,并确定车轮相对于车架(或车身)的运动轨迹。

三、悬架的分类

如图 15-2 所示,悬架分为非独立悬架和独立悬架两种。

1) 非独立悬架。如图 15-2a 所示,非独立悬架的结构特点是两侧车轮安装在一根整体式的车桥上,车轮连同车桥一起通过弹性元件悬挂在车架(或车身)下面。

2) 独立悬架。如图 15-2b 所示,独立悬架的结构特点是两侧车轮各自独立地通过弹性元件悬挂在车架(或车身)下面,其车桥都是断开式的。

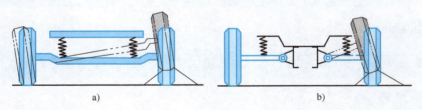

图 15-2 汽车悬架示意图
a) 非独立悬架 b) 独立悬架

第二节 弹性元件与典型悬架

一、弹性元件

汽车弹性元件有钢板弹簧、螺旋弹簧、扭杆弹簧和油气弹簧等几种。

1. 钢板弹簧

钢板弹簧(图 15-3)也称叶片弹簧,由很多曲率半径不同、长度不等、宽度一样、厚度相等或不等的弹簧钢板片叠加,整体近似等强度的弹性梁,它既起减振作用又起导向作用。

钢板弹簧的中部通过 U 形螺栓和压板与车桥刚性固定,两端用销子铰接在车架的支架和吊耳上,多用于大型货车和公交车上。

2. 螺旋弹簧

螺旋弹簧广泛应用于独立悬架上,在一些轿车后桥的非独立悬架中,也有采用螺旋弹簧的。它与钢板弹簧相比有以下优点:无须润滑、不怕油污、质量较小、所占纵向空间小;缺

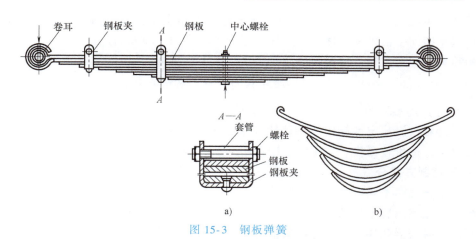

图 15-3 钢板弹簧

a) 装配后的钢板弹簧　b) 自由状态下的钢板弹簧

点是只能承受垂直载荷，本身没有摩擦减振作用。因此在螺旋弹簧悬架中必须设置传力、导向杆件和减振器。

3. 扭杆弹簧

扭杆弹簧是一段具有较大扭转弹性的直线金属杆，如图 15-4 所示。

扭杆的断面为圆形，少数为矩形或环形。它的两端可以做成花键、方形、六角形或带平面的圆柱形等，以便将一端固定在车架上，另一端通过摆臂固定在车轮上。当车轮跳动时，摆臂便绕扭杆轴线摆动，使扭杆产生扭转弹性变形，借以保证车轮与车架的弹性连接。

4. 油气弹簧

油气弹簧是在密封的容器中充入压缩空气和油液，利用气体的可压缩性实现其弹性作用的。这种弹簧的刚度是可变的，但结构复杂，维修麻烦，所以油气弹簧主要用在大型工矿用自卸汽车和大型客车上，如图 15-5 所示。

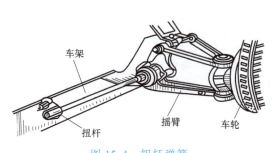

图 15-4 扭杆弹簧

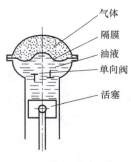

图 15-5 油气弹簧

二、典型悬架

汽车悬架的类型因分类方式不同而不同。

1. 按照导向机构分

悬架按照导向机构的不同可分为非独立悬架和独立悬架两种。

非独立悬架的结构特点是两侧的车轮由一根整体式车桥相连，车轮连同车桥一起通过弹性悬架与车架（或车身）连接。当一侧车轮因道路不平而发生跳动时，必然引起另一侧车轮在汽车横向平面内发生摆动。这样就影响到车身的平稳和高速行驶的稳定性，但这种悬架结构简单，制造方便，普遍多应用于载重汽车上（图 15-6a）。

■ 独立悬架的结构特点是车桥做成断开的，每一侧的车轮可以单独地通过弹性悬架与车架（或车身）连接。当一侧车轮上下跳动时，不会影响另一侧车轮位置的变化。这种悬架乘坐舒适性和操纵稳定性都较好，且具有降低汽车重心、减小汽车造型受约束的效果，但其结构较复杂、造价较昂贵。它主要应用在轿车上（图 15-6b）。

2. 按照控制方式分

按照控制方式的不同可将悬架分为被动悬架和主动悬架两种。

传统的机械控制属于被动控制，即汽车的状态只能被动地取决于路面、行驶状况和汽车的弹性元件、减振器和导向机构等机械部件，如图 15-6a 所示。

主动控制采用电子控制技术，根据路面和行驶状况自动调节悬架刚度和阻尼，控制汽车的振动和状态，使汽车平顺行驶，如图 15-6b 所示。

图 15-6 被动悬架与主动悬架
a）被动悬架 b）主动悬架

第三节 减振器

汽车在不平道路上行驶时，车身将产生振动，若只靠弹性元件来消除振动是很缓慢的。为了加速衰减车身的振动，以改善汽车的行驶平顺性，在大多数汽车悬架系统内都安装有减振器，如图 15-7 所示。

能在压缩行程和伸张行程内均起减振作用的减振器称为双向作用式减振器，按其结构可分为筒式和臂式两种。目前汽车上广泛采用双向作用筒式减振器。

一、双向作用筒式减振器的结构

双向作用筒式减振器利用液体流动的阻力来消耗冲击振动的能量，其结构如图 15-8 所示。

1）它有 3 个同心缸筒，外面的缸筒是防尘罩，其上部的吊环与车架（或车身）相连。中间是储油缸筒，内装一定量的油液（不装满），其下端的吊环与车桥相连。里面是工作缸筒，其内装满油液。

模块十五 悬架系统

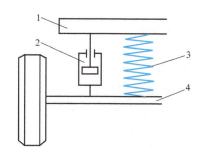

图 15-7 减振器与弹性元件的安装示意图
1—车架 2—减振器 3—弹簧 4—车桥

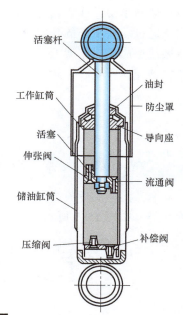

图 15-8 双向作用筒式减振器的结构

2）活塞上有流通阀和伸张阀。活塞上有内、外两圈通孔，外圈的孔径大于内圈的孔径。流通阀弹簧片盖住外圈大孔，且弹簧比较软，很小的油压就能打开。伸张阀弹簧片盖住内圈小孔，弹簧比较硬，与活塞下端面4个小槽形成缝隙。

3）在工作缸筒下端的支座上装有压缩阀和补偿阀。压缩阀在压缩弹簧的作用下上端面紧压在补偿阀上，内部形成锥形空腔。油液经阀杆上的中心小孔、旁通孔仅能流到锥形空腔中，而不能进入储油缸筒。压缩阀的弹簧比较硬，补偿阀的弹簧比较软。

二、双向作用筒式减振器的工作原理

减振器工作时，储油缸筒与工作缸筒作为一个整体随车桥运动。

（1）压缩行程 车桥移近车架（或车身）时，减振器受压缩，活塞下移，使其下方腔室容积减小，油压升高。一部分油液顶开流通阀进入活塞上方腔室。另一部分油液压开压缩阀，流回储油缸筒。

油液流经上述阀孔时，受到一定的节流阻力，为克服这种阻力而消耗了振动能量，使振动衰减。

当车身振动剧烈（即活塞快速下移）时，活塞下腔室油压骤增，压缩阀的开度增大，油液能迅速通过较大的通道流回储油缸筒。

（2）伸张行程 车桥相对远离车架（或车身）时，减振器受拉伸，活塞上移，使其上腔室油压升高。上腔室的油液便推开伸张阀流入下腔室。同样由于活塞杆的存在，上腔室减小的容积小于下腔室增大的容积，使下腔室流来的油液不足以充满下腔室所增大的容积，使下腔室内产生一定的真空度，这时储油缸筒中的油液在真空作用下推开补偿阀流进下腔室进行补充。

当车架与车桥做往复相对运动（车架在弹性元件上振动）时，减振器内的油液反复从一个腔室通过一些窄小的孔隙流入另一个腔室。此时，孔隙与油液间的摩擦以及油液分子间的内摩擦便形成了对车架振动的阻尼力，从而使车架、车身的振动能量转化为热能，并被油液和减振器壳体所吸收，然后散发到大气中。

第四节　独立悬架与非独立悬架

一、独立悬架的种类及结构特点

独立悬架多采用螺旋弹簧和扭杆弹簧作为弹性元件，其结构类型一般可按车轮的运动形式分为4类，如图15-9所示。

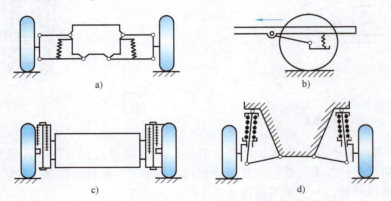

图15-9　独立悬架的结构类型

a）横臂式独立悬架　b）纵臂式独立悬架　c）烛式悬架　d）麦弗逊式悬架

1. 横臂式独立悬架

横臂式独立悬架分为单横臂式和双横臂式两种形式。

（1）单横臂式独立悬架　当弹性元件变形、车轮横向摆动时，车轮平面将产生倾斜而改变两侧车轮与路面接触点间的距离（轮距），从而使轮胎相对于路面侧向滑移，破坏了轮胎与路面的附着，并增加轮胎磨损，目前这种结构应用较少。

（2）双横臂式独立悬架　如图15-10所示，悬架中两个横摆臂的长度可以相等，也可以不相等。

1）两横摆臂等长的悬架。当车轮上下跳动时，车轮平面、主销轴线平面不倾斜，主销轴线的方向也保持不变，但轮距却发生了较大的变化，将引起车轮的侧向滑移和加速轮胎的磨损。

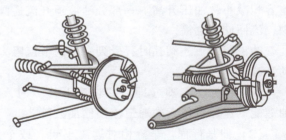

图15-10　双横臂式独立悬架

2）两横摆臂不等长的独立悬架。虽然在车轮上下跳动时车轮平面、主销轴线平面和轮距都会有所变化，但只要两摆臂长度选择适当，就可以将上述变化控制在允许的范围内。

2. 纵臂式独立悬架

纵臂式独立悬架分为单纵臂式和双纵臂式两种类型，如图 15-11 和图 15-12 所示。

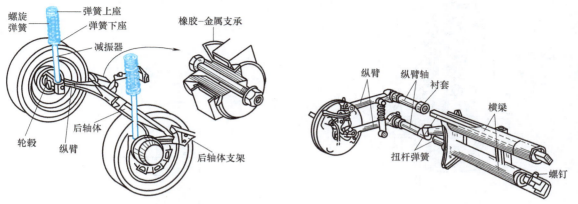

图 15-11　单纵臂式独立悬架　　　　　图 15-12　双纵臂式独立悬架

1) 单纵臂式独立悬架若用于汽车的转向轮，当汽车上下跳动时，前轮外倾角和轮距不变，但主销后倾角会有很大的变化。所以单纵臂式独立悬架一般不用于转向轮，而用于汽车的后轮。

2) 双纵臂式独立悬架的两个纵摆臂一般长度相等，形成平行四连杆机构。这样，当车轮上下跳动时，除车轮的外倾角和轮距不变以外，主销后倾角也保持不变，故这种形式的悬架适用于转向轮。

3. 烛式悬架

烛式悬架是车轮沿固定不动的主销轴线移动的悬架，如图 15-13 所示。

烛式悬架的结构特点如下：

1) 主销的上、下两端刚性地固定在车架上。
2) 套在主销上的套管固定在转向节上。
3) 筒式减振器的下端与转向节连接，上端与车架连接。
4) 螺旋弹簧只承受垂直载荷。
5) 车轮上所受的纵向力、侧向力及其力矩由转向节、套筒经主销传给车架。

4. 麦弗逊式悬架

麦弗逊式悬架主要由减振器、螺旋弹簧、横摆臂和转向节等组成，如图 15-14 所示。

麦弗逊式悬架的结构特点如下：

1) 减振器与套在它外面的螺旋弹簧合为一体，构成悬架的弹性支柱，支柱的上端与车身挠性连接（即允许支柱以上铰支点 A 为中心摆动），支柱的下端与转向节刚性连接。

2) 横摆臂外端通过球头销 B 与转向节的下端连接，内端与车身铰接。

3) 没有传统的主销实体，主销轴线为上、下铰链中心的连线 AB（一般与弹性支柱的轴线不重合）。

4) 当车轮上下跳动时，B 点随横摆臂摆动，因而使主销轴线 AB 随之摆动（弹性支柱也摆动）。

麦弗逊式悬架结构较简单，布置紧凑，用于前悬架时能增大两前轮内侧的空间，故多用

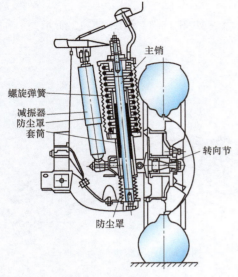

图 15-13 烛式悬架示意图

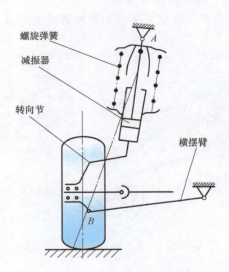

图 15-14 麦弗逊式悬架

于发动机前置前轮驱动的轿车上。

二、非独立悬架的结构特点

1. 钢板弹簧式非独立悬架

钢板弹簧式非独立悬架就是采用钢板弹簧为弹性元件的非独立悬架，如图 15-15 所示。钢板弹簧前端卷耳与钢板弹簧前支架用固定铰链连接，起传力和导向作用，后端卷耳与车架用摆动式铰链连接，多用于大型货车和公交车。

2. 螺旋弹簧式非独立悬架

螺旋弹簧式非独立悬架多用作轿车的后悬架，如图 15-16 所示。

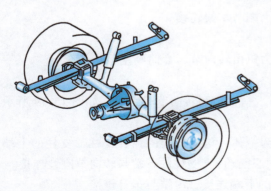

图 15-15 钢板弹簧式非独立悬架

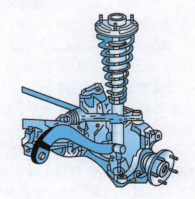

图 15-16 螺旋弹簧式非独立悬架

第五节 电控悬架系统

电控悬架系统能自动控制车辆悬架的刚度、阻尼系数及车身高度，根据汽车载质量、车速和路面情况的变化而改变悬架特性，因而可最大限度地提高汽车行驶的平顺性和操纵稳定性。电控悬架可分为半主动悬架和主动悬架两种。这里简要介绍半主动悬架。

半主动悬架指悬架元件中弹簧刚度或减振器阻尼系数之一可以根据需要进行自动调整的悬架。为减小执行元件的功率，一般都采用调节减振器阻尼系数的方法进行调整。

一、半主动悬架系统的组成

电动式阻尼控制半主动悬架系统的组成如图15-17所示，主要由电控单元（ECU）、车速传感器、转向盘转角传感器、加速度传感器、制动开关和超声波道路传感器等组成。

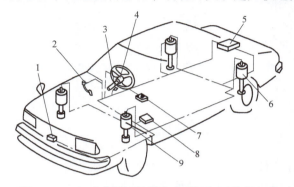

图 15-17　电动式阻尼控制半主动悬架系统的组成
1—超声波道路传感器　2—制动开关　3—车速传感器　4—转向盘转角传感器　5—电控单元
6—可变阻尼减振器　7—选择开关　8—加速度传感器　9—前悬架控制执行器

电控单元根据各传感器输入的信号优化确定减振器阻尼，并控制可调阻尼减振器，使减振器的阻尼能够根据汽车的行驶状态和道路条件进行变化。

二、半主动悬架系统的工作原理

半主动悬架ECU根据车速传感器、转向盘转角传感器及加速度传感器输入的信号，对汽车运行状态进行判定，产生控制信号送给阻尼执行器，以此控制车辆在各种状态下的阻尼。

电动式阻尼控制执行器的结构如图15-18所示。ECU采用脉宽调制信号控制直流电动机转动，带动扇形齿轮驱动调节减振器油液通道截面的转阀转动，使减振器的阻尼状态发生改变。减振器有较软、适中和较硬三种不同的阻尼状态，如图15-19所示。当转阀转动到节流孔A和C都打开的位置时，减振器处于较软状态；当转阀转动到节流孔B和C都打开的位置时，减振器处于适中状态；当转阀转动到节流孔A、B和C都关闭的位置时，减振器处于较硬状态。

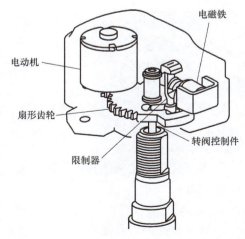

图 15-18　电动式阻尼控制执行器的结构

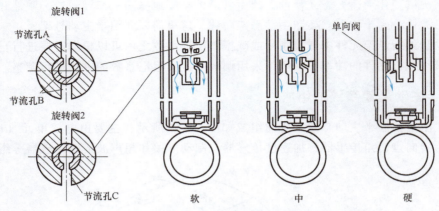

图 15-19　减振器在不同阻尼状态时的转阀位置

小　　结

悬架主要由弹性元件、导向装置、减振器等组成。
汽车悬架大致分为非独立悬架和独立悬架两种。
汽车弹性元件有钢板弹簧、螺旋弹簧、扭杆弹簧和油气弹簧等几种。
汽车上广泛采用双向作用筒式减振器。
电子控制悬架可分为半主动悬架和主动悬架两种。半主动悬架 ECU 根据车速传感器、转向盘转角传感器及加速度传感器输入的信号，对汽车运行状态进行判定，产生控制信号送给阻尼执行器，以此控制车辆在各种状态下的阻尼。

同步测试

一、填空题

1. 悬架主要由＿＿＿＿、＿＿＿＿、＿＿＿＿等组成。
2. 汽车悬架大致分为＿＿＿悬架和＿＿＿悬架两种。
3. 汽车弹性元件有＿＿＿＿、＿＿＿＿、扭杆弹簧和油气弹簧等几种。
4. 轿车一般使用＿＿＿＿弹簧。
5. 汽车上广泛采用＿＿＿＿＿＿减振器。

二、选择题

1. 断开式独立悬架的特点是每一侧的车轮（　　）地通过弹性悬架挂在车架（或车身）的下面。
   A. 全部　　　　B. 单独　　　　C. 断开　　　　D. 不断开
2. 独立悬架的特点是左、右车轮单独通过（　　）相连。
   A. 车桥　　　　B. 悬架　　　　C. 悬架与车架　　　　D. 车身

3. 非独立悬架的结构特点是两侧车轮由（　　）车桥相连，车轮连同车桥一起通过弹性悬架挂在车架下面。

A. 一根整体式　　　B. 两根整体式　　　C. 一根轴　　　D. 两根半轴

4. 一汽奥迪 100 型轿车前悬架采用的是（　　）独立悬架。

A. 纵臂式　　　B. 烛式　　　C. 横臂式　　　D. 麦弗逊式

三、简答题

1. 汽车悬架一般由哪几部分组成？各部分的作用是什么？
2. 独立悬架具有哪些优点？
3. 对减振器有哪些要求？在结构上是如何满足此要求的？
4. 简述半主动悬架的基本组成和作用。

同 步 训 练

项目：减振器的检查与更换

实训目的：

- 熟悉减振器的结构与工作原理。
- 熟悉减振器的检查方法。
- 掌握更换减振器的方法。

实训器材：

实训车辆、举升机、常用拆装工具。

实训指导：

1. 减振器的检查

（1）观察法　用眼睛观察有无渗油现象，若有渗油，则说明减振器已损坏。

（2）感觉法　当感觉到减振器性能弱时，可先检查减振器是否发热，若无温热感，则说明减振器失效。

（3）手压车身法　用两手按压车身，然后迅速放手，如果车身只上下跳动两次就停止了，证明减振器性能减弱。

2. 减振器的更换

（1）减振器的拆卸

1）顶起车辆，使前悬架悬空。
2）拆下车轮。
3）拆下固定制动软管和 E 形环，并从托架上拆下制动软管（图 15-20）。
4）拆下托架螺栓（图 15-21）。

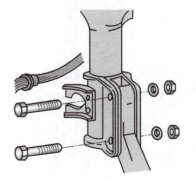

图 15-20　制动软管和 E 形环

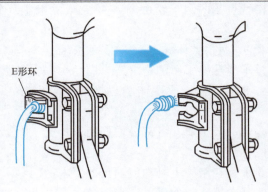

图 15-21 托架螺栓

5）拆下外支座螺母，用手托住支柱总成使其不掉落。
6）拆下支柱总成。
（2）减振器的安装　按与拆卸相反的顺序安装支柱，同时注意以下几点：
1）按图 15-22 所示插入螺栓，并按规定的拧紧力矩拧紧螺母、螺栓。
2）在安装制动软管时，不得扭曲，E 形环
应装到托架端面为止，如图 15-23 所示。

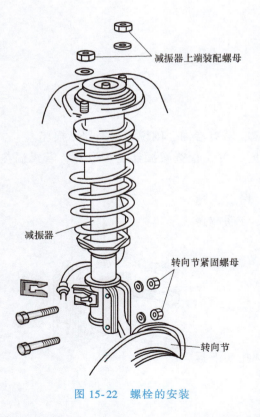

图 15-22　螺栓的安装

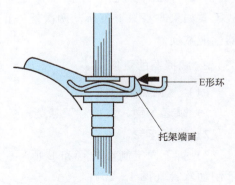

图 15-23　制动软管的安装

模块十六

转向系统

知识目标

- 掌握汽车转向系统的分类与构造。
- 掌握汽车转向系统的工作原理。
- 了解汽车转向系统的新技术。

能力目标

- 掌握汽车转向系统的拆卸与装配顺序。
- 能够识别转向系统主要零部件。
- 了解汽车转向系统主要零部件的安装位置及安装方法。

素养目标

- 学习转向系统,查阅更多资料,提高工业认知水平,学习大国工匠精神。

重点与难点

- 汽车转向系统的组成。
- 汽车转向系统的工作原理。

第一节 概 述

一、转向系统的作用及基本组成

汽车转向系统是用来改变汽车行驶方向的机构。驾驶人通过操纵转向系统来改变转向轮(一般是前轮)的偏转角度实现汽车转向,并克服由于路面侧向干扰力使车轮自行产生的转向,恢复汽车行驶方向。汽车转向系统主要由以下几部分组成,如图 16-1 所示。

1) 转向操纵机构。其作用是

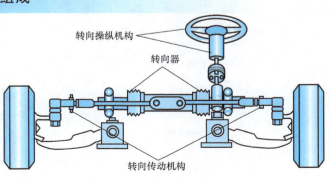

图 16-1 汽车转向系统

操纵转向器和转向传动机构，使转向轮偏转。

2）转向器。转向器分为机械转向器和动力转向器两种，作用是增大由转向盘传到转向节的力，并改变力的传动方向。

3）转向传动机构。其作用是将转向器输出的力和运动传给转向轮，使两侧转向轮偏转以实现汽车转向。

二、转向系统的分类

转向系统按转向能源的不同分为机械转向系统、动力转向系统和电控转向系统3种。

1. 机械转向系统

机械转向系统以驾驶人的体力作为转向能源，又称为人力转向系统。当驾驶人转动转向盘时，通过转向轴、转向万向节、转向传动轴，将转向力矩输入转向器，经转向器将转向力矩增大后传到转向横拉杆、转向节臂，使转向节绕主销偏转，从而使装在左、右转向节上的两车轮同时偏转，实现汽车的转向，如图16-2所示。

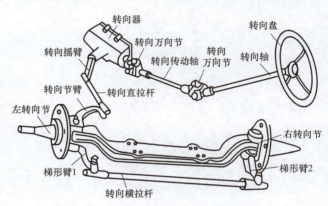

图16-2 机械转向系统的结构

2. 动力转向系统

动力转向系统是兼用驾驶人体力和发动机（电动机）动力为转向能源的转向系统。动力转向系统由转向操纵机构、动力转向器和转向传动机构组成。

（1）液压助力转向系统　这类转向系统在传统机械转向系统的基础上增加一套液压助力机构，由发动机或电动机驱动液压泵建立油压，再将液压力传递至机械转向器，实现转向助力，如图16-3所示。

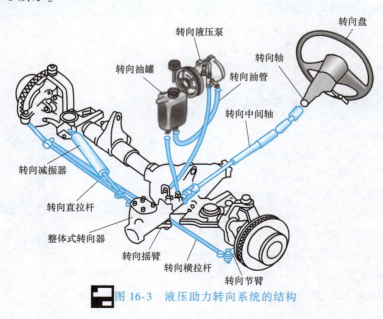

图16-3 液压助力转向系统的结构

（2）电动助力转向系统　电动助力转向系统（Electric Power Steering，EPS）利用电动机产生的动力协助驾驶人进行转向，如图 16-4 所示。

3. 电控转向系统

电控转向系统采用电子技术控制转向系统的工作，使其能够适应不同的驾驶需要，可使车辆在低速尤其是停放车辆时转向轻便，而当车速较高时，电子控制使系统的液压助力作用减弱，转向操纵力增加，使驾驶人在高速行驶时对转向盘有更好的控制。根据动力源不同又可分为电控液压助力转向系统和电控电动助力转向系统（图 16-5）。

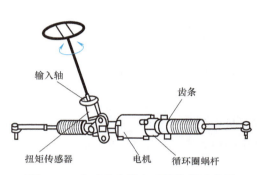

图 16-4　电动助力转向系统结构示意图

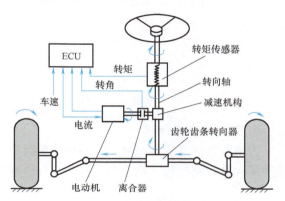

图 16-5　电控电动助力转向系统结构示意图

三、转向系统的基本参数

1. 转向中心与转弯半径

（1）转向中心　为了避免轮胎过快磨损，要求转向系统能保证在汽车转向时所有车轮均做纯滚动。显然，这只有在所有车轮的轴线都相交于一点时才能实现。此交点 O 称为转向中心，如图 16-6 所示。

（2）转弯半径　转向中心 O 到外转向轮与地面接触点的距离。转弯半径越小，则汽车转向所需场地就越小。

2. 转向系统角传动比

（1）转向器角传动比　转向盘的转角增量与转向摇臂转角的相应增量之比 $i_{\omega 1}$ 称为转向器角传动比。

（2）转向传动机构角传动比　转向摇臂转角增量与转向盘所在一侧的转向节的转角相应增量之比 $i_{\omega 2}$ 称为转向传动机构角传动比。

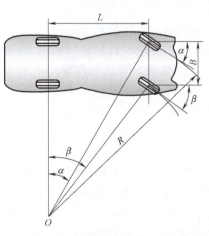

图 16-6　双轴汽车转向示意图

（3）转向系统角传动比　转向盘转角增量与同侧转向节相应转角增量之比称为转向系统角传动比，以 i_ω 表示，$i_\omega = i_{\omega 1} i_{\omega 2}$。

3. 转向梯形

汽车转向时，为了实现车轮的纯滚动，各个车轮的轴线应当相交于一点，内转向轮的偏转角应当大于外转向轮的偏转角。转向梯形杆系可以非常近似地满足上述要求。图 16-7 所示为转向梯形机构工作示意图。

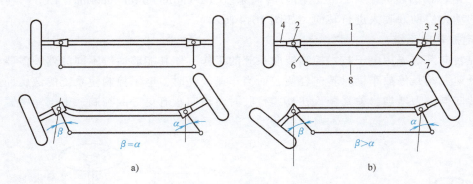

图 16-7 转向梯形机构工作示意图
a) 矩形 b) 梯形
1—前轴 2、3—主销 4、5—转向节 6、7—转向节臂 8—转向横拉杆

4. 转向盘自由行程

为消除转向系统各传动件之间的装配间隙及克服机件的弹性变形，转向盘空转过的角度称为转向盘自由行程。机动车的转向盘自由行程从中间位置向左、向右均不超过15°。

第二节 机械转向系统

一、转向器

机械式转向器根据结构不同可分为齿轮齿条式、循环球式、蜗杆曲柄指销式等。其中使用较多的是齿轮齿条式转向器和循环球式转向器。

1. 齿轮齿条式转向器

齿轮齿条式转向器主要由转向齿轮、转向齿条、转向轴等组成，转向器通过转向器壳体的两端用螺栓固定在车身（车架）上，如图16-8所示。

齿轮齿条式转向器结构简单、传动效率高、操纵轻便、质量小；由于不需要转向摇臂和转向直拉杆，使转向传动机构得以简化。大部分前轮驱动的轿车中，齿轮齿条式转向器已成为标准配置。

弹簧通过转向齿条压块将转向齿条压紧在转向齿轮上，以保证齿轮齿条始终无间隙啮合，有效地减小转向盘的自由行程，提高操纵灵敏度，而其弹力的大小可由调整螺钉调整。

驾驶人通过转向操纵机构、转向齿轮转动，从而使转向齿条移动，转向齿条通过转向直拉杆、转向摆杆和左、右转向横拉杆，使两车轮绕主销偏转。

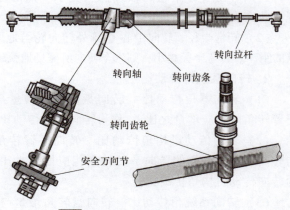

图 16-8 齿轮齿条式转向器

2. 循环球式转向器

如图 16-9 所示，循环球式转向器结构的主要特点是有两级传动副：第一级传动副为螺杆-螺母传动副；第二级传动副为齿条-齿扇传动副。

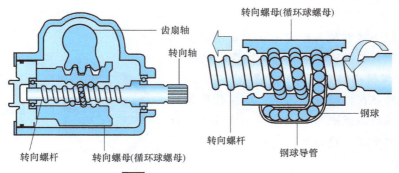

图 16-9　循环球式转向器

当转动转向盘时，转向螺杆随之转动，通过钢球将作用力传给螺母，螺母即产生轴向移动，同时，由于摩擦力的作用，所有钢球在螺杆与螺母之间滚动，形成"球流"。钢球在螺母内绕行两周后，流出螺母进入导管，再由导管流回螺母，随着螺母沿螺杆做轴向移动，其齿条带动齿扇运动，齿扇带动垂臂轴转动，从而使转向垂臂产生摆动，通过转向传动机构使转向轮偏转完成汽车转向。

二、机械转向系统的操纵机构

转向操纵机构一般由转向盘、转向传动轴、转向柱管、万向节及转向传动轴等组成，如图 16-10 所示。它的主要作用是操纵转向器和转向传动机构，使转向轮偏转，如图 16-10 所示。

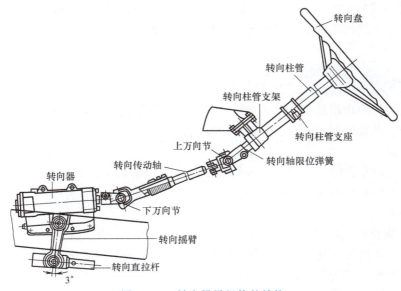

图 16-10　转向操纵机构的结构

1. 转向盘

转向盘用于产生转向操纵力，它由轮毂、轮辐、轮缘组成，常见的有 3 根辐条式和 4 根辐条式，如图 16-11 所示。

2. 转向盘柱

转向盘柱用于将驾驶人作用于转向盘的转向操纵力传给转向器，它由转向轴和转向柱管组成。

3. 转向操纵机构的安全调节装置

现代汽车通常在转向操纵机构上增设相应的安全调节装置，这些装置主要设置在转向轴和转向柱管中。为了方便叙述，将转向轴和转向柱管统称为转向柱。

（1）安全式转向柱　安全式转向柱在转向柱上设置能量吸收装置，当汽车紧急制动或发生撞车事故时，吸收冲击能量，减轻或防止冲击对驾驶人的伤害。安全式转向柱主要有钢球滚压变形式转向柱、可分离式安全转向柱、波纹管变形吸能式转向柱等形式。

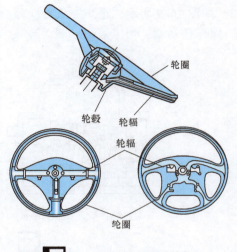

图 16-11　转向盘的结构

这里简单介绍钢球滚压变形式转向柱。其转向柱管分为上、下两段，上转向柱管比下转向柱管稍细，可套在下转向柱管的内孔里，两者之间压入带有塑料隔圈的钢球。在撞车时，上下柱管轴向相对移动，这时钢球边转动边在上、下转向柱管的壁上压出沟槽，从而消耗了冲击能量，如图 16-12 所示。

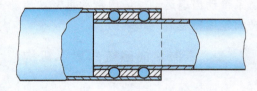

图 16-12　钢球滚压变形式转向柱

（2）可调节式转向柱　驾驶人不同的驾驶姿势和身材对转向盘的最佳操纵位置有不同的要求。为此，一些汽车装设了可调节式转向柱，使驾驶人可以在一定的范围内调节转向盘的位置。

三、机械转向系统的传动机构

转向传动机构的功用是将转向装置输出的转向力传递给转向轮，使之偏转而实现汽车转向，还要承受、衰减路面不平而引起的冲击振动，并能自动消除因磨损而产生的间隙，保证汽车行驶的方向。

目前，现代轿车广泛应用与独立悬架配用的转向传动机构，其主要部件有转向横拉杆、转向减振器、前桥转向臂、转向齿轮轴、防尘套等。图 16-13 所示为上海桑塔纳轿车的转向传动机构。

（1）转向横拉杆　转向横拉杆分左、右两根，其内端是与横拉杆压接成一体的不可调节的圆孔接头，孔内压装有橡胶-金属缓冲环，与转向齿条上的连接支架下部的两孔用螺栓铰链。转向横拉杆外端为带球头销的可调式接头（图 16-14），球头销与转向臂相连，用防松螺母拧紧，通过调节横拉杆长度可调整前轮前束值。

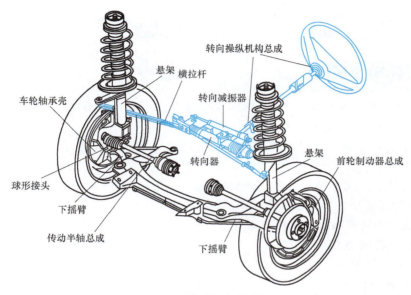

图 16-13 上海桑塔纳轿车的转向传动机构

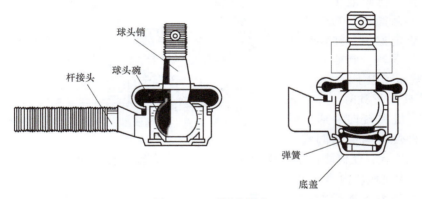

图 16-14 可调式接头

（2）转向减振器 为了避免转向轮的摆振，减缓传至转向盘上的冲击和振动，转向器上装有转向减振器（图 16-15）。减振器缸筒一端固定在转向器壳体上，活塞一端与转向横拉杆支架连接，通过活塞杆和活塞在缸筒内的往复运动，使油液在活塞的节流阀上下流动而产生阻尼，来吸收路面不平而产生的冲击和振动，从而稳定转向盘的振动。

（3）前桥转向臂 前桥转向臂直接焊在前桥悬架支柱上，转向臂与横拉杆间采用球头销连接。

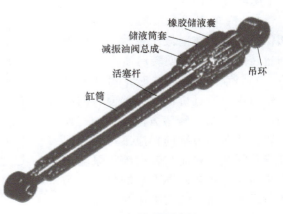

图 16-15 转向减振器

第三节　液压助力转向系统

一、机械液压助力转向系统

机械液压助力转向系统由机械转向器、转向动力缸和转向动力阀三部分组成。

机械液压助力转向系统的分类：

1) 按传能介质不同分为气压式和液压式，气压式用于采用气压制动系统的货车和客车，液压式应用广泛。

2) 按液压系统压力状态分为常压式和常流式，常压式液压系统中总是保持高压，常流式只有在转向时其液压系统才有压力。

1. 常压式助力转向系统的工作原理

常压式助力转向系统的工作原理（图16-16）如下：

1) 汽车直线行驶时，转向盘保持中间位置，转向控制阀经常处于关闭位置，转向液压泵输出的压力油充入储能器。当储能器压力增高到规定值后，转向液压泵即自动卸荷空转，储能器压力得以限制在规定值以下。

2) 汽车转向行驶时，驾驶人转动转向盘，机械转向器通过转向摇臂等杆件使转向控制阀转入开启（工作）位置，使储能器中的压力油流入转向动力缸，转向动力缸推杆作用在转向传动机构上，增大机械转向器输出力。

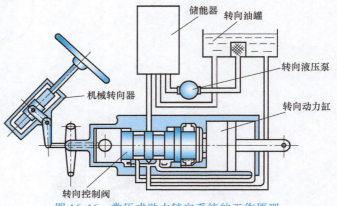

图16-16　常压式助力转向系统的工作原理

2. 常流式助力转向系统的工作原理

常流式助力转向系统的工作原理（图16-17）如下：

1) 汽车直线行驶时，转向控制阀保持开启，转向液压泵输出的油液通过转向控制阀流回转向油罐。

2) 汽车转向行驶时，驾驶人转动转向盘，通过机械转向器使转向控制阀处于与某一转弯方向相应的工作位置，转向动力缸的相应工作腔与回油管路隔绝，转而与转向液压泵输出管路相通，而转向动力缸的另一腔仍然通回油管路。转向液压泵输出压力推动转向动力缸活塞移动。

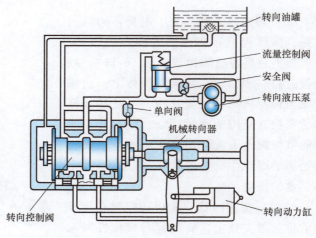

图16-17　常流式助力转向系统的工作原理

模块十六 转向系统

3. 机械液压助力转向系统的主要部件

(1) 转向油罐 转向油罐的作用是储存、滤清并冷却液压转向助力装置的工作油液（一般是锭子油或透平油）。由转向控制阀和转向动力缸流回来的油液通过中心油管接头座的径向油孔流入滤芯内部空腔，经滤清后进入储液腔，准备供入转向液压泵，如图 16-18 所示。

(2) 转向液压泵 转向液压泵的作用是将输入的机械能转换为液压能输出。

转向液压泵的结构形式有齿轮式、叶片式、转子式、柱塞式等。其中叶片式转向泵具有结构紧凑、输出压力脉动小、输出量均匀、运转平稳、性能稳定、使用寿命长等优点，现代汽车应用较多。

双作用叶片式转向液压泵的工作原理如图 16-19 所示，当发动机带动转向液压泵逆时针方向旋转时，叶片在离心力的作用下紧贴在定子的内表面上，工作容积开始由小变大，从吸油口吸进油液，而后工作容积由大变小，压缩油液，经压油口向外供油；再转 180°，又完成一次吸压油过程。

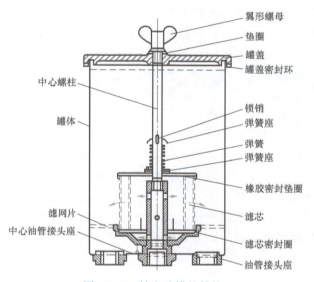

图 16-18 转向油罐的结构

溢流阀用以限定转向液压泵的最大输出流量。当输出压力过高时，油压传到溢流阀右侧，使安全阀左移开启，高压油流回进油腔，降低输出油压。

双作用卸荷式叶片泵的工作原理如图 16-20 所示。

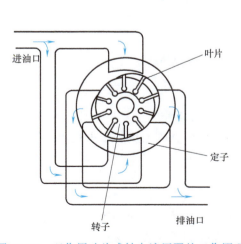

图 16-19 双作用叶片式转向液压泵的工作原理

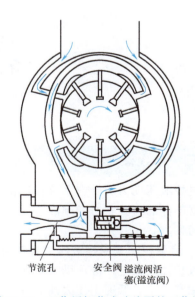

图 16-20 双作用卸荷式叶片泵的工作原理

（3）液压助力转向器　目前使用整体式液压助力转向系统比较普遍，即转向控制阀和转向器合为一体，形成整体式液压助力转向器。常用的助力转向器有滑阀整体式液压助力转向器和转阀整体式液压助力转向器两种。常流分配滑阀式液压助力转向系统，由于结构集中、助力有效、转向轻捷可靠，被广泛应用于重型汽车及其变型车和少数轿车的转向系统中。更多的则使用常流转阀式助力转向器。

液压助力转向器主要由机械转向器、转向动力缸和转向控制阀三者组合而成。

机械转向器：目前常用的有循环球式和齿轮齿条式。轿车多用齿轮齿条式。

转向控制阀：用于控制压力油的流动方向，分为滑阀式和转阀式。

二、电动液压助力转向系统

电动液压助力转向系统的结构、工作原理与机械液压助力转向系统大体相同，最大的区别在于提供油压的液压泵的驱动方式不同。机械液压助力转向系统的液压泵是直接通过发动机传动带驱动的，而电动液压助力转向系统采用的是带电动机的齿轮泵，如图16-21所示。

电动液压助力转向系统的带电动机的齿轮泵，不用消耗发动机本身的动力，而且带电动机的齿轮泵是由电子系统控制的，不需要转向时，带电动机的齿轮泵关闭，进一步减少能耗。电动液压助力转向系统的电控单元利用对车速传感器、转向角度传感器等传感器的信息处理，可以通过改变带电动机的齿轮泵的流量来改变转向助力的力度。

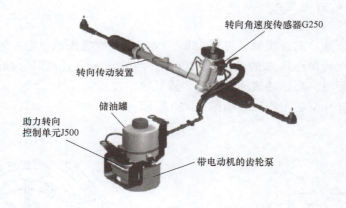

图16-21　电动液压助力转向系统的组成

三、电控液压助力转向系统

电控液压助力式转向系统在机械液压助力转向系统的基础上增加了电控单元，由行车电脑根据不同的驾驶状态控制液压助力的效果。电控液压助力转向系统可分为流量控制和反力控制两种方式。

1. 流量控制式电控液压助力转向

流量控制式电控液压助力转向通过车速传感器调节向助力转向装置供应的压力油，改变车速在高、中、低速下压力油的输入、输出流量，以控制操纵力。这种方法的优点是在原来助力转向的基础上增加了压力油流量控制功能，即增加一个旁通流量控制阀。

2. 反力控制式电控液压助力转向

反力控制式电控液压助力转向利用车速传感器、油压反作用室，改变压力油输入、输出的增益幅度以控制转向操纵力。当车辆停驶或速度较低时，ECU 使电磁线圈的通电电流增大，最终使作用于转向操纵机构的力（反力）较小，只需要较小的转向力就可使转向阀阀体与阀杆发生相对转动而实现助力转向。当车辆在中高速区域转向时，工作状态相反，所以在中高速时可使驾驶人获得良好的转向手感和转向特性。

第四节 电动助力转向系统

电动助力转向系统主要由传感器、控制单元和电动机构成，没有了液压助力系统的液压泵、液压管路、转向柱阀体等结构，结构非常简单，如图 16-22 所示。

在转向盘转动时，位于转向柱位置的转矩传感器将转动信号传到控制器，控制器通过运算修正给电动机提供适当的电压，驱动电动机转动。电动机输出的转矩经减速机构放大后推动转向柱或转向拉杆，从而提供转向助力。电动助力转向系统可以根据速度改变助力的大小，能够让转向盘在低速时更轻盈、在高速时更稳定。

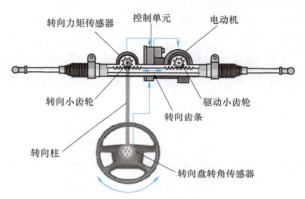

图 16-22 电动助力转向系统的组成

电动助力转向有两种实现方式，一种是对转向柱施加助力，即将助力电动机经减速增矩后直接连接在转向柱上，电动机输出的辅助转矩直接施加在转向柱上，相当于电动机直接帮助驾驶人转动转向盘；另一种是对转向拉杆施加助力，即将助力电动机安装在转向拉杆上，直接用助力电动机推动拉杆使车轮转向。后者结构更为紧凑，便于布置，目前使用比较广泛。

小 结

汽车转向系统由转向操纵机构、转向器和转向传动机构组成。

驾驶人转动转向盘的力沿操纵机构传递至转向器，转向器对转向力矩进行放大，最后经转向传动机构传递至转向车轮，从而完成汽车的转向行驶。

汽车转向系统按照转向动力源的不同可分为机械转向系统、动力转向系统和电控转向系统，其中动力转向系统分为液压助力转向系统和电动助力转向系统两大类。

为了转向系统更能满足日常驾驶的需要，目前多数轿车采用了电控动力转向系统。

一、填空题

1. 转向系统的作用是_____汽车的行驶方向和保持汽车稳定的_____行驶。
2. 动力转向系统由_____、_____和_____组成。
3. 转向传动机构的作用是将_____传递给转向车轮,以_____。

二、名词解释

1. 转向半径
2. 转向盘自由行程

三、简答题

1. 说明汽车转向系统的组成和功用。
2. 动力转向系统由哪几部分组成？各部分的功用是什么？
3. 说明动力转向器的结构和工作原理。
4. 机械转向系统转向盘自由行程过大的原因是什么？

同 步 训 练

项目：汽车转向系统的拆卸与装配

实训目的：
- 认知汽车转向系统的整体结构。
- 认知转向系统的主要零部件及其安装位置。
- 掌握转向系统的工作原理和安装方法。

实训器材：
转向系统拆装实训台，整车，常用拆装工具。

实训指导：
液压助力转向系统如图 16-23 所示。

1. 拆装摇臂轴

1）拆前端盖。

2）拆卸转向齿条活塞。把有外花键的专用心轴从前端插入转向齿条活塞中心孔，直至顶住转向螺杆的端部。然后，逆时针方向转动控制阀阀芯枢轴，将专用心轴、齿条活塞、钢球作为一个整体取出。

3）拆卸调整螺塞。应先在螺塞和壳体上做对应标记。

4）拆下阀体。滑阀与阀体都是精密零件，在拆卸过程中不得磕碰，以防止损伤零件表面。拆下后，应放在清洁处。

5）拆下所有的橡胶密封件。

6）装配前，应将零件清洗干净，用压缩空气吹干。

7）按与拆卸相反的顺序进行组装。

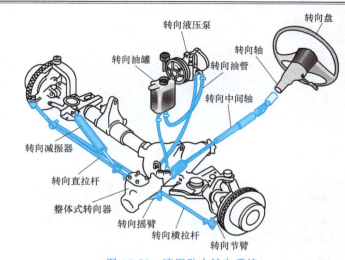

图 16-23 液压助力转向系统

2．动力转向液压泵的拆装

1）在液压泵前、后壳体接合面上做记号，然后拆开壳体。

2）在拆下偏心壳时，务必使叶片不要脱开转子。

3）拆下卡环和油封时应使用专用工具。

4）拆下转子时，必须打上包括转子旋转方向的安装记号。传动带盘也打上安装记号后，才能拆下传动带盘及转子轴。

5）液压泵的装配按与拆卸相反的顺序进行。

模块十七

制动系统

知识目标

- 掌握汽车制动系统的分类与总体构造。
- 掌握汽车制动系统的基本术语与工作原理。
- 了解汽车制动系统的主要性能指标。
- 了解制动系统的新技术。

能力目标

- 掌握制动器的拆卸与装配顺序。
- 了解制动系统主要零部件的安装位置及安装方法。

素养目标

- 学习制动系统,树立交通安全意识、遵守规则意识。

重点与难点

- 制动器的结构。
- 制动系统的组成及工作原理。

第一节 概 述

汽车制动系统的功用是:按照需要使汽车减速或在最短距离内停车;下坡行驶时保持车速稳定;使停驶的汽车可靠驻停。制动系统部件位置如图17-1所示。

一、制动系统的种类

制动系统有不同的分类方法,按使用目的分类可分为行车制动系统、驻车制动系统和辅助制动系统;按使用能源分类可分为人力制动系统、伺服制动系统和动力制动系统。为完成汽车制动系统的作用,现代汽车上一般设有以下几套独立的制动系统:

1. 行车制动系统

行车制动系统用于使行驶中的车辆减速或停车,制动器安装在全部的车轮上,通常由驾

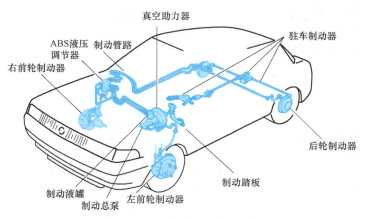

图 17-1 制动系统部件位置

驶人用脚进行操纵。

2. 驻车制动系统

驻车制动系统用于使停驶的汽车驻留原地，通常由驾驶人用手进行操纵。

3. 应急制动、安全制动和辅助制动系统

应急制动装置用独立的管路控制车轮的制动器作为备用系统，其作用是在行车制动装置失效的情况下保证汽车实现减速或停车。

安全制动装置在制动气压不足时起制动作用，使车辆无法行驶。

辅助制动装置是为了在下长坡时减轻行车制动器的磨损而设置的，其中利用发动机排气制动应用最广。

二、制动系统的组成

汽车上设置有彼此独立的制动系统，它们起作用的时刻不同，但它们的组成是相似的。它们一般由以下四个组成部分：

(1) 供能装置　包括供给、调节制动所需能量以及改善传能介质状态的各种部件，如气压制动系统中的空气压缩机、液压制动系统中人的肌体。

(2) 控制装置　包括产生制动动作和控制制动效果的各种部件，如制动踏板等。

(3) 传动装置　将驾驶人或其他动力源的作用力传到制动器，同时控制制动器的工作，从而获得所需的制动力矩。包括将制动能量传输到制动器的各个部件，如制动主缸、制动轮缸等。

(4) 制动器　产生阻碍车辆的运动或运动趋势的力的部件。

较为完善的制动系统还包括制动力调节装置以及报警装置、压力保护装置等。

三、制动性能的评价指标

制动系统要求具有良好的制动性能、操纵轻便、制动稳定性好、平顺性好、散热性好，其主要评价指标有：

(1) 制动效能　汽车迅速降低行驶速度直至停车的能力，主要指标有制动减速度、制动距离、制动时间、制动力。

(2) 制动效能的恒定性　主要指抗热衰退性能，指汽车在高速下或下长坡行驶时，经连续或频繁制动后，制动效能的保持程度。此外，还包括抗水衰退性能。

(3) 制动时的方向稳定性　汽车在制动过程中维持直线行驶或按预定弯道行驶的能力，即不发生制动跑偏、侧滑及失去转向能力等的性能。

第二节　制　动　器

一、车轮制动器

车轮制动器的旋转元件固装在车轮上。制动力矩直接作用于车轮上的制动器称为车轮制动器。制动器是制动系统中用以产生阻碍车轮转动，以促使汽车减速或停车的部件。

车轮制动器分为鼓式和盘式两类，两者都是利用固定元件与旋转元件工作表面的摩擦而产生制动力矩，均属于摩擦式制动器。鼓式制动器摩擦副中的旋转元件为制动鼓，其内圆柱面为工作表面。盘式制动器摩擦副中的旋转元件为圆盘状的制动盘，以端面为工作表面。现代汽车广泛采用鼓式制动器，而盘式制动器多用于轿车和轻型汽车。

1. 鼓式制动器

鼓式制动器多为内张双蹄式，即以制动鼓的内圆柱面为工作表面，有两个制动蹄与其配合使用。制动蹄张开装置的形式、张开力作用点和制动蹄支承点的布置有多种，使制动器的工作性能也有所不同。

如图 17-2 所示，车轮制动器的旋转部分是制动鼓，它固定于轮毂上，与车轮一起旋转。固定部分是制动蹄和制动底板等。制动蹄上铆有摩擦片，其下端套在支承销上，上端用复位弹簧拉紧压靠在制动轮缸内的活塞上。支承销和轮缸都固定在制动底板上，制动底板用螺钉与转向节凸缘（前桥）或桥壳凸缘（后桥）固定在一起。制动蹄靠液压轮缸使其张开。

不制动时，制动蹄摩擦片的外圆面与制动鼓的内圆面保持有一定的间隙，使车轮能自由旋转。制动时，驾驶人踩下制动踏板推动推杆和主缸活塞，使制动主缸内的油液产生一定压力后进入制动轮缸，推动轮缸活塞使两制动蹄的上端张开，消除与制动鼓的间隙后紧压在制动鼓的内圆面上。固定的制动蹄与旋转的制动鼓之间产生一个与车轮旋转方向相反的摩擦阻力矩 M_μ，使汽车制动。

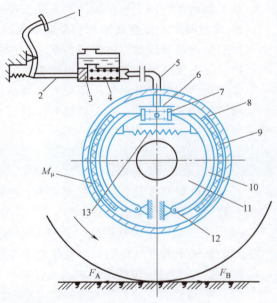

图 17-2　鼓式车轮制动器工作原理

1—制动踏板　2—推杆　3—主缸活塞　4—制动主缸
5—油管　6—制动轮缸　7—轮缸活塞　8—制动鼓
9—摩擦片　10—制动蹄　11—制动底板
12—支承销　13—制动蹄复位弹簧

2. 盘式制动器

盘式制动器是由摩擦衬块从两侧夹紧与车轮一起旋转的制动盘而产生制动的装置。固定在车轮上的旋转元件是以端面为工作表面的金属圆盘，称为制动盘。其固定元件大体上可分为钳盘式和全盘式两类。钳盘式制动器目前越来越多地被各种轿车和货车采用。

制动器中固定的摩擦元件是面积不大的制动块总成，一般有 2~4 块。这些制动块及其促动装置均装在横跨制动盘两侧的钳形支架中，总称为制动钳。制动钳通过螺栓固装于转向节或桥壳上，并用调整垫片来控制制动钳与制动盘之间的相对位置。钳盘式制动器可分为定钳盘式和浮钳盘式两类。

（1）定钳盘式制动器　如图 17-3 所示，定钳盘式制动器的制动钳固定安装在桥壳上，既不能旋转，也不能沿制动盘轴线方向移动。制动钳内有两个活塞，分别在制动盘两侧。活塞后面有充满制动液的制动轮缸。当驾驶人踩下制动踏板时，制动轮缸中的制动液压力上升，活塞被微量推出，制动块夹紧制动盘产生制动。我国生产的依维柯轻型汽车的前轮制动器就是采用的定钳盘式制动器。

（2）浮钳盘式制动器　如图 17-4 所示，浮钳盘式制动器的制动钳通过导向销与桥壳相连，它可以相对于制动盘轴线方向移动。制动钳只在制动盘内侧设有液压缸。制动时，活塞在制动液压力作用下推动内制动块压向制动盘内侧面，制动钳上的反力使制动钳壳体向内侧移动，从而带动外制动块压向制动盘外侧面。于是内、外摩擦块将制动盘的两端面紧紧夹住，实现制动。桑塔纳轿车前轮制动器就是典型的浮钳盘式制动器。

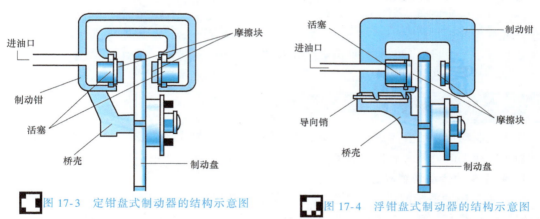

图 17-3　定钳盘式制动器的结构示意图　　图 17-4　浮钳盘式制动器的结构示意图

制动间隙是指不制动时制动块和制动盘的间隙。由于在制动过程中，制动块和制动盘间存在着相对运动，两者均有不同程度的磨损，使其间隙增大，导致制动时活塞的行程增加，制动开始起作用的时间滞后，制动效能下降，因此制动器的间隙应随时调整。一些盘式制动器活塞上的密封圈的变形量就是制动间隙，可以自动调节间隙值。

目前一些盘式制动器的制动块上装有摩擦片磨损报警装置，用来提醒驾驶人制动块上的摩擦片需要更换，常见的有声音的、电子的和触觉的 3 种。

盘式制动器与鼓式制动器相比，有以下优点：

1）一般无摩擦助势作用，因而制动力与行驶方向无关。
2）浸水后效能降低较少，而且只需经一两次制动即可恢复正常。
3）在输出制动力矩相同的情况下，尺寸和质量一般较小。
4）较容易实现间隙自动调整。
5）散热良好、热稳定性好。

缺点：效能较低，故用于液压制动系统时所需制动促动管路压力较高，一般要用伺服装置。

二、驻车制动器

（1）功用　使停驶的汽车驻留原地不动，便于在坡道上起步；行车制动器失效后临时使用或配合行车制动器进行紧急制动。

（2）类型　驻车制动器按其安装位置可分为中央制动式和车轮制动式两种。前者的制动器安装在变速器或分动器的后面，制动力矩作用在传动轴上；后者与车轮制动器共用一个制动器总成，只是传动机构是相互独立的。按制动器结构形式的特点可分为：鼓式、盘式、带式和弹簧作用式驻车制动器。由于鼓式制动器可采用高制动效能的自动增力式制动器，且其外廓尺寸小，易于调整，防泥沙性能好，停车后没有制动热负荷，因而得到广泛应用。

第三节　制动传动装置

制动传动装置的功用是将驾驶人或其他动力源的动力传到制动器，同时控制制动器的工作，从而获得制动所需的力矩。

按传力介质的不同，制动传动装置可分为液压式、气压式和气液综合式；按制动管路的套数，可分为单管路和双管路制动传动装置。现代汽车的行车制动系统都必须采用双管路制动传动装置。一般轿车、微型车采用液压式双管路制动传动装置，而中型以上的客货车多采用气压式双管路制动传动装置。

一、液压式制动传动装置

液压式制动传动装置与离合器液压操纵机构相似，利用特制油液作为传力介质，将驾驶人施加于踏板上的力放大后传到制动器，推动制动蹄产生制动作用。

1. 液压制动传动装置概述

（1）液压制动系统的特点　制动柔和、灵敏，结构简单，使用方便，不消耗发动机功率；但操纵较费力，制动力较小，制动液低温时流动性差，高温时易产生气阻，如有空气侵入或漏油会降低制动效能甚至失效。

（2）基本组成和工作原理　液压制动传动装置以帕斯卡定律为基础，并且在传力过程中对驾驶人的踏板力进行了放大，使传递到制动轮缸及制动蹄上的制动力大于踏板力，如图17-5所示。

2. 主要部件的结构及工作原理

（1）制动主缸　制动主缸的作用是将驾驶人施加到制动踏板上的压力传递到4个车轮制动器以使汽车减速或停车。其安装位置如图17-6所示。

制动主缸由两部分构成，即储液罐和主缸体。储液罐与主缸体通过补液孔和排液孔与主缸相通，为主缸工作提供制动液。主缸体由制动主缸外壳、前活塞、后活塞及前后活塞弹簧、推杆、皮碗等组成，如图17-7所示。

主缸体内的活塞中间比较细，一端有密封圈，防止制动液泄漏，另一端是带有皮碗的活塞头，皮碗有柔性唇缘紧贴在主缸壁上，皮碗的柔性唇缘既可以密封活塞前面腔中的制动液，也能弯曲让活塞后腔中的制动液通过周边流向前腔。

模块十七 制动系统

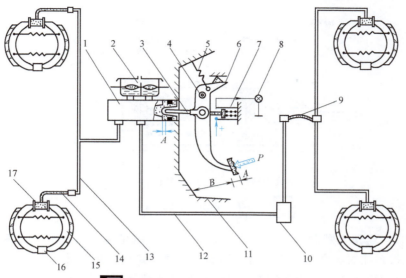

图 17-5　液压制动传动装置的组成

1—制动主缸　2—储液罐　3—主缸推杆　4—支承销　5—复位弹簧　6—制动踏板　7—制动灯开关　8—指示灯　9、14—软管　10—比例阀　11—车内底板　12—后桥油管　13—前桥油管　15—制动蹄　16—支承座　17—制动轮缸

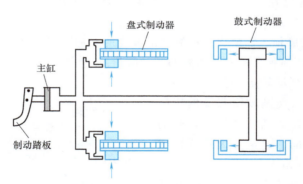

图 17-6　制动主缸的安装位置

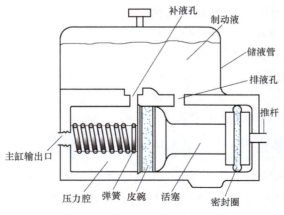

图 17-7　制动主缸的结构示意图

制动主缸的工作原理如图17-8所示。

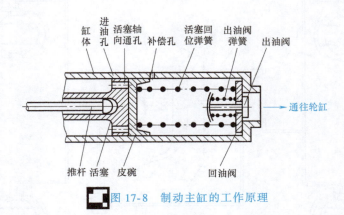

图17-8　制动主缸的工作原理

1) 制动时，驾驶人踩制动踏板，推杆向前推动主缸活塞，活塞带动皮碗一起向前移动，当补液孔被盖住时，具有一定压力的制动液被输送到车轮制动器，使制动器工作。

2) 解除制动后，主缸内的回位弹簧迫使活塞迅速移回原位，活塞移动的速度快于制动液流回主缸的速度。为了避免活塞移动时，在其前腔产生低压区而影响活塞的回位速度，必须适时地为活塞前腔补充制动液。

3) 活塞回到静止位置后，制动液通过补液孔充满活塞前腔，皮碗再次密封住活塞头部。

4) 当车轮制动器磨损，需要更多的制动液补充时，储液罐中的制动液可从排液孔、活塞头部、皮碗流到活塞前腔自动补偿需要的制动液量。

（2）制动轮缸　制动轮缸的作用是将主缸传来的液压力转变为使制动蹄张开的机械推力。由于车轮制动器的结构不同，轮缸的数目和结构形式也不同，通常分为双活塞式和单活塞式两类制动轮缸。

双活塞式制动轮缸分解图如图17-9所示。缸体用螺栓固定在制动地板上，缸内有两个活塞，两个刃口相对的密封皮碗利用弹簧压靠在活塞上，以保持两个密封皮碗之间的进油孔畅通。缸体上方装有放气阀用以排放轮缸中的空气。制动轮缸受到液压力后，顶出活塞，使制动蹄片扩张。松开制动踏板时液压力消失，靠推动蹄回位弹簧的力使活塞返回。

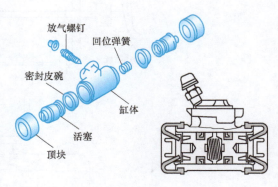

图17-9　双活塞式制动轮缸分解图

二、气压制动传动装置

气压制动传动装置将压缩空气的压力作为机械推力，使车轮产生制动。驾驶人只需按不同的制动强度要求控制制动踏板的行程，便可控制制动气压的大小，获得所需要的制动力。气压制动传动装置产生的制动力大，所以一般用在中型、重型汽车上。

气压制动按制动管路的布置形式不同，可分为单回路式和双回路式两种，单回路式已趋于淘汰，目前汽车上几乎都采用双回路式。

图 17-10 所示为东风 EQ1092 型汽车双回路气压制动传动机构。单缸空压机将压缩空气经单向阀输入湿储气筒进行气水分离，之后分成两个回路：一个回路经过前桥储气筒、双腔制动控制阀的后腔而通向前制动气室；另一回路经后桥储气筒、双腔制动控制阀的前腔和快放阀而通向后制动气室。

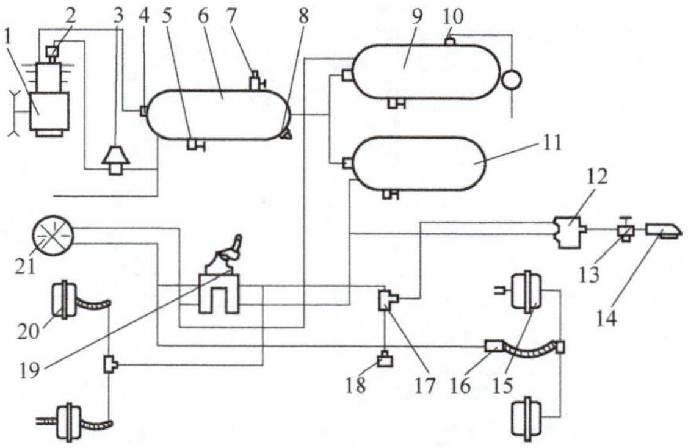

当其中一个回路发生故障失效时，另一个回路仍能继续工作，使汽车仍具有一定的制动能力，从而提高了汽车行驶的安全性。

图 17-10 东风 EQ1092 型汽车双回路气压制动传动机构
1—空气压缩机 2—卸荷阀 3—调压器 4—单向阀
5—放水阀 6—湿储气筒 7—取气阀 8—安全阀
9—后桥储气筒 10—气压过低报警开关 11—前桥副气筒 12—挂车制动控制阀 13—分离开关
14—连接头 15—后轮制动气室 16—快放阀
17—双通单向阀 18—制动灯开关 19—双腔制动控制阀 20—前轮制动气室 21—双针气压表

装在制动阀至后轮制动气室之间的快放阀的作用是：当松开制动踏板时，使后轮制动气室放气路线及时间缩短，保证后轮制动器迅速解除制动。

第四节 制动助力器

为了提高汽车的制动效能，减轻驾驶人的劳动强度，采用液压制动传动机构的汽车多数装有制动增压装置。目前我国汽车一般采用真空增压装置。

常见增压助力装置有两种：

1) 真空增压助力装置，即利用发动机进气歧管的真空作用在膜片上，放大驾驶人施加到踏板上的力，通过增压器将制动主缸的液压力进一步增大，帮助驾驶人制动。增压器装在主缸之后。

2) 液压助力装置，即利用液压泵产生的液压力作用在主缸活塞上，帮助制动踏板对制动主缸产生推力，帮助驾驶人制动。助力器装在踏板与主缸之间。

一、真空增压式液压制动传动机构

图 17-11 所示为具有真空增压器的液压制动传动机构。它比普通人力制动传动机构多装了一个真空增压器的一套由真空单向阀、真空罐和真空管道组成的真空增压系统。真空源为发动机进气管。汽车制动时处于怠速的汽油机，其进气管中具有很大的真空度，此真空度经真空单向阀传入真空罐，作为制动加力的力源。柴油机则须另装一个真空泵作为真空源。

真空单向阀的作用是：当进气管中的真空度高于真空罐中的真空度时，真空单向阀被吸开，将真空罐及加力气室内的空气抽出。

踩下制动踏板时，制动主缸输出的制动油液先进入辅助缸，液压力由此一面传入前、后

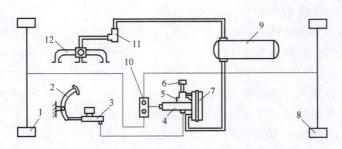

图 17-11 具有真空增压器的液压制动传动机构
1—前制动轮缸 2—制动踏板机构 3—制动主缸 4—辅助缸 5—控制阀 6—进气滤清器
7—真空加力气室 8—后制动轮缸 9—真空罐 10—安全缸 11—真空单向阀 12—发动机进气管

制动轮缸,一面作用于控制阀,控制阀使真空加力气室起作用,而对辅助缸进行增压,使辅助缸和轮缸油液压力变得远高于主缸油液压力。

二、真空助力式液压制动装置

图 17-12 所示为奥迪 100 型轿车双管路真空助力式液压制动传动装置。串联双腔制动主缸的前腔通向左前轮制轮器的轮缸,并经感载比例阀通向右后轮制动器的轮缸。主缸的后腔通向右前轮制动器的轮缸,并经感载比例阀通向左后轮制动器的轮缸。真空伺服气室和控制阀组成一个整体部件,称为真空助力器。制动主缸直接装在真空伺服气室的前端,真空单向阀装在伺服气室上。真空伺服气室工作时产生的推力,与踏板力一样直接作用在制动主缸的活塞推杆上。

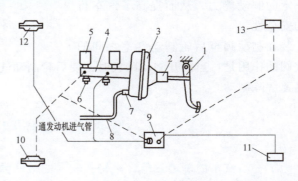

图 17-12 奥迪 100 型轿车双管路真空助力式液压制动传动装置
1—制动踏板机构 2—控制阀 3—真空伺服气室
4—制动主缸 5—储液罐 6—制动信号灯液
压开关 7—真空单向阀 8—真空供能管路
9—感载比例阀 10~13—轮缸

第五节 电控防抱死制动系统

汽车防抱死制动系统简称 ABS,是 Anti-Lock Brake System 的缩写。

一、制动控制理论

1. 制动滑移率

汽车制动时,车轮在路面上同时伴随着滚动和滑动,滑动的程度通常用滑移率来表示。

$$S = \frac{v - r_0 \omega}{v} \times 100\%$$

式中 S——车轮制动滑移率;

v——车速中心移动速度；
r_0——没有地面制动力时的车轮滚动半径；
ω——车轮角速度。

车轮制动滑移率的数值为 0~100%。在非制动状态下，滑移率为 0；在车轮完全抱死时，滑移率为 100%。

2. 理想的制动控制过程

1) 制动开始时，让制动压力迅速增大，使 S 上升至 20%所需时间最短，以便获取最短的制动距离和方向稳定性。

2) 制动过程中，当 S 上升至稍大于 20%时，对制动轮迅速而适当降低制动压力，使 S 迅速下降到 20%；当 S 下降至稍小于 20%时，对制动轮迅速而适当增大制动压力，使 S 迅速上升到 20%。车轮在制动过程中，以 5~10 次/s 的频率进行增压、保压、减压的不断切换，使 S 稳定在 20%是最理想的制动控制过程。

3. ABS 的基本工作原理

当 ABS 工作时，电控单元根据各车轮转速传感器的检测信号和控制程序，调节各制动轮缸的制动压力使车轮的滑移率控制在 10%~30%。若 S 高于设定值，ECU 就会输出减小制动力信号，并通过制动压力调节器减小制动压力；若 S 低于设定值，ECU 就会输出增大制动力信号，并通过制动压力调节器增大制动压力，控制滑移率在设定的范围内。从而使汽车获得最大的制动力且保持制动时的方向稳定性和转向操纵性。

ABS 具有缩短制动距离、改善制动过程的方向稳定性、保持制动过程的转向操纵能力和延长轮胎的使用寿命等优点。

二、ABS 的组成

图 17-13 所示 ABS 是在传统的液压制动系统基础上，增加了电子控制系统发展起来的。ABS 电子控制系统由车轮转速传感器、电控单元（ECU 或 ABS 电脑）和制动压力调节器等部分组成。ABS 工作时，电控单元根据各车轮转速传感器的输入信号和控制程序向制动压力调节器输出控制指令，调节各制动轮缸的压力，使轮胎滑移率控制在最佳值，从而使汽车具有最短制动距离、方向稳定和转向操纵性能。

1. 车轮转速传感器

车轮转速传感器的作用是检测车轮的转速信号并将其输送给电控单元。车轮转速传感器通常为电磁感应式和霍尔效应式轮速传感器。

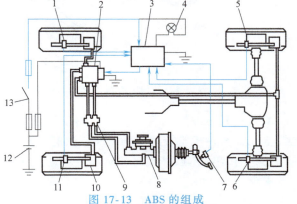

图 17-13 ABS 的组成
1—右前轮车轮转速传感器 2—制动液压调节器
3—ABS 电控单元 4—ABS 警告灯 5—右后轮
车轮转速传感器 6—左后轮车轮转速传感器
7—制动灯开关 8—制动主缸 9—比例阀
10—制动分泵 11—左前轮车轮转速传感器
12—蓄电池 13—点火开关

2. 电控单元（ABS ECU）

电控单元由输入级、数字控制器、输出级及稳压保护装置等组成。电控单元接收车轮转速传感器的信号，先进行滤波整形放大，然后计算出制动滑移率、车轮的角减速度或角加速度，再通过判别处理，最后由其输出级将指令信号输出至制动压力调节器以执行制动压力调节的任务。

当出现故障信号时，关闭继电器，停止 ABS 的工作，转入常规制动状态。同时，使仪表盘上的 ABS 警告灯亮，提示驾驶人 ABS 出现故障，并将故障信息以故障码的形式存储在存储器中，以供诊断时调取。

3. 制动压力调节器

制动压力调节器是 ABS 中主要的执行器，其作用是在制动时根据 ECU 的控制信号调节制动轮缸压力的大小，使车轮保持理想的滑移率。

三、桑塔纳 2000GSi 轿车 MK20-Ⅰ型 ABS

桑塔纳 2000GSi 轿车采用美国 ITT 公司 MK20-Ⅰ型 ABS，该系统属于三通道液压 ABS。两前轮滑移率分别独立控制，两后轮滑移率按附着系数的一侧统一控制（低选原则）。每个车轮分别安装一个车轮转速传感器，制动主缸和液压调节单元制成一个整体。其 ABS 的组成和在汽车上的布置如图 17-14 所示。

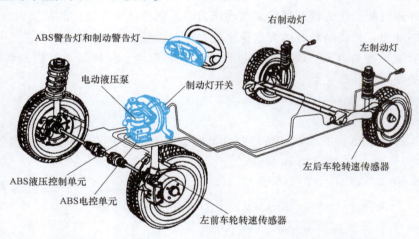

图 17-14 桑塔纳 2000GSi 轿车 ABS 的组成和在汽车上的布置

ABS 具有防抱死控制、电子控制制动力分配和故障自诊断等功能。ABS 正常工作时，电控单元根据各车轮转速传感器的检测信号控制液压单元调节各轮缸的制动液压力，避免车轮抱死；当 ABS 不起作用时，对后桥制动液压力进行电子制动力分配控制，避免出现后轮抱死现象；当 ABS 出现故障时，电控单元终止控制功能，制动系按照常规方式工作，同时 ABS 警告灯亮，向驾驶人发出警告信号，并将故障内容自动存储在电控单元的专用存储器内以便于检修。

1. 车轮转速传感器

车轮转速传感器的作用是检测车轮的转速信号并输入电控单元。4 个车轮转速传感器均为电磁感应式。前轮转速传感器安装在转向节上，前轮齿圈（43 个齿）安装在传动轴上；

后轮转速传感器安装在固定支架上，后轮齿圈（43 个齿）安装在后轮轮毂上。4 个车轮转速传感器电磁线圈的阻值为 1.0~1.3kΩ，两个前轮转速传感器与齿圈的间隙为 1.10~1.97mm，两个后轮转速传感器与齿圈的间隙为 0.42~0.80mm。

2. 电控单元（ECU）

MK20-ⅠABS 将电控单元和压力调节器组装在一起，形成整体式模块结构，如图 17-15 所示。该系统采取三通道控制模式，每个前轮使用一个通道进行独立控制；两个后轮共用一个通道，电控单元根据两个后轮的滑移率的变化情况，按照低选原则对两个后轮一同进行控制。

3. 液压控制单元

MK20-ⅠABS 的液压控制单元由阀

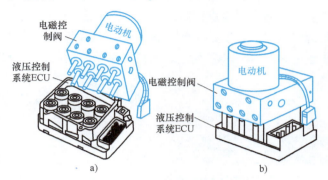

图 17-15　电控单元和液压调节器模块
a）组装前　b）组装后

体、电动液压泵、低压储液罐和电磁阀等部件组成。在通向每一个车轮制动轮缸的制动管路中，各设置一个进油电磁阀（二位二通常开电磁阀）和一个出油电磁阀（二位二通常闭电磁阀），进油电磁阀串联在制动主缸压力腔与制动轮缸之间的管路中，出油电磁阀串联在制动轮缸与低压储液罐之间的管路中。液压控制单元各组成部件的连接关系如图 17-16 所示。

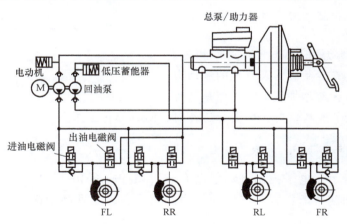

图 17-16　液压控制单元各组成部件的连接关系

液压控制单元的工作过程包括建立油压、保持油压、降低油压和增加油压的连续不断的循环过程，其工作原理如下：

（1）建立油压　开始制动时，所有电磁阀及电动液压泵均不通电，驾驶人踏下制动踏板，制动主缸产生的制动油压通过常开进油电磁阀进入轮缸，出油电磁阀处于常闭状态，使制动轮缸的油压不断升高。

（2）保持油压　随着制动压力的增加，当油压升高到车轮趋于抱死时，电控单元发出控制指令，使进油阀通电关闭，出油阀仍保持断电关闭状态，制动轮缸的油压保持不变。

（3）降低油压　当驾驶人继续踩制动踏板，车轮出现抱死趋势时，电控单元发出控制指令，使进油阀通电关闭，出油阀通电打开，与此同时电动液压泵通电运转，将制动轮缸中的制动液由低压储液罐输送回制动主缸,使制动轮缸的液压力迅速减小。

(4) 增加油压 当油压降低车轮转速增加到一定程度时,电控单元发出控制指令,使进油阀断电打开,出油阀断电关闭,电动液压泵通电运转,将低压储液罐中的制动液和制动主缸的油液一起输送给制动轮缸,使制动轮缸的液压力迅速升高。随着制动压力的增加,车轮滑移率增大,于是重复"保持油压—降低油压—增加油压"的循环过程,循环过程的工作频率为5~6次/s,使车轮的滑移率始终控制在20%左右。

第六节 辅助制动系统

一、制动力分配系统

电子制动力分配系统(Electronic Brake Force Distribution EBD)的作用是自动调节前、后轴制动力分配比例,提高制动效能,并配合ABS提高制动稳定性。

如图17-17所示,在车轮部分制动时,EBD就开始起作用,控制单元根据转速传感器、车速传感器信号计算轮速及滑移率。如果后轮滑移率大于某个设定值,则液压单元调节后轮制动力,使后轮制动力下降,以保证后轮不会先于前轮抱死。

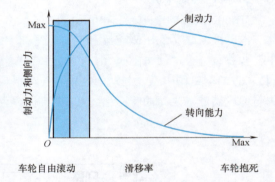

与传统的制动力分配(比例阀)相比,EBD保证了较高的车轮附着力及合理的制动力分配。同时,EBD没有增加任何零件而是通过软件来控制,降低了成本。当ABS开始工作时,EBD停止工作。

图17-17 EBD与ABS作用区间

二、电子控制制动辅助系统

如图17-18所示,电子控制制动辅助系统(Electronic Brake Assist,EBA)通过驾驶人踩踏制动踏板的速率来理解它的制动行为。如果它察觉到制动踏板的制动压力急速增

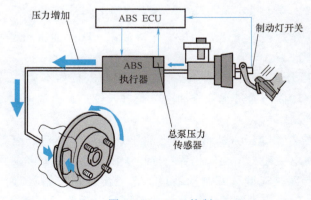

图17-18 EBA控制

加，EBA 会在几毫秒内起动全部制动力，其速度要比大多数驾驶人移动脚的速度快得多。EBA 通过压力传感器感知驾驶人是否进行紧急制动行为。压力传感器安装在液压控制单元内部。

三、牵引力控制系统

牵引力控制系统（Traction Control System，TCS）是根据驱动轮的转数及传动轮的转数来判定驱动轮是否发生打滑现象，并在前者大于后者时抑制驱动轮转速的一种防滑控制系统。它与 ABS 的作用模式十分相似，两者都使用传感器、感测器及调节器。TCS 监控 ABS 的轮速传感器来监测驱动轮的转速，如果车轮打滑，便会自动降低发动机转矩使驱动力与道路状况相适合，这在所有车速范围内都可以实现。TCS 主要使用发动机点火的时间、变速器档位和供油系统来控制驱动轮打滑的情形。

TCS 不但可以提高汽车行驶稳定性，而且能够提高加速性能及爬坡能力。

四、电子驻车制动系统

电子驻车制动系统（Electronic Park Brake，EPB）如图 17-19 所示。电子驻车制动系统有两种工作模式。

1. 手动模式

静态接合：当驾驶人按压 EPB 开关时，执行器必须提供足够的力给驻车制动，以便将装满负荷的车辆停在坡度达到 30% 的斜坡上，即使钥匙不在点火开关里。

静态释放：释放电子驻车制动器，点火开关置于 ON 位置，踩住制动踏板，并按下 EPB 开关。

动态制动：当车辆行驶过程中 EPB 开关被按下时，执行器将根据车速做出不同的反应。当车速超过 6km/h 时，将由 EBCM 提供相应的制动，EPB 不工作；当车速小于 6km/h 时，EPB 将提供 100% 的制动力。

图 17-19　电子驻车制动系统（EPB）

2. 自动模式

当通过离合器踏板或节气门位置监测到驾驶人即将起步车辆时，EPB 将自动释放电子驻车制动器，包括车辆坡道起步。

现代汽车制动系统集成了多项功能：ABS、EBD、TCS、ESP、EBA、FP 等，这些子功能分别用在车辆起步、行驶和制动过程中，使车辆的使用安全性大大提高。

小　结

制动系统主要包括行车制动和驻车制动两套系统，分为液压制动与气压制动两种类型。制动器可分为鼓式制动器和盘式制动器两大类。

汽车构造与电气系统

> 制动过程应保证汽车既能得到尽可能大的制动力，又能保持行驶方向的稳定性。ABS 工作时，电控单元根据各车轮转速传感器的检测信号和控制程序，调节各制动轮缸的制动压力使车轮的滑移率控制在 10%~30%。

 同步测试

一、填空题

根据 ABS 的工作过程，填写下表空格。

制动油压	液压泵	进油阀	出油阀	车轮状态
建立油压				
保持油压				
降低油压				
增加油压				

二、名词解释

1. 滑移率
2. 制动效能
3. 制动器制动力
4. ABS

三、简答题

1. 以液压制动系统为例，简述制动系统的工作过程。
2. 评价制动性能的指标通常有哪些？
3. 以捷达轿车为例，说明常见的行车制动系统的主要部件及组成。
4. 制动系统的新技术有哪些？试简要说明。

 同步训练

项目：制动系统的拆装与维护

实训目的：
- 认识盘式制动器的整体结构。
- 认识盘式制动器的组成、主要部件的名称及安装位置。
- 熟悉盘式制动器主要机件的装配关系和运动情况。
- 熟悉制动液的检查与更换方法。

实训器材：
捷达实训用车、常用拆装工具。

实训指导：
一、盘式制动器的拆装

以捷达轿车为例进行介绍。

1. 前轮盘式制动器的拆卸

1）举升汽车并拆下前轮。

2）松开并卸下上、下紧固螺栓。

3）拆下弹簧片。

4）取下制动钳壳体，拆下制动块。

2. 检查前轮盘式制动器

1）捷达轿车前轮制动盘标准厚度为12mm，使用极限为10mm。

2）检查制动盘有无沟痕，如果沟痕过深，可对其进行重新加工。

3）更换制动盘时，左、右两侧同时进行。

4）检查制动块的磨损情况。如果制动块厚度小于使用限度或磨损不均匀，则应更换新片。更换新制动块时，应左、右侧同时更换同一厂家的新制动块。制动块的磨损极限为7mm，包括背板。

5）安装捷达轿车制动块前，应先将弹簧片装到转向节的制动钳支架上。更换制动块时，应同时更换弹簧片。

6）安装捷达轿车制动块时，摩擦面较大的制动块应装在外侧。

3. 更换前轮盘式制动器的制动块

1）升起并拆下前轮，拧松并拆下制动钳壳体上、下固定螺栓。

2）拆下弹簧片。

3）从下向上摆起制动钳，拆下制动块。

4）将制动钳活塞压回制动钳壳体内。在将活塞压回之前，若制动液储液罐中制动液过多，则应用吸管抽出一点制动液，以防制动液溢出损坏油漆。制动液有腐蚀性和毒性，因此，须用专门的塑料瓶或其他容器存放。

5）将内侧制动块和弹簧片装到转向节的制动钳支架上，然后装上外侧制动块。

6）压入制动钳壳体，使之恰好能安装固定螺栓。

7）安装制动钳时，应保证弹簧片处于正确位置，否则会导致制动噪声。

8）装配完成后，车辆原地不动，用力踩踏制动踏板几次，以使制动块处于正常的工作位置。

4. 更换制动钳壳体轮缸内的密封圈

当制动钳壳体轮缸内的密封圈因老化而失效导致密封性差而有制动液泄漏时，应更换密封圈。

1）松开并拆下制动钳固定螺栓，从下向上摆动制动钳，并将其拆下。

2）用压缩空气从制动钳壳体里将活塞压出。压出时，在活塞凹入处放一块木块，以免损坏活塞。

3）用旋具小心地撬出密封圈，如图17-20所示。

4）将密封圈装到带有防尘罩的活塞上。

5）用旋具将密封圈装入制动钳轮缸内的密封槽内，如图17-21所示。

6）用活塞装配专用工具，将制动钳活塞压入制动钳壳体内，防尘罩的外密封唇也应弹入活塞的凹槽内。

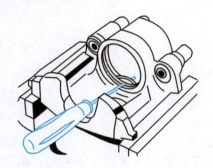
图17-20　用旋具撬出密封圈

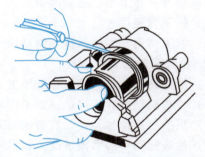
图17-21　将密封圈装入制动钳轮缸内的密封槽内

5．安装盘式制动器

捷达轿车前轮盘式制动器的安装与拆卸顺序相反。装配时应注意以下几点：

1）装配制动块时，摩擦面较大的制动块应装在外侧。

2）若需更换制动块，应左、右制动器同时更换，并使用同一厂家的制动块。

3）制动器紧固螺栓的拧紧力矩为25N·m。

4）车轮螺栓的拧紧力矩为110N·m。

5）当制动盘磨损到极限10mm时，应更换新的。更换制动盘时，应先拆下制动钳壳体。在安装新制动盘之前，应均匀地除去新制动盘摩擦面上的浮垢及防锈油。

二、检查、更换制动液

制动液储液罐位于制动主缸上方，其上有最高刻线（MAX）和最低刻线（MIN）。制动液液面必须符合规定，才能满足制动系统的工作要求，保证车辆行驶的安全性。制动液只能使用符合标准的规定用油。

1．制动液的检查和添加

1）作为新车，制动液在储液罐内的高度应在"MAX"标记上。

2）汽车行驶一段时间后，制动液液面可能略有下降，这属于正常现象。若制动液液面下降到最低刻线（MIN）以下，则表明制动摩擦片已磨损到极限，此时不必添加制动液。

3）更换新摩擦片后，制动液液面应保持在最高刻线"MAX"和最低刻线"MIN"之间，否则表明系统出现泄漏，应立即检查，检查后补加制动液。

2．更换制动液

制动液具有吸湿性，使用过程中会不断吸收周围空气中的水分，若制动液含水量过多，则会腐蚀制动系统，制动液本身的沸点也将显著降低，严重影响制动效果和安全性。基于上述原因，制动液必须每两年更换一次。

（1）使用专用充抽机更换制动液　将充抽机连到制动液储液罐上，踏板压具压在制动踏板和驾驶人座椅之间压紧踏板。再按后右轮制动器、后左轮制动器、前有轮制动器、前左轮制动器的顺序，打开放气螺塞，让制动液从每个放气螺塞流出，流出量为0.5L，然后旋紧每个螺塞。制动液换完后，把充抽机从制动液储液罐上拿下，拆下踏板压具，用力踏几次制动踏板，检查制动状况。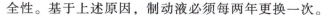

（2）人工更换制动液

1）从前、后制动器放油螺塞中，放出全部旧制动液，然后旋紧各螺塞。

2）擦干净总泵的加注口，旋开螺塞，加入制动液并充满储液罐。

3）液压系统中空气的排除。先从总泵处放气，然后按离制动总泵由远及近（右后—左后—右前—左前）的顺序放气。

操作方法：两人共同操作，一人踏制动踏板数次后，将踏板踏至最低点，用力踏着不放，另一人在车下，按上述顺序分别旋开各制动器放油螺塞，直到不再流出气泡为止，此时应将制动踏板一直踏着不放，待将放气螺塞旋紧后才可松开制动踏板，以免空气再次进入制动液压系统。如果空气未放净，仍按上述方法重复进行，直到空气放净为止。

4）放气完毕后，应将制动液加至储液罐最高刻线（MAX）处。

（3）更换制动液注意事项

1）制动液有毒，因此务必放在原装密封容器内，严防儿童接触。

2）制动液对车身油漆有腐蚀作用，因此在更换制动液的过程中，严防制动液与油漆接触。

参 考 文 献

[1] 仇雅莉,钱锦武. 汽车发动机构造与维修 [M]. 北京:机械工业出版社,2013.
[2] 曲殿银,刁维芹. 汽车发动机构造与维修 [M]. 北京:机械工业出版社,2011.
[3] 郝连超. 汽车发动机构造与维修 [M]. 北京:北京航空航天大学出版社,2009.
[4] 李晓. 汽车底盘构造与维修 [M]. 北京:高等教育出版社,2005.
[5] 蒋智庆. 汽车电气设备构造与维修 [M]. 重庆:重庆大学出版社,2005.
[6] 曲金玉. 汽车电器与电子设备 [M]. 北京:机械工业出版社,2004.
[7] 胡光辉. 汽车电器设备构造与检修 [M]. 北京:机械工业出版社,2010.
[8] 刘文国. 汽车电气系统检修 [M]. 北京:清华大学出版社,2010.
[9] 李良洪. 汽车车身电气系统 [M]. 北京:北京理工大学出版社,2007.
[10] 郭远辉. 汽车车身电气及附属电气设备检修 [M]. 北京:人民交通出版社,2005.
[11] 刘景军,吕翔. 汽车电器检测技能实训 [M]. 北京:人民邮电出版社,2007.
[12] 周建平. 汽车电气系统设备构造与维修 [M]. 北京:人民交通出版社,2010.
[13] 董宏国,廖苓平. 汽车电路分析 [M]. 北京:北京理工大学出版社,2005.
[14] 张森林,王培先. 汽车电气设备与维修 [M]. 北京:冶金工业出版社,2009.